# 當日本Ａ片
# 遇上華人慾望：

## 性別、性相、色情品的文化理論

● 王向華、邱愷欣

airiti press
華藝學術出版社

# 目錄

當日本 A 片遇上華人慾望：
性別、性相、色情品的文化理論

前言／王向華、邱愷欣（周凌楓譯) ............................................................. I

## 第一部分：文化符碼

性——臺灣女性的性存在由「人類」轉化為「動物」的儀式 ............. 1
／王向華、邱愷欣（韋瑋譯）

貶低女性以淨化男性——日本 Akume A 片拍攝現場的民族 ............ 23
誌／王向華、邱愷欣（劉訢雅譯）

## 第二部分：消費／生產的文化

「真正的性調」——臺灣男性對日本 AV 的品味 ............................... 47
／王向華、邱愷欣（韋瑋譯）

我說不喜歡看日本 A 片只是因為你喜歡它——臺灣色情品 ............. 77
消費的性別政治／王向華、邱愷欣（張梅譯）

超越生產與消費的對立——在臺灣的日本 A 片字幕翻譯的 ............. 97
研究／邱愷欣、王向華（張梅譯）

## 第三部分：文化與個體

個人行為如何跟從文化，卻不受其規限——反思臺灣女性使 ......... 121
用 AV 的情況／王向華、邱愷欣（劉訢雅譯）

「性」的手段，「非性」的目的——日本色情 A 片在臺北 ............. 139
之使用／邱愷欣

**第四部分:交碰的文化**

新性感女神典範之興起——夕樹舞子色情光碟在香港之個案　　167
分析／邱愷欣、王向華（韋瑋譯）

跨越國境的日本成人 A 片與戰後臺灣有線電視的出現　　201
／王向華、邱愷欣（張梅譯）

# 前言

王向華、邱愷欣
周凌楓譯

  本書收集了過去 10 年,在香港、中國華人社會及當代日本社會的文章中論述到「性別」(gender)、「性相」(sexuality)與「色情品」(pornography)的中文譯本。大部分的文章曾在學術期刊發表,然而我們亦特意為本書撰寫了一篇未發表過的文章:〈貶低女性以淨化男性——日本 Akume A 片拍攝現場的民族誌〉。本書將這些論文編排為四部分:「文化符碼」(cultural codes)、「消費／生產的文化」(culture in consumption/production)、「文化與個體」(culture and individual)及「交碰的文化」(cultures in contacts)。在此需要指出的是,這並不是一個隨意的安排。我們在每篇論文中均已闡明了其在理論及方法論上對性別、性相及色情品研究作出的貢獻,而我們在此編排文章的方式則旨在闡明一套文化理論。本書第一部分是有關文化在實踐中的角色。我們主張中國及日本的社會中,性別及性相的性質與形式其實取決於一套文化符碼。社會科學家普遍認為,性別與性相是根據一套文化體系被有意義地創造出來,而這套文化體系則並非唯一的可能。我們在這一部分中,不但展示了何謂臺灣華人社會及日本社會的文化符碼,更闡述了這套文化符碼與臺灣社會親屬制度,以及縈繞於當代日本社會的古代宇宙觀之間的邏輯關係。

  我們在第二部分中則探討,文化符碼如何影響臺灣社會男女對 AV 的喜好及他們對日本 A 片的消費。我們認為在臺灣的社會中,由性的

文化符碼所建構的男性「色情真實」（pornographic reality）與美少女（bishōjo）類型 AV 所描繪的男女性形象相似，但與美國 AV 所描繪的形象相差甚遠，臺灣男性因此偏愛日本 A 片，而非在臺灣社會中被視為色情的「他者」（pornographic 'other'）的美國 AV。可是，女性的「色情真實」則與日本 A 片及美國色情品中描繪的男女性形象都不相似。我們訪問的臺灣女性對這兩類色情品均沒有特別的興趣。然而，性的文化符碼卻不能全然地規範色情品的消費。例如，當我們要求受訪的臺灣女性必須在美國和日本色情品之間二擇其一，她們即聲稱她們更喜歡美國而非日本的色情品。我們認為她們這種說法不能單由性的文化符碼解釋，她們的表現其實是受到臺灣社會的男女微觀性別政治所影響。這結論可以延伸至我們在第三部分的主要論點：人類的行為受文化所限制，卻不全然由文化所支配規範。

然而在我們作出更進一步的解說前，讓我們先回到第二部分主要的論點上：消費及生產的文化建構。在〈超越生產與消費的對立──在臺灣的日本 A 片字幕翻譯的研究〉中，我們推論出不單是消費，其實生產也取決於文化符碼。我們的論據使消費及生產的二元對立變得不必要，因為事實上兩者均遵循相同的文化符碼。

第三部分中的首篇論文：〈個人行為如何跟從文化，卻不受其規限──反思臺灣女性使用 AV 的情況〉展示了一位臺灣女性受訪者的人生經歷──該人生經歷是由文化建構而成的──如何影響她對色情品的特有興趣，而該興趣又驅使她在個人生命歷程中發展出對色情品的獨特使用方式。這證明了純粹的文化決定論並不存在。這裡涉及最少三方面的元素：文化符碼、個人行為及人生經歷的介入。人生經歷的介入幫助我們帶出另一個重點：一個看似性的手段不一定用來滿足性慾望，同樣地，一個非性的手段也可以用來滿足性慾望。這就是〈「性」的手段，「非性」的目的──日本色情 A 片在臺北之使用〉的主要論點。

這套文化理論同樣可以應用在文化商品的跨文化遷移。這是我們在本書最後一部分中提出的主要理論觀點。〈新性感女神典範之興起──夕樹舞子色情光碟在香港之個案分析〉闡述了一位日本 AV 女優夕樹舞子的跨文化遷移，如何在 1970 及 1980 年代被香港興起的新中產階級身分邏輯所挪用。具體來說，在該 20 年中興起的新中產階級具有一套「介乎

中間」（in-betweeness）的身分邏輯，而這套邏輯進一步地影響了香港人的消費，包括他們對性形象的消費。同樣的邏輯亦也影響了生產端，結果一個具有「介乎中間」形象的新性感典範被本地媒體創造出來。我們認為，由於夕樹舞子的形象非常配合該時代的新性感典範，所以她在1990年代受到香港人的青睞。換而言之，夕樹舞子是基於該新性感典範而被揀選。她被香港人積極地作為一個標記，以具體化當時的新性感典範及視為新中產階級的身分圖騰。香港人沒有被日本色情品的普世現象給同化，反而選擇性地利用夕樹舞子去標記他們的身分認同。這現象使同質化（homogenization）的論點即便有效，也顯得過於簡單。香港人沒有成為文化世界的邊緣，反而積極地併納夕樹舞子，藉以具體化他們的新性感典範，彷彿他們就是置身於文化世界的中心，不斷利用文化邊緣上的日本。在這事件中，中心（center）與邊緣（periphery）的二元對立顯得多餘。

然而，日本在這文化商品的跨文化遷移中並非無關痛癢。正如我們在本書的最後一部分〈跨越國境的日本成人A片與戰後臺灣有線電視的出現〉中闡述，「日本性」（Japaneseness）其實影響了日本AV輸入戰後臺灣的情況及當地日本AV的消費模式。我們因此在這裡提出一套涉及三方面的總體分析框架去研究文化商品的跨文化遷移。這三方面分別為輸入端的文化符碼、輸出端的結構（structure）特徵，以及第三方面，即輸入端的文化符碼及輸出端的結構特徵的相互碰撞（mutual mediations），為此處的關鍵所在，因為它在輸入端及輸出端間創造了一個間隙或第三區域（the third zone），導致輸入端不能直接決定輸出端，反之亦然。換一個說法，輸入端不能被輸出端所決定，同樣地，後者也不能決定前者。第三區域是一個輸入端與輸出端互相碰撞的概念空間。這空間所產生的社會效應不能單獨地取決於輸入端或輸出端一方，而是由兩者間的碰撞所決定。由此產生的社會效應又會反過來對這兩方面造成進一步的社會影響。因此，文化商品的跨文化遷移過程是非常複雜的，而其產生的社會效應也非常的不同。我們拒絕接受以「同質化」、「克裏奧爾化」（creolization）及「混合」（hybridity）的範式去解釋商品跨文化遷移所產生的社會效應。這是因為這些概念太過廣泛及抽象，不能概括文化商品跨文化遷移所可能產生的具體社會效應。

正如我們一開始所說，前言並非意旨概括全書在理論及方法論上對性別、性相、色情品的研究、以及在香港、臺灣華人社會與日本社會作出貢獻。相反的，它重在勾劃出這些文章理論框架下的一套文化理論。這文化理論顯然既不新穎、也非我們自己所創。這其實是薩林斯式（Sahlinsian）的理論。我們相信，我們的貢獻主要來自於我們把這套薩林斯式的文化理論應用在性別、性相、香港及臺灣華人社會和日本社會的色情研究上。這應用是否成功則是由我們的讀者所斷定。親愛的讀者們，讓我們開始吧！

# 性──臺灣女性的性存在由「人類」轉化為「動物」的儀式*

王向華、邱愷欣
韋瑋譯

## 壹、前言

我們與雯茜相識於 2003 年初。那時候的她年近 40，於臺北一間大型國際貿易公司任職高級會計師。[1] 雯茜出身於中產階級家庭，並於美國一間頂級學府獲得碩士學位。曾於 1991 年離婚過一次的她，於 2002 年再次結束了另一段婚姻。在第二段婚姻中及離婚後，她先後與兩位已婚臺灣男性──一位是她的上司，而另一位則是她的同事──陷入愛河，從而開展了她離婚後的多彩多姿生活。與此同時，她還與她的第二任前夫維持著情愛關係。如此一來，她同時與 3 位男性有著複雜的性愛關係。在我們的訪談中，她不斷強調自己沉溺於性愛，而這也是她為什麼會同時維持著 3 段情愛關係的原因。雯茜曾經問過我們會不會覺得女性很不可思議，因為她可以同時很好地處理與 3 個男性之間的關係──當然我們完全意識到她的潛在意思，那就是男性從來都無法在同一時間處理與 3 個女人之間的關係。我們告訴她，我們是十分認同她的說法的。

而初次見到沛涵是在 2002 年末。那時候她 26 歲，在臺北一家旅行公

---

* 原文刊載於 Wong, H. W., & Yau, H. Y. (2010). Sex as a ritual: Transforming women's sexual being from "human-like" to "animal-like" in Taiwan. *East Asia: An International Quarterly*, 28, 37-55.

[1] 儘管只有其中一位筆者在臺北進行採訪和研究，本文使用了「我們」，以避免因不同的人稱代詞而使讀者感到困惑。

司當顧問。她具有原住民與臺灣人的混血血統,讓她這少數民族的身分因其錯雜的家庭背景而更顯得繁複。她的親生父母並沒有結婚。在過去的 20 年裡,她的母親和不同的已婚男性交往。沛涵則和她母親一樣,有著極其豐富的感情生活及性經驗。她的初戀發生於 16 歲那年,交往不久後他們展開同居生活。在接下的幾年裡,她有過好多段感情關係,其中甚至包括一段同性戀戀情;然而在交往的同時,她也和不同的男性發生性關係,並與一名已婚男性維持著一段斷斷續續的情事直至現今。

這兩個例子都說明在當今臺灣社會裡,性面貌發生了翻天覆地的變化。臺灣社會的年輕人,特別是女性,擁有了更好的性別平等,同時她們發生婚前性行為、雙性戀性愛以及婚外情的情況也增加了。同樣地,其他學者也記錄到性面貌變化如此巨大的臺灣。比方說 Bresnahan、Inoue、Liu 及 Nishida(2001)發現臺灣黃金時段的電視商業廣告,開始大量地描繪非主流性別角色的男性和女性。在電視上,這種關於非主流性別角色的談話論述充分地展示了臺灣現實生活中的約會、婚姻安排以及性行為的改變。如 Cernada、Chang、Lin、Sun 及 Cernada(1986);Chang(1996; 1999);Lee、Lin 及 Chang(1995);Thornton、Chang 及 Yang(1994);Wang 與 Chou(1999);Wang、Wang 及 Hsu(2003);Yeh(1999)的研究都記錄了過去 20 年裡臺灣婚前性行為情況的急升、未婚青少年懷孕率的猛增,以及婚外情現象的出現。Peng(2007)則研究臺灣的已婚婦女,因婚外情而遭社會歧視,以及所受到的情感創傷。伴隨著這個變化而來的還有生育、解除婚姻關係,以及代間/代際關係和家庭中性別意識方面的趨勢改變(Cheng, 2006; Hermalin, Ofstedal, & Chang, 1996; Lee et al., 1995; Lo, 2007; Thornton & Lin, 1994; Weinstein, Sun, Chang, & Freedman, 1990; Xu & Lai, 2002)。

然而,在這性面貌劇變的臺灣社會裡,有的研究指出所謂的「巨變」僅僅是現實的其中一面。Moskowitz(2008)的研究發現,就算是在調情酒吧的環境下,臺灣女性還是極力維持她「純潔」的形象。譬如說,當一個臺灣女性同意跟一個相識不久的男性回家時,她通常會匆匆衝出酒吧外,男性則跟隨其後,因為這樣她就不會被其他人尤其是她的朋友看見;或者她會與男性約在轉角處見面,這樣就不會有人留意到他們是一起離開的(同上引:336)。換言之,就算她們積極地尋求男性伴侶和情愛關係,她們仍覺得必須維持好自己「純潔」的女性形象。她們迫使

自己維持這種「純潔」形象的行為，說明了雖然臺灣女性的行為有著巨大的變化，然而她們對於自己作為「女性」的理解和期許並沒有改變。實際上，Moskowitz（2008）的觀察和 Yang（2004）的觀點是一致的。Yang（2004）認為國際著名女性雜誌 *Cosmopolitan*《柯夢波丹》的臺灣版本，原本理念是為了推廣臺灣的女性主義和女性賦權，但同時它的行文修辭卻又維持了一貫的父權資本主義，而未對其進行顛覆。

上述的發現在雯茜和沛涵的例子中也可以見到。儘管對很多人來說，雯茜因同時與 3 位男性有性關係而顯得開放前衛，但是她仍然認為該由男性主動發起性行為且由男性主導性事。此外，雯茜在 25 歲之前還是處女。在我們的訪談中，她甚至無法說出「從後面插入」（字面意思是從後面進入，這裡指的是肛交）這個以現今標準來說不再是不道德的語句。而這種性愛姿勢正是她的第二任前夫一直想要嘗試，但她卻從來沒有同意過。同樣地，儘管沛涵有著豐富的性愛經驗，但她告訴我們她從來不會主動向她的男友（們）提出性愛；相反的，她總是等他們主導。而且，她從來不會主動要求她的男友（們）在性愛中使用安全套，因為她擔心這樣會激怒他們。正是因為這個原因，和她初戀男友在一起的那幾年裡，她曾經在非政府註冊的醫院裡進行過 4 次的非法墮胎。

雯茜和沛涵這兩個有趣的例子正好呼應了 Evans（1997: 10）稱為「主動－男性／被動－女性」的模型。Evans（1997: 10）指出，雖然 1949 年後性話語論述在中國大陸起了很大的變化，但是這些變化並沒有為從自然生物結構解釋的「主動－男性／被動－女性」模型帶來什麼實質性的挑戰。實際上先行研究已經發現這個核心模型實為許多性話語論述的潛在邏輯。就如 Friedman（2000: 14）在中國大陸南部所發現的那樣，在繁殖性向（reprosexuality）的話語論述裡，隱含的是一種不會直言自己性快感的女性。Huang（2004: 239）所得出臺灣的反淫穢／賣淫的話語論述，同樣也是由嚴格遵循社會性準則的「良家婦女」所建構而成的。就連中國古代關於延長壽命的論述也不例外。這些論述立基於男性「主動」取悅女人以吸取其精華，而達到延長自己壽命的性技巧（van Gulik, & Goldin, 1961: 121）。由此可見這些不同的性話語論述，其本質都是「主動－男性／被動－女性」的模型；因為說到底，女性在性愛方面就算不是被強迫，也是被要求擔任被動的角色。

在本文裡，我們通過全面分析臺北的男性和女性是如何談論性和性行為，指出類似的「主動－男性／被動－女性」模型同樣存在於臺灣社會裡。臺灣受訪者傾向於根據6組二元對立項來論及性，而且他們更會將這些對立項與男女性別差異對應起來。比方說男性的性本質被認為是生物的、肉體的、一般的、必需的、不受控制的，因而是「動物的」；而女性的性本質則為文化的、心靈上的、非一般的、非必需的、受控制的，因而是「人類的」。有趣的是，從他們論及他們的性行為而得出的性腳本也可從這6組二元對立項得到印證：男性理應主動提出性交、主導性事、變換不同的性體位、確保性的持久性以及帶給女性高潮；反之，女性應該要等待男性採取性主動，在性事中被主導、被愛撫，並最終被帶到高潮。把這性腳本放回到6組二元對立項中，我們發現在臺灣社會裡，性的「文化意義」其實就是象徵性地把女性的性本質由「人類的」轉化為「動物的」。然而，這個理解是為了鋪陳一個更重要的研究目的，那就是試圖解釋性在本質上的轉化，與臺灣親屬系統中的婚姻，在邏輯上兩者是具有相映性的。最後，我們將闡明此相映性和中國的社會研究彼此間的相對意義，也就是親屬研究與理解其對中國社會的關聯性。

## 貳、研究方法

本文的資料是其中一位筆者在臺北進行有關AV的使用，以及性人類學田野研究中揀選出來的。該筆者在2002年10月至2005年8月住在臺北，並進行田野採訪。由於研究題目的敏感性與隱私性，導致難以招募到人員共相參與，因此受訪者是以滾雪球抽樣的形式前來徵集。因為本研究的重點在通過色情A片來探討性，所以挑選的受訪者都有看過AV的經驗。接受採訪的人數為44位，其中男性22名，女性22名。受訪者主要為本土臺灣人，還有一些來自於中國大陸的外省人及原住民。採訪進行的期間，受訪者的年齡介於20歲到60多歲，他們當中約一半已婚。到現在為止，也超過一半以上的受訪者結婚，而其中一些則離婚了。訪問主要是以「國語」進行，而所有的錄音都由該筆者轉錄為3百多頁的民族誌資料。

在這個研究中，我們特別留意對採訪所得的資料進行三角測量法

（triangulation of data）。在對採訪途中所得的數據進行說明的時候，我們遇到了兩個問題，那就是很難讓數據被賦予意義以及使其得以被證實。為了解決這些問題，我們採取以人際網絡（network）為基礎的田野方式來進行研究。這個人際網絡基本上是由 3 位主要受訪者組成的，而這 3 位受訪者會為我們介紹他們的朋友、同事、鄰居等等。這些成員之所以可以成為這 3 位主要受訪者的「朋友」，是因為他們與主要受訪者有些極為相似的地方，諸如興趣、價值觀、世界觀、成長背景、學歷等等。因此這 3 位受訪者所提供的則是 3 個「特定的團體」，其中每個團體成員之間的關係都被賦予了特定意義。如此一來，團體之間的相關聯性則提供了有用的語境，使數據能夠被更好地賦予意義和被理解。而人際網絡自身也可被用來驗證和核實受訪者告知我們的內容。除此之外，筆者在採訪後仍繼續和受訪者一起參與各類活動，因而獲得了很多機會來檢驗他們所說的內容。

為了方便分析，我們把這份民族誌數據按照 7 個主題進行分類，而其中兩個分類「性」和「性行為」與本文的討論尤為相關。我們的索引包含識別一部分直接或間接呼應兩個主題的對話。這些對話的長度會因例子的不同而不同，由一個段落到一頁紙不等。不管對話的長短，我們都將其作為一項條目。

在數據裡，我們發現被編為「性」和「性行為」這兩類的數據分別為 66 項和 128 項。經過分析、比較以及重核這些條目後，我們識別出 6 組有關臺灣受訪者是如何「談論」性的二元對立項以及 5 組關於他們是如何「談論」應履行的性行為。我們認為，這 6 組二元對立項和 5 個應履行的性行為讓我們得以重建臺灣男性和女性性存在的構型。由於空間有限，我們無法在此羅列所有相關的數據。而此限制則意味著我們必須選擇性地展示最能代表這些主題的數據。為了讓讀者能夠體驗到我們的田野訪談，並從我們與受訪者的對話中得出他們自己的推論，我們選擇將部分田野對話直接複製節錄於此，而非將採訪的數據釋義。在接下來的篇幅裡，我們首先會探究臺灣受訪者，不論男女，是如何按照 6 組二元對立項來「談論」性的。

## 參、臺灣的性話語

第一組有趣的二元對立例子是生物本能（生物的）與文化的（文化）二分法。之前所提到過的女性受訪者沛涵，在描述其第一次性愛經驗時的言論，讓我們明白她和許多其他的臺灣女生一樣，習慣性把性視作男人愛的象徵，從而使性變成了一個文化性的概念。

> 研究者：你提到過你第一次的性行為是在 16 歲的時候，和你的首任男朋友，對吧？你能描述一下你的第一次性經驗嗎？
>
> 沛涵：那是在卡拉 OK 包廂裡發生的（一種有卡拉 OK 器材械的封閉房間，人們可以在裡面唱歌）……那時可以說是喝醉了吧……
>
> 研究者：哦，我明白了。所以你們基本是準備好的嗎？
>
> 沛涵：嗯……也不是。我覺得他剛開始應該只是「玩玩」而已……他可能覺得我是那種不良少女，所以沒有關係……但是他那次並沒有成功……
>
> 研究者：嗯嗯嗯……因為你不想要？
>
> 沛涵：因為我覺得很痛，除了痛就是痛……所以我說不要……後來，大概是在一兩個月之後……還是在卡拉 OK 的包箱裡，我們做了。
>
> 研究者：那你感覺怎麼樣？你想要嗎？還是只是他想要？
>
> 沛涵：我覺得男性喜歡做愛就像有了飢餓感一般……他們覺得餓了，所以就想要了……
>
> 研究者：那你呢？
>
> 沛涵：我當時很害怕……害怕我媽媽知道了我做這種事情會罵我。但……我喜歡他，我愛他；所以我願意給我所有的……儘管我現在常常在想那是不是愛。但在那個時候，我覺得我是愛他的，那麼好吧，我們就給他吧。我猜女生都更願意傾向於把（第一次的）性行為當做愛的體現吧。

我們可以看到，沛涵之所以願意把她的第一次獻給其男朋友，是因為那個時候的她是「愛著」男朋友的，因而願意給他自己的所有。換句話來說，她對於性的渴求並不是來自生理層面的需要，而是很大程度上是取決於她與其伴侶的關係，因而是具文化性的。相反，她告訴我們，她的男朋友和她發生性關係並不是因為愛她，而是因為他與一般的男性一樣，認為性慾是生理需求，因此他會與當時在其身邊的任何女性發生性關係。這種生物的／文化的二分化在 30 出頭的忠育身上更為明顯。

研究者：總的來說，你喜歡做愛或者看AV嗎？

忠育：當然喜歡……

研究者：為什麼呢？

忠育：這（性）是人的天性！！！你不應該問一個人他是否喜歡吃東西，而是應該問他你喜歡吃什麼，對吧？！AV和性也是這樣的。你應該問我我喜歡看哪種類型的……

研究者：但好像並不是永遠都這樣……有的人可能不喜歡性……根據到目前為止我所做的訪問來看……

忠育：嗯……對！……那應該也是真的……我的（前）女朋友就不是特別熱衷於性事。AV並不能挑動她的性慾。我必須在做愛前製造一些場合，你知道嗎，就是營造浪漫的氣氛。她需要知道我是愛她的（這樣才能做愛）！

這裡我們可以發現，在問及忠育是否喜歡看AV或做愛的時候，他不但直截了當地回答他喜歡，更糾正了我們的問法，認為我們應該問他喜歡哪種類型的女性——具體來說，就是他會想和哪種類型的女性做愛——就像我們應該問他喜歡吃什麼，而不是問他是否喜歡吃東西。對他來說，AV和性，就如饑餓是天生欲望一樣，是生理性的，因而是不容置辯的。然而，他也指出AV「並不能」挑動其女朋友的慾望；取而代之，他需要製造一個「浪漫的氣氛」來挑動她的性致，因為「她需要知道（他）是愛著她」。換而言之，儘管他把性看成是男性的生理本能，他卻相信對於女性來說，性更應該是「關聯性的」，同時也是「文化性」的，因為女性需要知道她們是被愛著的。只有這樣她們才會想要做愛。

和生物的／文化的二分相似，但又不盡相同的另一組二元對立項是肉體的（肉體的）／心靈上（心靈上的）。正如本文一開始提到的雯茜在談及性幻想的時候，告訴我們，性愛是如何被劃分為肉體的和心靈上的：

研究者：一些男性聲稱他們可以通過性幻想來射精……

雯茜：我覺得男性並不需要想像太多，相反他們可以通過動作（性交）來達到……我覺得是這樣的，我經常問我的丈夫（前夫），我覺得他們（男性）是生來便如此的，興奮是來自生理的那部分。當他們在看AV的時候，他們想要做愛。但是我覺得對女性來說，興奮是來自於她們的心靈，來自於幻想。我覺得是這樣的。我告訴他我並不是真的需要做愛：性交，我可以通過幻想而感到興奮……

>研究者：你是這樣告訴他的？
>
>雯茜：是的，這就是為什麼我跟他說男性是動物；他們的興奮是來此於生理。而不是源自心靈，（但）只是因為生理。我告訴他，比起性交，他若能給我一個溫暖的擁抱或輕柔的愛撫，反而更能讓我感到性滿足。這是一種心靈的交流，通過這種交流，我能感到興奮和滿足。但是對於他來說，性事是插入、射精和高潮。

從和雯茜的對話裡可以看到她把肉體的和心靈的，來自肉體的快感和來自心靈的快感對立了起來。她認為作為一個女性，能夠有一個「溫暖的擁抱」或是「輕柔的愛撫」，是會和陰道性交一樣，有時候甚至會比陰道性交更能令女性感到性滿足。她對其前夫無法理解她這一想法而感到悲哀。因為對於她的前夫來說，性事明顯是生理性的，並可以被歸納為三個步驟：「插入、射精和高潮」。我們可以發現，性愛被劃分為肉體的和心靈的——前者注重的是身體或肉體的滿足，而後者則看重心靈的交流。

第三組常見的二元對立項是一般的／非一般的。30出頭的學魁和銘傳在描述他們的童年時，都指出性和色情雜誌在他們的生活裡皆屬於極為平常的東西。就算是現在，只要一有機會，他們就會看AV；而學魁則是每天都看。同樣也是30出頭的貫達甚至說道，當臺灣男性進入一個全是男性的環境時，如五專（一種5年制的職業培訓學校，裡面的學生通常是同一性別的）或軍營裡，性愛話題和AV就是他們的日常生活。

>貫達：在我五專第四年的時候，我十分沉迷於AV。我和我最好的同學租了一個公寓，裡面裝了有線電視。我們一起看色情錄影帶，討論性愛事。同樣的，在服兵役的時候，我們一有空就會和軍中的兄弟一起看AV、談論性愛事——你知道的，那裡的生活很無聊的。這就像是吃飯、洗澡或者睡覺一樣。在那兒，性就只是我們日常生活的一部分。
>
>研究者：為什麼只是在五專或在軍營裡談論性或看AV呢？
>
>貫達：因為所有的男性都喜歡，或至少是對性感興趣；性是我們與生俱來的。但女生不喜歡性。這不是她們生活的一部分。這就是為什麼她們不像我們一樣，不喜歡總是看AV或談論性。

由此可見，貫達把性劃分為一般的生活事件和非一般的生活事件這兩種

完全沒有中間過渡的極端對立項。對於男性來說，性僅僅是他們日常生活的一部分。不管是在五專還是軍營裡，男性看 AV 或者談論性，就和吃飯、洗澡或睡覺一樣平常。相反的，貫達認為女性不喜歡談論性或看 AV 是因為性並不是她們生活裡的一部分。也就是說，性對於女性來說，是一個非一般的東西。

把性二分為一般的／非一般的常常是基於另一對關於性的二元對立觀點：必需的／非必需的。因為只有當性被看成是（非）必需的時候，它才可能轉而被描述成（非）一般的。正如沛涵所說的，就能告訴我們性是如何被劃分為必需和非必需的。

> 研究者：你喜歡做愛嗎？你覺得怎麼樣？
> 沛涵：我覺得我的回答應該是很正常的吧⋯⋯
> 研究者：正常？你能稍微解釋一下嗎？
> 沛涵：我覺得我是「普通」的，我可以做愛，但是如果沒有性愛我也沒關係⋯⋯
> 研究者：所以這說明你並不是真的喜歡或享受性？我這麼說對嗎？
> 沛涵：我不會說我不喜歡性愛，但是我覺得性對於我來說是可有可無的⋯⋯
> 研究者：我明白了，可有可無！所以你不會特別渴望做愛，這樣說對吧？
> 沛涵：我覺得這樣說比較好吧，比方說，男性會有慾望，當他們無法做愛或沒有女朋友的時候，他們需要 DIY（自己動手做，即手淫）。但是對於我來說，如果我有男朋友的話，我應該會想要做愛。然而，如果我男朋友不在身邊或者我沒有男朋友的話，我可能會想到做愛，但之後我就會忘記了這件事。我猜我不會嘗試去做些什麼。我不能說我熱衷於性，但我喜歡。我覺得（性）這件事，對我或者對其他女性來說都一樣，是可有可無的。

當問到她是否享受做愛的時候，沛涵回答說性並不是必需的——對女性來說，它只是個「可有可無」的東西。有趣的是，其他的女性受訪者也有著和她一樣的觀點。婉蓉告訴我們，除了在生理期前會有「較強」的性慾外，其他的時候她並不想費心去做愛。一位 35 歲左右的媽媽玫楓告訴我們，她或許有時候會有性慾，但是總的來說，她對性並「不感興趣」，以至於她經常試圖想逃離其「性慾旺盛」的丈夫。但性同時也被這些女性描述為「必需」的。就像沛涵所認為的那樣，性對男性來說是十分重

要的——在無法有性事的時候，他們需要以手淫來解決需要。同樣地，儘管婉蓉認為，如果男性已經有女朋友，並從其身上獲得性愛的歡愉還繼續觀看 AV，則是「濫用」AV 的一種，因而極度反感，但她還是認同如果男性沒有女朋友，從而無法有性愛的時候，他是可以使用色情影片的，因為「他的身體需要性愛」。

當談到性是必需的／非必需的時候，無可避免地會引進另一組二元對立項——不受控制的（無法控制的）／受控制的（可以控制的）。比方說玫楓對其丈夫「性慾旺盛」所表現的驚訝——在他醒來的時候，陰莖常常是勃起的。就像我們的對話所顯示的：

> 玫楓：我覺得有的時候我只是跟他更親近一點，他就興奮得像「被電擊」一般。他給我的感覺就是他真的需要性。只要是一點點的身體接觸就能挑動他的性致……
> 研究者：哈哈……電擊？！所以你的意思是他性慾很強囉？
> 玫楓：嗯，我想是的。某種程度上來說，這並不是他可以控制的！他在早上醒來的時候，陰莖經常是勃起著的（吃驚地說道）！！
> 研究者：喔，但據我所知，這並不是不正常的……
> 玫楓：嗯嗯嗯……他會嘗試親近你，觸碰、愛撫和親吻你。我覺得他早上會特別想要做愛。但是早上是不可能做愛的。因為我們的小孩會醒的——他們和我們睡同一張床。有一次早上，當他嘗試過來碰我和親我的時候，我的小女兒突然醒了，瞪著我們看我們在幹什麼！

玫楓的驚歎明顯源於她所理解的性應該為「受控制的」。其丈夫那總是在早上勃起的陰莖，以及就算孩子就在身邊他也想跟她做愛的慾望，無不讓她覺得他有著「不受控制的」的性慾。同樣的，雯茜則抱怨男性經常無法「控制」他們的慾望，因為他們總是盯著女性的胸部看。而這也是為什麼她認為「沒有高尚的男性」的原因。此外，婉蓉也很不解男性為甚麼不能跟女性一樣控制性慾，而且當他們想要做愛的時候總是要借助 AV 以洩慾的事實感到異常惱人。她氣沖沖地質問男性為什麼不能看書或看電視，而非看 AV。

以上所有提及到的二元對立項都可被總括為被雯茜稱為動物（動物）／人類（人類）的二分。而生物的／文化的、肉體的／心靈上的、一般的／非一般的、必需的／非必需的和不受控制的／受控制的對比恰好是傳

統上動物與人之間的分野。如雯茜所指出的,動物是本能衝動和傾向,以使它們的性慾成為一種兇殘的力量,會要不惜任何代價、任何手段都使之得到滿足。相比之下,人類是比較文雅、有文化且有教養的,因而能夠把他們的性慾控制在適當的地方和時間。我們可以發現,臺灣人不論男女就像結構主義者一樣,是根據 6 組二元對立項來談論性的。我們將這 6 組二元對立項總括在表 1。

表 1　性的 6 組二元對立

| 男性 | vs. | 女性 |
|---|---|---|
| 生物的 | vs. | 文化的 |
| 肉體的 | vs. | 心靈上的 |
| 一般的 | vs. | 非一般的 |
| 必需的 | vs. | 非必需的 |
| 不受控制的 | vs. | 受控制的 |
| 動物 | vs | 人類 |

更有趣的是,臺灣的受訪者最終把這些對立項和男女之間的差別聯想到了一起。正如我們在以上的對話所見,一半的對立項,也就是生物的、肉體的、一般的、必需的、不受控制的和動物的,總是跟男性聯想在一起;而另外一半,即文化的、心靈上的、非一般的、非必需的、受控制的、人類的,則會與女性聯想到一塊。因此,臺灣人不僅以 6 組具體化的二元對立項來談論性,還將這些對立項與性別差異聯繫起來。也就是說,他們理解性的方式不但是由文化構建而成的,還是具有性別性的。這裡我們指的是「性總是受性別的社會規範所掌控」(Chambers, 2007: 47)。

## 肆、臺灣男性和女性的性腳本

接下來,我們將會研究臺灣受訪者在提及他們使用 AV 和性生活時,是如何論述他們自己的性行為的。我們發現男性受訪者的性腳本是由五個必須履行的社會規範組成的。首先,是採取性主動這一規範。就像現年 55 歲,馬上就要退休的德叔在以下談話中告訴我們的那樣:

研究者：您是否介意談論一下您和您妻子的性生活？

德叔：沒問題，你可以隨便問⋯⋯

研究者：謝謝您，德叔。您可以稍微描述一下您的性生活嗎？我是指，通常來說，誰會主動提出性交，等等⋯⋯我猜大概是您，對吧？

德叔：對，是我。我們或許是老式或者落伍了吧。但是我們相信在性愛中應該是男性採取主動的。

研究者：為什麼採取性主動對您來說這麼重要？

德叔：因為我們是男性，我們應該要主動⋯⋯

研究者：您的妻子在性事裡有沒有嘗試過主動呢？

德叔：非常非常少。我覺得我可以數得出在過去30年裡她主動提出性交的次數！我覺得她這樣做應該會覺得很不好意思⋯⋯

研究者：您的妻子採取主動的時候，您會有什麼感覺呢？

德叔：嗯⋯⋯我想，應該沒什麼吧⋯⋯但是會有點怪⋯⋯因為我們會認為這是我們該做的事情⋯⋯哈哈

第二個規範為在性愛過程中始終帶領女性。就像德叔在繼續解釋他和他妻子的性事時所說的：

德叔：我希望你不會覺得我們是那種大男人。

研究者：不會。但為什麼您會這麼說呢？

德叔：因為我覺得在性愛過程中帶領（她）更為重要⋯⋯

研究者：您指的是主導和帶領整個性愛過程？

德叔：嗯，是的⋯⋯

研究者：您的妻子會在性事中帶領您嗎？

德叔：不會⋯⋯從來都不會⋯⋯

研究者：為什麼？

德叔：大概她會覺得尷尬難堪吧。但我覺得就應該是由我來主導⋯⋯沒什麼特別的原因⋯⋯

在性愛過程中需要變換不同的性體位。就像現年31歲的單身男性諄宏所說：

研究者：你會怎樣描述你和你（前）女朋友的性愛呢？

諄宏：嗯嗯⋯⋯總體來說是不錯的⋯⋯因為她也有享受到⋯⋯

研究者：（性愛中）你們通常的性體位是什麼？

諄宏：傳教士式或側入式⋯⋯

研究者：那你們會嘗試其他的性體位嗎？
諢宏：有試過。我們試過很多性體位。
研究者：很多？有哪些？
諢宏：後入式、側入式、站立式、坐式，等等……
研究者：為什麼這麼多的性體位？
諢宏：因為換不同的性體位對我來說是很重要的。這樣能夠讓她開心和得到性滿足。我想要（在性愛中）好好照顧她。
研究者：在性愛方面好好照顧她？
諢宏：是啊……在性愛方面照顧女性是男性應有的責任。

和諢宏的對話同時也指向了臺灣男性的另一個必要的性規範，那就是男性要能確保性愛過程的持久性，正如我們的談話繼續進行時所提到的：

研究者：我發現你說要在性愛上照顧女性這個想法很有趣！
諢宏：哦？真的嗎？我覺得對於臺灣男性來說，這是很平常的……就好像我們會以給我們的女人錢花這種方式來照顧她們一樣……
研究者：我明白了。所以變換不同的性體位是你在性愛上照顧你女朋友的一種方式？
諢宏：是的。但只是很多方式裡的一種。我也會通過保持（性愛）持久性來表現我對她的照顧……我指的是不射精或達到高潮地持續插入……比方說20分鐘到半個小時……
研究者：這樣啊。所以你覺得變換不同的性體位和保持性的持久性是一樣重要的吧。
諢宏：是的……基本上是的……

而最後，或許應該是最重要的一個必要規範，而最重要的是使女人達到高潮。就像現時33歲的已婚男性，一個有著兩歲大兒子的父親唯謙提到的：

研究者：你和你妻子的性生活怎麼樣？
唯謙：以前挺不錯的……但最近我們剛有了個兒子，所以我們都有點忙得沒時間做愛了。
研究者：所以你的妻子是真的享受性愛的？
唯謙：嗯，她對做愛沒什麼意見的。
研究者：她做愛的時候，會經常有性高潮嗎？
唯謙：噢，她幾乎每次都能達到……

研究者：但是我的大多數女性受訪者告訴我她們不會每次都來高潮。

唯謙：是的，我也聽說過這個說法。但是我每次都盡我所能讓我妻子達到高潮。我覺得在性愛中讓她達到高潮是一件非常重要的事情。

研究者：為什麼這（讓她達到高潮）對你來說如此重要？

唯謙：因為讓她達到高潮會讓你覺得很爽……

研究者：所以你認為讓她達到高潮其實能夠滿足你的男性自尊嗎？

唯謙：嗯，你可以這樣說……

臺灣女性的性腳本同樣的也是由 5 個規範組成——應該等待男性主動提出性交、在性愛過程中被帶領、被愛撫、被帶領嘗試不同的體位、被帶領到達高潮。就像婉蓉所說的這樣：

研究者：你會主動提出性交嗎？

婉蓉：不！！！當然不（高八度的語調）。

研究者：那是為什麼呢？現在這種做法不是很不常見吧……我猜！

婉蓉：我不知道，但我覺得應該是男性採取性主動的……我只是這樣覺得……

研究者：所以你也不會在性愛中帶領你的男朋友……

婉蓉：當然不會。我怎麼會這樣做？男性應該主動並且在做愛時應該引導整個過程……

研究者：我懂你的意思。

婉蓉：我覺得我們女生在性愛裡應該更克制一些，而男生則應該是主動的……

在性事方面，婉蓉看起來仿佛比較保守，甚至還有點過分順從的感覺。然而我們臺北的其他女受訪者卻和她一樣有著相似的看法。就像沛涵提到的：

研究者：你會主動提出和你的男朋友（們）做愛嗎？

沛涵：不會……

研究者：為什麼不會？

沛涵：不知道……如果你真要問我……

研究者：你不知道為什麼？為什麼會不知道呢？

> 沛涵：嗯……我就只是這樣子認為；性愛應該由男性主動，並且由他們主導……而不是相反。

我們可以看到，臺灣的男性和女性的性腳本和上面所列的 6 組關於性的二元對立項的邏輯有著高度相似性。如果說男性的性存在是「動物的」、生物的、肉體的、一般的，因而是必需的、不受控制的，那麼男性必然會主動尋求性愛，採取性主動並引導性愛過程以主導性事、變換不同的性體位以及確保性的持久性。因為性如果被男性看成是必需且不受控制的話，他們一定會積極地去尋求性愛。相似的，如果男性「需要」性，「自然而然」會由他們主動提出性交並引導性愛過程。然而認為男性的性存在是不受控制的，反過來也說明了男性理應變換不同的性體位以及確保性的持久性以讓他們得到性滿足。最後，為了能夠主導性愛，男性也必須儘早學習有關性愛的技巧，讓自己能夠瞭解其他相關的性愛知識。

相比之下，如果女性的性存在是「人類的」、文化的、心靈上的、非一般的，因而是非必需的和受控制的，那麼女性就必定是性的受領者而非提出者。即女性不需主動追求性，因為性對她們來說不是必需的或一般的東西。在女性不「需要」性的前提下，她們也就無需在真實的性事中主動。相反，她們一般都會被主導和被帶領。作為性的受領者，女性也無需尋求性知識或消費 AV。

從臺灣的男性性腳本我們可以推論出，他們是不會喜歡一開始已在性事上表現得非常積極和主動的女性的。如果女性從一開始就表現出強烈的性慾，那麼男性根本無空間去採取性主動，或在性事中引領那些女性。這正是為什麼諄宏跟其他男性受訪者一樣，不喜歡性慾強或性經驗豐富的女人的原因——因為他們無法在性事上照顧那些女性。為了掩飾他們的恐懼或為他們的無能辯護，男性受訪者則會以那些女人「不成熟」、「淫亂」或純粹是「賤」來拒絕她們。而根據同樣的男性性腳本來看，如果女性在整個性愛過程中都保持著被動也是不行的。因為如果女性由始至終都從性愛的過程中抽離，則意味著男性無法嚴格遵循性腳本——無法將女性帶達高潮這一性規範。把女性帶到高潮的責任，則意味著女性會在男性的引導及協助下由被動轉化為主動；並且在性愛的最後，女性應與其男性伴侶一樣地性活躍且投入其中。

把這一切放回之前我們已經識別出來的 6 組二元對立項中，我們可以馬上意識到，對於臺灣的男性和女性來說，性可以被看成是，通過把性存在為文化的、心靈上的、非一般的及非必需的「人類」女性，象徵性地轉化為性存在為生物的、肉體的、一般的、因而為必需的「動物」男性的一種儀式。我們可以看到男性試圖象徵性地把二元對立項裡的一邊全部挪至另外一邊，把「人類」女性納入「動物」男性之中，以至最後只有他（「動物」男性）獨立地存在。這點其實等同超越了男性和女性之間的性對立（如表 2 所示）。

表 2　性在臺灣的論述式意義

| 男性 | ← | 女性 |
|---|---|---|
| 生物的 | ← | 文化的 |
| 肉體的 | ← | 心靈上的 |
| 一般的 | ← | 非一般的 |
| 必需的 | ← | 非必需的 |
| 不受控制的 | ← | 受控制的 |
| 動物 | ← | 人類 |

因此臺灣性的論述式意義或許可被歸納為一個將女性由「人類」象徵性地轉化為「動物」，儘管是短暫地，最後使男性和女性得以變成為同一性存在的一種儀式。這可說是臺灣「性愛」的核心意義。有趣的是，這種性的轉化本質並不是在臺灣獨立的一種文化現象。就像我們馬上要提到的那樣，它與臺灣的婚姻系統仿佛有著重要的相映性。具有相映性，指的是在性和婚姻裡，女性都是會被從一種類轉化成為另一種類。為了更好地理解臺灣的婚姻，我們現在來討論一下臺灣的中國親屬系統。

## 伍、臺灣的中國親屬系統——房與家族

著名的臺灣人類學家陳其南，從他在臺灣南部的博士田野研究中提出，中國的家庭體系是受「房」與「家族」兩個概念所影響的。在當地來說，「房」是指一個已婚的兒子與其妻子的睡房。「房」因而隱諱地表達了兒子相對於父親在系譜地位的意義。「家族」是「家」和「族」

的混合。「家」指一個共住共生的群組；而「族」則代表著一組組父系親屬與他們的妻子——無論他們本身的機能層面為何——的譜系概念（Chen, 1986: 64）。「家族」從整體來說則是代表了父親相對於兒子之間的譜系地位。

根據陳所述，「房／家族」關係的核心有四大原則。第一，只有兒子才能取得譜系地位，繼而變為「房」（Chen, 1986: 68）。儘管習俗規定，兒子只有在結婚後才能被稱為「房」，但兒子與生俱來就是「房」的一員（同上引：117）。如果有一個以上的兒子，他們就會按照出生的時序而被命名，如，大房（年長的房）、二房（第二房）等等（同上引：91）。

第二，雖然在孝道及祭祖的意識形態的影響下，每一個「房」都統一在「家族」之下，每一組特定的父子關係就會與其他旁系的父子關係區分開來（Chen, 1986: 87）。這種「房」的譜系分裂在遇上家產分配、兄弟間的競爭以及他們妻子之間的爭吵時，就會完完全全地顯現出來。

第三，如 Chen（1986）所指出的，「房／家族」的延續是中國家庭中最重要的責任。家的血脈是由作為家族的父親流向作為「房」的兒子的。當兒子繼承了父親的地位後（作為「家族」），此血脈繼而會傳於其兒子（作為「房」）——他也會再繼續一脈相傳給自己的兒子。中國家庭就是以這相承的父子關係達至永恆的。

最後一個相關的是，女兒永遠都不能在其父親的家族裡建立一「房」。在結婚前，她是從屬於她父親「家族」的一員；婚後，她則變為其丈夫的「房／家族」的一員。就算她行的是入贅婚，她也不可能繼承其父親的「房」脈，且沒有擁有「房」的財產的資格（Chen, 1986: 68）。不管她是嫁出去或是行入贅婚的，她都不能拜祭其父親。而在她死後，也不能在其父親「家族」的祠堂裡被拜祭（同上引：68-69, 80）。她能獲取「房／家族」地位的唯一途徑就是婚姻（同上引：69）。

女性後代，不論已婚與否，都不會被視為其父親的房／家族裡的一員（Chen, 1986: 68-69）。然而在結婚後，她們就會被完全融入其丈夫的房／家族裡，成為正式的成員（同上引：118）。既然是身為她們丈夫的房／家族，她們則自動與她們丈夫一起享有財產權；而如果她們的丈夫逝世了，她們便會掌管該房的財產（同上引：118）。她們死後也可以在

祠堂裡被其丈夫的房的後代拜祭。Lin（2000）還指出，她在臺灣的考察發現，一旦新娘在拜公媽的儀式上向她的祖先拜別後，她就不再獲得其祖先的庇護，而她的祖先亦不能要求獲得她的拜祭。換句話說，他會完全脫離其父親的「房／家族」，然後成為其丈夫「房」裡的正式成員。與此相反，男性後代不論已婚與否，死後都會自然而然地被供奉在祠堂裡獲得家族後代的拜祭，因為他們生來便是「房」的成員。然而，未婚且早逝的女兒並不會獲得同等待遇。被禁止進入父親「房／家族」祠堂的未婚女兒將會變成孤魂野鬼——這是被中國人視為最悲慘的結局。這些未婚女兒只能通過「冥婚」來獲得拜祭（Chen, 1986: 69-70）。可見女性，不論生死，都只能通過婚姻去獲得她們「房」成員的身分，並從而獲得其社會生存的地位。婚姻可以說是每一個臺灣女性的終極目標。

然而，婚姻不僅是對臺灣女性來說很重要，對於臺灣男性來說也一樣重要。就如前面所提到的，「房／家族」的血脈延續是臺灣中國親屬系統裡最為重要的責任。每一個臺灣男性都力求擁有兒子（們），好讓自己「房」的血脈得以延續。然而想要有自己的兒子（們），臺灣男性不單是要找一個女人，還是要找一個妻子；也就是說，他必須通過婚姻，把女人變成自己家庭的成員，這樣一來他們的孩子（們）才能夠延續他的「房」的血脈。

由此，我們可以看出臺灣婚姻的文化意義。原則上來說，臺灣的婚姻就是把一個女人從一個非「房」成員轉化為一個「房」成員，以使她最後獲得與其丈夫一樣的社會存在。也只有這樣她才能成為一個真正的社會存在，擁有與其丈夫一樣的財產權以及擁有被家族後代拜祭的可能。換句話來說，臺灣的婚姻就是要把女性從女性類別（非房）轉化為男性類別（房）。

而我們馬上就能想到，臺灣婚姻的文化邏輯和先前所羅列的性與性行為話語論述是相互呼應的。就像臺灣男性想要通過婚姻把另一個家庭的女性轉化為他自己「房／家族」的成員，他在性愛中也把該女性從「人類」女性轉化為「動物」男性，並使其與自己一樣享受性愛。就像他希望通過婚姻把女性變成和他一樣的社會存在，他在性愛中也一樣希望把女性轉化為和他一樣的性存在。

這裡需要強調的是，我們並不是說6組二元對立項的每一項內容都與婚姻系統相呼應。相互呼應的是兩者的轉化邏輯。就像我們前面所提到的，「房／家族」的親屬系統規定了男性生來就是「房」的成員，而女性只有通過婚姻才能從其丈夫處獲取她的「房」的社會地位。在我們所識別的性與性行為的話語論述中，我們也可以看到臺灣的性愛的根本邏輯是要把一個女性的性存在從「人類」轉化為「動物」，最終使到男性和女性變成同類。在臺灣這兩個社會生活範疇（婚姻和性）裡面，女性最終都會從一個類別轉化為另一個類別，並在最後與男性變為同類。也正是如此，我們確信性和性行為的主要文化意義實際上呼應了臺灣親屬系統裡的婚姻，並且也因婚姻而使其能夠得到更好的理解。

## 陸、結語

在本文中，筆者論證了臺灣人傾向根據6組二元對立項——生物的／文化的、肉體的／心靈上的、一般的／非一般的、必需的／非必需的、不受控制的／受控制的以及最後的「動物的」／「人類的」來談論性；而這6組二元對立更進一步對於臺灣性存在的構型起了極為重要作用。臺灣受訪者更把二元對立項與兩性性別相比較，比方說男性的性存在為生物的、肉體的、一般的、必需的、不受控制的以及動物的，而女性的性存在為文化的、心靈上的、非一般的、非必需的、受控制的和人類的。然後從受訪者討論性行為的方式推論得出，這6組二元對立項深深影響著臺灣男性和女性的性腳本。就像我們所展示的，臺灣男性被認為應該採取性主動、在性事中帶領他們的女人、轉換不同的性體位、確保性的持久性以及讓他們的女人達到高潮。而相反女性的性腳本則認為臺灣女性應該等男性主動提出性交、被帶領、被愛撫、被帶領體會不同的姿勢，以及被帶達高潮。

正如我們所見，臺灣男性和女性的性腳本標示了「主動－男性／被動－女性」這一模型。然而這並不只是關乎主導和被主導，而且還是關乎象徵性地轉化女性伴侶，使她能如其男性伴侶一般享受性愛。也就是說，臺灣的性的意義就是象徵性地把一個「人類女性」轉化為「動物男性」，並使她在性愛過程的最後能夠變得性活躍，且如其男性伴侶一般

的投入。由此推斷,臺灣的性愛的話語論述的意義可以理解為一個把女性性存在由「人類女性」轉化為「動物男性」的儀式。

然而,性的轉化本質並不是一個單獨存在的文化現象。本文的主旨是為了說明性的話語論述式意義與臺灣親屬系統中的婚姻之間是具有重要的呼應性的。在臺灣的婚姻系統裡,男性試圖通過婚姻把女性變為他們「房/家族」的成員,使得女性最後變成與其一樣的社會存在。這一邏輯和臺灣關於性與性行為的話語論述具有強烈相映性。就像臺灣男性嘗試通過婚姻把女性變為他們「房/家族」的成員一樣,他們試圖把他們的女人的性存在由「人類」的象徵性地轉化為「動物」的,以使兩者在最後變為同一類。

這裡所識別的性的文化意義以及臺灣中國親屬系統中的婚姻之間的顯著相映性說明了對於中國人來說,親屬關係和其他重要的社會生活範疇,例如性,是緊密相連的。實際上,陳其南在其未發表的博士論文中已經指出,他通過「房/家族」識別而得的中國親屬關係的譜系範式是支配著「農村臺灣中的男性或女性的親屬地位、財產擁有權、家庭結構、父系領養/過繼、入贅婚姻、宗族的形成與分裂的」(Chen, 1986: ii)的規則。陳所指出臺灣社會的親屬關係和其他社會範疇之間的緊密聯繫類似於 Sahlins 所描繪的部落本體論——「社會是由一個單一一致的關係系統構造而成的;而這些關係有著被我們稱為親屬關係的性質,並被衍展或圖化到社會行為的各種層面去」(Sahlins, 1976: 6)。此中國社會的本體論有著一個重要的認識論含義,那就是我們推論出親屬研究始終在對中國社會進行理解上有著極為重要的聯繫。

# 參考書目

Bresnahan, M. J., Inoue, Y., Liu, W. Y., & Nishida, T. (2001). Changing gender roles in prime-time commercials in Malaysia, Japan, Taiwan, and the United States. *Sex Roles, 45*, 117-131.

Cernada, G. P., Chang, M. C., Lin, H. S., Sun, T. H., Cernada, C. C. (1986). Implication for adolescent sex in Taiwan. *Studies in Family Planning, 17*, 181-187.

Chambers, S. A. (2007). "Sex" and the problem of the body: Reconstructing Judith Butler's theory of sex/gender. *Body & Society, 13*(4), 47-75.

Chang, J. S. (1996). Negotiating sexual permissiveness in a contemporary Chinese setting: Young people in Taipei. *International Journal of Sociology of the Family, 26*(1), 13-35.

-- (1999). Scripting extra-marital affairs: Marital mores, gender politics and infidelity in Taiwan. *Modern China, 25*, 69-99.

Chen, C. N. (1986). *Fang and Chia-tsu: The Chinese kinship system in rural Taiwan*. Unpublished doctoral dissertation, University Microfilms International, Ann Arbor, MI.

Cheng, C. C. (2006). *Gender differences in family values: The case of Taiwan*. Unpublished master's thesis, University of Texas at Arlington, TX.

Evans, H. (1997). *Women and sexuality in China: Dominant discourses of female sexuality and gender since 1949*. Cambridge, UK: Polity.

Friedman, S. L. (2000). Spoken pleasures and dangerous desires: Sexuality, marriage, and the state in rural southeastern China. *East Asia, 18*(4), 13-39.

Hermalin, A. I., Ofstedal, M. B., & Chang, M. C. (1996). Types of supports for the aged and their providers in Taiwan. In T. K. Hareven (Ed.), *Aging and generational relations: Life-course and cross-cultural perspectives* (pp. 179-215). New York: Aldine de Gruyter.

Huang, H. T. M. (2004). State power, prostitution and sexual order in Taiwan: Towards a genealogical critique of "virtuous customs." *Inter-Asia Cultural Studies, 5*, 237-262.

Lee, M. L., Lin, H. S., & Chang, M. C. (1995). Living arrangements of the elderly in Taiwan: Qualitative evidence. *Journal of Cross-Cultural Gerontology, 10*, 53-78.

Lin, W. P. (2000). A reconsideration of Chinese "kinship:" Ethnography of a village in southwestern Taiwan. *Bulletin of the Institute of Ethnology Academia Sinica, 90*, 1-38.

Lo, T. F. (2007). Kinship network and marriage stability through Taiwan's demographic transition. *Journal of Population Studies, 35*, 1-35.

Moskowitz, M. L. (2008). Multiple virginity and other contested realities in Taipei's foreign club culture. *Sexualities, 11*, 327-351.

Peng, L. H. (2007). *Stigma and the implication of female extra marital affair in Taiwan*. Paper Presented at Centre LGS Gender Unbound conference, University of Keele, UK.

Sahlins, M. (1976). *Culture and practical reasons*. Chicago, IL: University of Chicago Press.

Thornton, A., Chang, J. S., & Yang, L. S. (1994). Determinants of historical changes in marital arrangements, dating, premarital sex Intimacy and pregnancy. In A. Thornton & H. S. Lin (Eds.) *Social change and the family in Taiwan* (pp. 178-201). Chicago, IL: The University of Chicago Press.

Thornton, A., & Lin, H. S. (1994). *Social change and the family in Taiwan*. Chicago, IL: The University of Chicago Press.

van Gulik, R. H., & Goldin, P. R. (1961). *Sexual life in ancient China: A preliminary survey of Chinese sex and society from ca. 1500 B.C. till 1644 A. D.* Leiden, the Netherlands: E. J. Brill.

Wang, C. S., & Chou, P. (1999). Characteristics and outcomes of adolescent pregnancies in Kaohsiung county, Taiwan. *Journal of Formosan Medical Association, 98*, 415-421.

Wang, R. H., Wang, H. H., & Hsu, M. T. (2003). Factors associated with adolescent pregnancy -- A sample of Taiwanese female adolescents. *Public Health Nursing, 20*, 33-41.

Weinstein, M., Sun, T. H., Chang, M. C., & Freedman, R. (1990). Household composition, extended kinship, and reproduction in Taiwan, 1965-1985. *Population Studies, 44*, 217-239.

Xu, X. H., & Lai, S. C. (2002). Resources, gender ideologies and marital power. *Journal of Family Issues, 23*, 209-245.

Yang, F. C. I. (2004). International women's magazines and the production of sexuality in Taiwan. *The Journal of Popular Culture, 37*, 505-530.

Yeh, C. H. (1999). Sexual risk taking among Taiwanese youth. *Public Health Nursing, 19*, 68-75.

# 貶低女性以淨化男性——
# 日本 Akume A 片拍攝現場的民族誌 *

王向華、邱愷欣
劉訢雅譯

## 壹、前言

本文是以民族誌方式探討日本「性高潮」（Akume）A 片是如何於現場製作和拍攝。「Akume」在日本語中屬外來語，源自英語的「acme」，意思是高峰或頂點。它是日本 AV 中新崛起的類型，是指性高潮，尤其是女性的性高潮。電影的主旨是取悅片中的女角色，帶領她們達到性高潮，一般達數次到甚至 10 次不等。

本文研究的 Akume A 片設定男性角色為性專家，教授觀眾如何透過特別的技巧，帶領女性角色達到性高潮。這種技巧是逗弄及刺激從子宮頸伸延到陰道壁的組織（portio）。Portio 可以被視為 G 點或陰蒂的一種戀物情意結，人們用它來理解那依然神秘的女性性快感或性高潮（Williams, 1989: 113-114）。如本文將要分析的 Akume A 片所敘述，若有技巧地逗弄及刺激陰道部位組織，女性將享受比刺激 G 點或陰蒂更興奮和持久的性高潮。

此電影雖然設定為教導如何給女性帶來性快感的教學，卻深受「言語攻擊」（kotoba-zeme）的影響。kotoba-zeme 是日本獨有的性虐待概念。

---

\* 本文所採用的民族誌資料部分曾發表邱愷欣、小堀芳一（2012）。〈AV 現場：自瀆商品的禁室鍊成〉，王向華、邱愷欣（編），《日本 AV 女優：女性的物化與默化》，頁 106-123。香港：上書局。

我們將在以下部分討論，kotoba-zeme 觀念視溝通為性滿足的關鍵，可是這種溝通並非雙向的，而是男性單向地使用言語攻擊或羞辱女性。此觀念指出，當女性遭受言語羞辱時，她們對性的緊張感會提升，繼而提高她感受性快感的能力。我們可以預見，若女性的身體被性喚醒，刺激她的陰道部位組織將為她帶來從未體驗過的、數倍甚至無盡的性高潮。這齣 Akume A 片中，女主角好幾次達到性高潮，她甚至感謝導演為她帶來如此美妙的性經驗。

由此可見，此 AV 圍繞施虐與被虐主義，並立基於虐待行為是女性得到性快感的突破口的觀念。有鑑於這種虐待行為是為了女性的性滿足，它不但應該被寬恕，女性更應感激施虐者。因此，它提供了一個契機，讓我們反思 AV 中女性被貶低的情況，這亦是社會科學 AV 研究中歷久不衰的論題（McKee, 2006: 4）。本文受 Sahlins（1976）的觀點啟發，主張 AV 裡描述的虐待行為，不應一概被解讀為男性侵略行為的表現，因此也並非貶低女性的證據。Sahlins（1976）告訴我們，人類的動機與行為並沒有必然的對應關係，因此虐待行為不一定是被侵略慾望所驅使；換而言之，人類不需以虐待行為滿足自己的侵略慾望。我們將在下文對此加以闡述。

另一方面，雖然人類的動機與行為並沒有必然的對應關係，卻並不代表 AV 中的虐待行為與男性的侵略性及貶低女性的現象毫無關係。本文將證明，我們研究的那齣電影的確帶有貶低女性的意味，它並不是來自虐待行為的本身，而是從無性別之分的日本宇宙論觀轉化而來。

我們研究的例子當然不能夠代表所有 AV；這（虐待）類型的 AV 亦不能代表所有日本 AV。我們曾在另一篇文章提及（Wong & Yau, 2014），日本 AV 種類繁多，包含不同風格和類型。我們將證明，Akume 類型的 AV 的觀念，與許多其它日本 AV 所蘊含的觀念不謀而合，例如我們曾經在另一篇文章分析的 AV，包括以一位男性芭蕾舞教師和一位女學生的角色扮演為題的 AV，以及另外一系列的成人紀錄片，講述著名的日本 AV 導演代代木忠，利用催眠術、通靈及／或手淫，協助一些因故無法享受性愛的新手女演員，獲得性快感或達到性高潮（Wong & Yau, in press）。

這些電影的中心思想是男性角色以虐待行為，甚至以暴力的形式或

內容,在性事上啟蒙女性,並為女性角色帶來性的救贖。這些暴力虐待的行為被看成女性獲得性快感的途徑,因此女性不但應該寬恕施虐者,更應感謝他們。重點是這種救贖模式不只出現於日本 AV,也出現在其他日本流行文化,尤其是現代的日本電視劇。根據這中心思想,人類靈魂具有二元性:善良、具建設性的自我;與邪惡、具毀滅性的自我共存。雖然善良的靈魂平常藏在邪惡的外表下,它終究會浮現。

更重要的是,人類靈魂的二元性與傳統的日本宇宙論所形容的人格不謀而合。在日本的宇宙論中,人類被視為反映擁有二元本質的神祇的一面鏡子,因此人類也擁有二元靈魂——有創造力的靈魂與兇暴的靈魂共存。我們將在以下詳述,日本宇宙論中,人類的二元本質和其淨化邪毒影響的儀式,如何解釋 Akume 色情作品中的表現性的方式。

日本的宇宙論所描寫的男性和女性,均擁有人類的二元本質,需要不斷接受神祇的淨化。而在日本的 AV 中,女性除了擁有宇宙哲學層面的二元本質外,她們在性的層面被描述成有缺陷的,並且需要改造。相反,男性在性的層面而言,從一開始已是完美、無缺陷。也就是說人類的二元本質只屬於宇宙哲學層面,而不屬於性的層面。男性和女性在性的層面的位置截然相反,男性無缺陷而女性則有缺陷。更重要的是,以虐待行為性改造女性,正是男性去除邪惡靈魂及淨化自我的過程。換而言之,女性的性缺陷正好提供機會,讓男性淨化自我。我們將在以下部分進一步討論,這種男性主導的性改造同時能淨化女性,而如此的改造是由男性發起,而非神祇。換句話說,女性能被淨化與否,是由男性決定和支配。我們斷言,這種源自日本宇宙論的改變,恰是日本 AV 貶低女性之處。我們將在接下來數頁,回顧有關色情作品與貶低含意的文獻,找出問題所在。

## 貳、AV 與貶低女性

色情作品難以界定,甚至無法為它下定義。Justice Stewart 曾把其中的難處概括如下:

> 我無法把我的理解以簡短的語句,精準地定義這類作品(硬調色情作品,hard-core pornography)⋯⋯但一旦看見它我便知曉,而例子中的影片並不屬於此類(引自 Gewirtz, 1996: 1024)。

界定色情作品的方法主要有3種。第一種是以法律定義。法律界內，「猥褻」常被使用於評估有關性的作品。這種界定方式的主要弊病，是根據法律所定義的猥褻物品，對公眾來說不一定是猥褻的，而反之亦然。根據美國最高法院在1973年的裁決，若物件符合以下條件便屬於猥褻作品：一、「根據當代社會的標準，若一般人認為該作品在整體而言引起色情慾望」；二、「該作品以使人不快的方式，直白地描述性行為」；及三、「整體而言，該作品缺乏深刻的文學、藝術、政治或科學價值」（引自Malamuth, 1999: 78-79）。

第二種是以學術定義，學者把色情物品定義為「露骨的色情資訊」（sexually explicit material）（例如 Allen, D'Alessio, Emmers, & Gebhardt, 1996; Check, 1985; Davis & Bauserman, 1993; Linz, 1989; Norris, 1991; Peter & Valkenburg, 2006; Rosser et al., 1995）。這術語由Check在1985年創造，以至近年的學術論文中仍然被廣泛使用（Gossett & Byrne, 2002: 689）。這個定義著重於色情而非猥褻與否，但亦有其弊病，它並沒有解釋或明確界定「露骨的色情資訊」的意思。

最後一種是女性主義者主張的定義。相對上述的學術定義，女性主義學者傾向認為色情物品不單是露骨的色情資訊，更加貶低女性。例如，Russell界定色情物品為「以虐待或貶低手法，融合性及／或曝露生殖器官的作品，並認同、寬恕或鼓勵這些行為」（Russell, 1998: 3）。Dworkin與MacKinnon甚至提倡立法定義色情作品為「以圖像或文字貶低女性」，希望法院裁定此類作品違反女性公民權利，並允許曾經因為色情作品受傷害的女性，於民事法院控告色情作品作家及發行者（Duggan & Hunter, 1995: 46）。

儘管Dworkin與MacKinnon最終未能促使美國立法支持她們對色情作品的定義，她們的反色情女性主義運動卻根本地改變對色情作品的研究，「貶低」（degrading）從此變成研究色情作品時不可避免的一個問題。但「貶低」與色情物品一樣難以界定。極端的女性主義者傾向認為，色情作品描述的「不平等」（inequality）、「支配」（domination）及「物化」（objectification）貶低女性（Dworkin & MacKinnon, 1988; Steinem, 1980）。Zillmann（1989: 135）則認為「具有貶低意味的色情作品」（degrading pornography）把女性描述成對性永不滿足並無差別

地渴望迎合任何男性的性需求。Donnerstein、Linz 及 Penrod（1987: 4）亦持相似看法，主張若色情作品「把女性描述為樂於接受任何男性的性渴求，或是對性永不滿足的濫交者」，便是貶低女性。

其餘學者著重平等性多於性的開放性（sexual availability）。例如，Fisher 與 Barack（1991）把具有貶低意味的色情作品，界定為描述不合符規範的性行為的作品，當中參與雙方之間的地位不平等（同上引）。同樣地，Cowan、Lee、Levy 及 Synder（1988: 309），把焦點放在 X 級片中的性別不平等，他們總結「（源自性別不平等描寫的）歪曲男性及女性的人物塑造……嚴重貶低女性」。這顯示不同學者，尤其是不同政治立場的學者，對「貶低」的定義有不同看法。儘管「具有貶低意味的色情作品」從 1980 年代至今被廣泛使用（Bridges, Wosnitzer, Scharrer, Sun, & Liberman, 2010; Hald & Malamuth, 2014），它卻沒有精準的定義，更遑論達成如何使用這個術語的共識。

Cowan 與 Dunn（1994）的研究探討觀眾如何實際地看待或理解色情作品中的「貶低」的意思，進一步揭示不同派流對於闡釋「貶低」的意思的分歧。他們向觀眾播放一系列不同主題的色情影片片段，包括「露骨的色情行為」（sexually explicit behavior）、「開放性」（availability）、「單向的性」（unreciprocated sex）、「地位下降」（status reduction）、「不平等的地位」（status inequality）、「順從」（submission）、「崇拜陰莖／精液」（penis/semen worship）、「支配」（dominance）及「物化」（objectification）。根據 Cowan 與 Dunn（同上引：18），參與研究的受訪者認為「支配」、「物化」和「崇拜陰莖」含有最強烈的貶低含意，比「不平等的地位」、「單向的性」或「開放性」這幾個長久以來被研究的主題更甚。這顯示學者和觀眾對於「貶低」的理解有相當大的距離。

McKee（2005）根據 Cowan 與 Dunn（1994）的實證研究，反駁說任何關於色情作品的研究應從同一個疑問開始：參與者如何被物化。他繼而主張，因為「支配」和「崇拜陰莖」可歸納為「物化」的一種，「物化」比起「貶低」更適合用於色情作品的研究。支配是無視性伴侶的需求，屬於物化表現；同樣地，崇拜陰莖則無視女性的享受，也是物化的一種（McKee, 2005: 279）。

以上提及的研究對於釐清色情作品的定義有很大的幫助，但我們斷言，「物化」與「貶低」同樣是過於抽象和含混的術語，意思可以被無限延伸。例如，物化與去人性化（dehumanization）有甚麼區別？去人性化用在女性身上，是指否認她的人性，把她當成一件物件，因此也屬於物化的一種。同樣地，就算支配的意思是無視性伴侶的願望，它同時意指個體於待人接物時的控制欲，因此也不能算作物化。

如以上研究顯示，一樣的行為現象對不同人有不同的意義，而人類的行為可包含多種意義，因此界定何謂「貶低」十分困難。人類可賦多種意義予同一行為，顯示人類的行為是有意義（meaningful），並受其意義驅使。這種意義的產生是根據於一個文化系統，而文化系統不是只有一個，而是有很多的可能性。同一行為現象，在不同文化環境中自有不同理解；所以動機與人類的社會行為並沒有相應關係。這並不是甚麼新穎的發現，Sahlins（1976）於他的經典著作 *Use and Abuse of Biology*，公開主張人類與生俱來的欲望與其社會行為並沒有固定關係。Sahlins（同上引：7-9）引用戰爭與人類的侵略欲望之間的關係為例，主張人們發動戰爭的原因有很多，而這些原因可能與侵略欲望無關；人類可以為「愛」、「人性」、「榮譽」、「自尊心」而戰，又或者如聖戰一樣，為拯救世界而戰。相反地，戰爭並非由個人的侵略動機引發。戰爭是「國家與國家之間的關係，個體巧合地成為敵人；他們不是以人類或國民的身分，而是以士兵的身分」（同上引：9）。戰爭並不一定由人類的侵略欲望所驅使，而侵略欲望也並不一定引致戰爭。

簡而言之，人類的欲望並非單純地透過特定行為呈現或實現，而是被文化所牽動（Sahlins, 1976: 9）。相反地，人類某種欲望的滿足並不是建基於相關人類社會行為的特定形式（formal character），因為人類的欲望可以被不特定數目的社會行為所滿足。例如，「我們（美國密西根州的）安娜堡的球場上打仗；以繪畫發洩我們的性慾；以寫書或演講，放縱我們的侵略及破壞欲望」（同上引：10）。動機與行為之間並沒有相應關係。

有鑑於同樣原因，男性的侵略慾望（和對女性的貶低）和虐待行為的假定關聯，實際上並不一定存在，因為男性並不需要通過對女性施虐，滿足他們的侵略慾望；同樣地，他們對女性的虐待行為並不盡是男性的

侵略慾望所促使。如果我們假定兩者的直接關係，便是 Sahlins 所指出的「生物學的濫用」（an abuse of biology）。

當然，我們並非主張所有 AV 都是非虐待或沒有貶低女性，但單純地認定虐待行為是侵略慾望的表現，並等同貶低女性，這種想法並不確切。對於人類來說，AV 裏描述的不單是虐待行為，他們是有意義的行為；更遑論那些根本不是實際的虐待行為，而是表現虐待含義的行為（representation of sadistic acts）。「那些行為（或行為的表現）的文化動機源自其他地方，即使當時人的動機暴露了所有表象」（Sahlins, 1976: 14）。

接下來，我們將參觀一齣日本 AV 的拍攝現場，以民族誌形式探討兼任男演員的導演如何以施虐形式，尤其是以 kotoba-zeme 給女角色帶來性快感。如上主張，我們不應先入為主認定色情影片中的虐待行為是侵略慾望的表現，並等同貶低女性。姑勿論我們贊成如否，該 AV 希望呈現的是，男性角色施行虐待行為的動機並非源自男性對女性的侵略慾望，其動機反而是出於拯救女性的仁慈與關顧之心，讓她們擺脫性缺陷。換而言之，所有的虐待行為只是為了讓女性能夠享受性愛。俗語有云，「打在兒身，痛在母心」，證明侵略慾望與暴力和虐待並不一定是對立的。母親體罰兒子是純粹出於愛子之心。

我們並非主張這齣電影沒有貶低女性。我們反而主張這部電影的確帶有貶低女性的意味，但它並不是來自虐待行為的存在，而是從無性別之分的日本宇宙論邏輯轉化而來。

這部電影的導演，如其他 AV 的導演一樣，根據一些「哲學理論」拍攝 AV。他告訴我們，今天拍攝的重點是讓女演員享受深入及多次的性高潮，使她一嚐性高潮的真正滋味。他相信女演員以往並不曾有如此的經歷。他告訴我們男性若想要帶領女性伴侶享受性高潮或性快感，單靠技巧並不足夠。他甚至批評由著名的日本 AV 男優加藤鷹，開發並推廣的性技巧「潮吹」（shiofuki）。他還告訴我們若要讓女性達到性高潮，首要是與她建立心靈溝通。他認真地說，許多女性一生中從未經歷過性高潮，更不用說是多次的性高潮。原因是她們的男性伴侶無法在心靈或情緒上與她們溝通。他提出，男性伴侶可以運用「甜言蜜語」，例如「我愛妳！」、「妳真美！」或「妳真性感！」，融化女性的心，帶領她進

入「狀態」。他對自己能作為 AV 的導演,顯得十分自豪。他表示他是日本 AV 業界中唯一一個導演,能利用技術和心靈溝通的技巧,在一小時內帶領女演員達到性高潮一百次!

然而,我們將會發現他所指的「心靈溝通」,其實屬於 kotoba-zeme。kotoba-zeme 原是施虐與被虐(S & M)的特有行為,施虐者以言語,而非鞭子或蠟燭「攻擊」被虐者(Ozawa, 2009: 12)。至 1970 年代,kotoba-zeme 這術語漸漸滲入日本的流行文化,更成為日本語的一部分中,大部分青年都認識這詞語,甚至認為它的出現理所當然(同上引)。

kotoba-zeme 這術語源於 S & M,深受虐待主義影響。根據該導演於他的網上博客解釋,kotoba-zeme 包含 9 個元素:「傳達愛意」、「以言語表達女方的吸引力」、「激發女方的羞恥心」、「看穿女方的心思」、「羞辱女方」、「告訴女方下一步行動」、「使女方感到混亂」、「命令女方」及「讓女方想像接下來會發生的事情」。導演甚至逐一舉例(見表 1)。

9 個 kotoba-zeme 的元素中,有 7 個是嚴重違反道德規範的行為,以命令、鄙視對方,及使對方感到混亂、羞恥,虐待他們。換而言之,kotoba-zeme 大體上是以言語虐待他人。此外,溝通一般是相向,但 kotoba-zeme 卻是由男性單方面向女性發動,是單向行為。這導演所舉的例子清楚地證明這一點:表 1 中的代名詞只有女性(即她/女方);而男性(即他/男方)從沒出現。

表 1　導演對 kotoba-zeme 內容的解釋

| 編號 | 元素 | 導演舉例 |
| --- | --- | --- |
| A | 傳達愛意。 | 我很喜歡你! |
| B | 以言語表達女方的吸引力。 | 妳十分可愛,或甜美。 |
| C | 激發女方的羞恥心。 | 妳真可愛,為甚麼妳會那麼濕? |
| D | 看穿女方的心思。 | 妳受不了對吧? |
| E | 羞辱女方。 | 妳真是個「sukebe」(色女),母狗或淫婦! |
| F | 告訴女方下一步行動。 | 好了,我要(把陰莖)放進去了! |
| G | 使女方感到混亂。 | 我想我該停下來了。 |
| H | 命令女方。 | 妳最好取悅我,不然我不會(把陰莖)放進去。 |
| I | 讓女方想像接下來會發生的事情。 | (把陰莖)放進去的話,妳會很舒服! |

儘管 kotoba-zeme 包含虐待和性別歧視的含義，它在日本文化中，用以形容異性性行為的「溝通策略」（communication tactics），以提高參與者雙方的性快感。例如，kotoba-zeme 的第一和第二個元素分別是傳達愛意和以言語表達女方的吸引力，與其他 7 項截然不同。請謹記這導演經常提起的精神溝通，是男性與女性精神上的連結，讓她們達到性高潮的方法。同樣地，日本著名的 AV 女優小澤瑪麗亞（Ozawa Maria），於她最近的著作中解釋，kotoba-zeme 是類似以言語進行前戲，對於提升性的張力十分有效（Ozawa, 2009: 12）。她的解釋顯示她認為 kotoba-zeme 是間接的前戲，刺激對方的性慾望。

kotoba-zeme 的這種矛盾的特質，與 Boyle 提出的「色情的故弄玄虛」（pornographic double speak; Boyle, 2010: 7）雷同。Boyle 的解釋如下：

> 業內人士描述女性在他們的影片中，如何被骯髒、污穢、噁心的手段貶低、虐待、羞辱和傷害，但他們稱這些行為為「性」。AV 界內故弄玄虛的手段，使其他人難以批判業界，因為所有語言都被殖民或重新包裝為「性」（Boyle, 2010: 7-8）。

色情的故弄玄虛是 Boyle 提出的「色情的故弄玄虛」的最佳例子，導演「說他的影片如何以骯髒、污穢、噁心的手段貶低、虐待、羞辱和傷害女性」，但他卻指這是給女性帶來性快感的方法。這種故弄玄虛的手段不但淡化醜惡的事實，甚至顛倒是非。因此，kotoba-zeme 雖然含有支配和貶低女性的負面意思，它卻被升級為合符道德的行為——為了女性的性快感而做的行為。它潛藏著一種邏輯：男性雖使用惡毒殘酷的手段，但他們卻是出於好意，使他們所做的變成正當行為。因此，電影裏描述的控制、折磨、騷擾和貶低女性的行為是為了讓女性享受性愛，因此她們應該對施虐者心存感激。現在讓我們看看這種概念如何應用到拍攝現場（genba）。

## 參、拍攝現場（Genba）

拍攝當天是 2011 年秋天的一個早晨。拍攝現場位於東京澀谷區，導演擁有的私人公寓。導演是 30 多歲的男性，大概 5 尺 7 寸高，中等身材。我們大概於 8 點 15 分到達現場，不久後女演員也抵達。她 20 歲出頭、

身材高挑，身高與導演差不多。儘管她不是一線的女演員，她無疑是年輕美麗的女性，而且皮膚白皙嫩滑。

女演員到步後，我們圍坐在日式矮桌旁，導演與我們分享他的背景。他告訴我們，他大學退學以後便正式加入日本 AV 界，卻只在拍攝「Akume or Ikase」風格的 AV 後才漸露頭角。自拍攝第一齣 Akume 風格 AV 後，他一直專注於此風格。大概 9 點鐘，導演突然話鋒一轉，指示女演員去洗澡。他從抽屜取出幾套白色比基尼，放到沙發床上讓女演員挑選。女演員拿起其中一套，然後走進浴室。客廳裏只剩下我們 3 個人，空氣瀰漫著緊張的氣氛，我們對接下來的拍攝都感到十分緊張。尤其是導演，他一根接一根的抽他的那盒 Mild Seven 香菸，整個房間飄著香菸的氣味。導演承認他很緊張，這是第一次有工作人員以外的人參觀他的拍攝。

導演同時給我們介紹今天拍攝會用上的特殊道具，那是一個由電鋸改造而成的「電動陰莖」。電動陰莖在日本 AV 中十分常見，但是導演表示他是日本 AV 界中，率先使用經過改造的電動陰莖的人。改造方式是把鋸子的部分取下，換成矽膠製的假陰莖。導演批評很多業界中人改造電動陰莖時，並沒有注意安全與否，導致許多 AV 女演員受傷。從他的說話，我們肯定他對自己做的電動陰莖十分自豪。

15 分鐘後，女演員穿著浴袍步出浴室。正式拍攝即將開始，現場氣氛變得更加緊張。同一時間，導演接上攝影機的電源，調教攝影角度。拍攝要開始了！此電影分成 5 部分，分別是身體按摩、跳蛋刺激、震動器刺激、雙手和電動陰莖刺激。

## 肆、身體按摩

導演喊「action」後，女演員便脫下浴袍，步向沙發床。有趣的是，導演戴上白色口罩和穿上白色長袍，就像醫生或實驗室研究人員的典型裝扮。加上他的眼鏡和頭巾，他的臉有大概 1/3 被遮蔽。他矇住女演員的雙眼，指示她俯臥到沙發床上，好讓他為她進行身體按摩。導演從旁邊的桌子拿起按摩油，他一邊從高處把油倒在女演員的背部，一邊對我們解釋說按摩油含有香薰，能使女演員感到舒服放鬆。接下是導演與女

演員的互動，前者對後著進行身體按摩的同時，引用 kotoba-zeme 的概念（見表 2）。

表 2　導演對女優進行身體按摩

| 具體的動作或內容 | 所屬元素 |
| --- | --- |
| 當按摩油落在女演員的背部，她尖叫起來。但她的尖叫不但沒有使導演的動作停下，更激發他倒出更多按摩油，使她尖叫連連。 | E1 |
| 過了一會，導演停下來，宣布他將給她「seikanmassji」（感官按摩）。 | F1 |
| 出人意料地，導演大聲說：「iyajanai」，意思是妳並不是不喜歡。 | H1 |
| 他在撫摸她的同時，揶揄她把「iya」（不要）發音成「iyan」（「iyan」是普遍年輕女性說「iya」的方式，比較女孩子氣和甜膩） | C1 |
| 接著，導演指示女演員仰臥。他脫下她的比基尼胸罩，把按摩油抹在她的腹部。他稱讚她的皮膚像嬰兒一般嫩滑。 | B1 |
| 他問女演員，她的男朋友有否對她說過，抱她的感覺很好。 | B2 |
| 女演員的身體顫抖，導演問她是否感到快感。 | D1 |
| 她回答說她「感受到」快感。同時，她提起雙手的前臂，一種回應外來嘲笑的本能反應。但導演把她的雙手按下阻止她。 | H2 |
| 導演聽見她繼續呻吟，對她說現在允許她呻吟，而且所有人也在聽。 | C2、H3 |
| 她再次舉起前臂，而導演再次把她的前臂按下。 | H4 |
| 有趣的是，導演提議接下來要撫摸乳頭，但下一秒鐘，他卻說：「iyamatterru」（不，先等一下）。 | G1 |
| 他低聲說他要「探索」她的子宮，並以擊打她的子宮，為她進行「shikyūmassji」（子宮按摩）。 | F2 |
| 她嗚咽呻吟，身體開始激烈顫抖。導演指出這是她「kimochi ii」（感到舒服）的表現。 | I1 |
| 她一邊呻吟，身體一邊顫抖。她低聲說「kimochi ii」（感到舒服）。導演問她對於子宮按摩讓她達到高潮，是否感到「hazukashii」（羞恥）。 | C3 |

## 伍、跳蛋

　　進行按摩，尤其是子宮按摩後，導演改用跳蛋為女演員帶來性快感。kotoba-zeme 仍然是導演使用跳蛋時的主軸（見表 3）。

表 3　導演使用跳蛋刺激女優

| 具體的動作或內容 | 所屬元素 |
| --- | --- |
| 導演向鏡頭說，就算不脫下她的內褲，她也可以達到高潮。 | C4 |
| 他繼續撫摸她的乳頭，接著她再次達到高潮。導演再次表示就算不脫下她的內褲，她也可以達到高潮。 | C5 |
| 他重複他的話數遍。 | C6 |
| 然後導演表示，他將會撫摸讓她直接達到高潮的部位。 | F3 |
| 他脫下女演員的比基尼泳褲，從旁邊的桌子拿來一隻跳蛋（蛋形的震動器）。有趣的是，他說這是女演員的最愛，但我們卻從未聽她提起。 | I2 |
| 他使用跳蛋刺激女演員的乳頭，使她大聲地尖叫和呻吟。導演表示雖然他知道使用跳蛋會讓她非常舒服，但料不到她的反應這麼激烈。 | C7 |
| 導演以跳蛋刺激她的陰蒂，女演員表示她受不了。導演問她為甚麼和感覺如何。 | I3 |
| 女演員回答她即將達到高潮。但導演卻說：「時間還沒到，不是嗎？」 | G2 |
| 他把跳蛋從她的胸部移到她的陰道。 | G3 |
| 他使用跳蛋撫摸她的陰蒂。他告訴她如果她即將達到高潮的話要先告訴他。 | H5 |
| 他再次使用跳蛋撫摸她的陰蒂，並且告訴她，在她高潮以前他會把跳蛋拿走。 | G4 |
| 他說她是「sukebe」（性上癮或性變態者），因為她的呻吟十分淫蕩。 | E2 |
| 他再次撫摸她的陰蒂，她即將達到高潮。但導演停下來，並且說這是「uso」（開玩笑）。 | G5 |
| 導演說女演員已經 3 次達到高潮，而第 4 次即將發生。 | C8 |

## 陸、震動器

跟其他日本 AV 一樣，導演在使用跳蛋後，使用震動器刺激女演員。以表 4 顯示，女演員因導演對她的性刺激，數次達到性高潮。

表 4　導演使用震動器刺激女優

| 具體的動作或內容 | 所屬元素 |
| --- | --- |
| 女演員呻吟著低聲說她將要達到性高潮，但導演不允許。 | H6 |
| 有趣的是，女演員越強烈表示性高潮的慾望，導演越強烈制止。 | H7 |
| 導演重複他的命令共 6 次。 | H8 |
| 他甚至說如果她現在高潮的話會激怒他。 | H9 |
| 他接著說她的乳頭很硬，問她是不是想要高潮。 | C9 |
| 她回答說她想要。導演竟然問她，如果她想要高潮的話，應該說些什麼。 | I4 |

表 4　導演使用震動器刺激女優（續）

| 具體的動作或內容 | 所屬元素 |
| --- | --- |
| 她低聲說：「我想要高潮。」他教訓她如果想要高潮的話，一定要說「請讓我高潮」。 | H10 |
| 女演員表示她希望得到高潮。他命令她說「請讓我高潮」。 | H11 |
| 女演員重複他的話。他低聲說她其實是被動地得到性高潮 | H12 |
| 他甚至指示她立刻高潮。 | H13 |
| 他用力地撫摸她的胸部。她本能地提起雙手，他卻把她的手按下來。 | H14 |
| 他按摩她的身體，命令她現在不能高潮。 | H15 |
| 女演員大聲地呻吟，抒發她肉體的歡愉。導演命令她現在不能高潮，因為這只是開始。 | H16 |

# 柒、雙手

　　導演在這部分主要用他的雙手，尤其是手指給女演員帶來性快感和高潮。以表 5 顯示，符合 kotoba-zeme 概念的例子在這部分出現的次數最多。

表 5　導演使用雙手刺激女優

| 具體的動作或內容 | 所屬元素 |
| --- | --- |
| 導演指出，從女演員的呻吟得知她快將高潮。 | D2 |
| 他重複自己的話。 | D3 |
| 女演員再次高潮，他表示他即將刺激她的 G 點。 | F4 |
| 他用一隻手指刺激她的 G 點，另一隻手指擊打她的子宮。導演自豪地說：「看，你快要高潮了！」 | D4 |
| 他提起她的雙腿，問她是不是快到性高潮。 | D5 |
| 她不斷地呻吟。他對她說批准她現在高潮。 | I5 |
| 他說他將會撫摸她陰道的另外一邊。 | F5 |
| 女演員說她即將達到性高潮。他再次說現在允許她這樣做。 | H17 |
| 他接著說，下一步是要刺激她陰道的下半部分，並且問女演員有沒有特別的感覺。 | F6、I6 |
| 他繼續說她一開始可能會感覺奇怪，但她的身體很快便會記起這種感覺。 | I7 |
| 他強調那種奇怪的感覺會變成快感。 | I8 |
| 他問她：「現在開始感覺舒服了嗎？」 | I9 |
| 他接著說，下一步是她的子宮，而他現在就要開始。 | F7 |
| 他指出她的乳頭很硬。 | C10 |

表 5　導演使用雙手刺激女優（續）

| 具體的動作或內容 | 所屬元素 |
| --- | --- |
| 他問她為甚麼她的乳頭這麼硬。 | C11 |
| 他讓她摸一下她自己的乳頭。 | C12 |
| 他表示她高潮太多次，所以乳頭才會這麼硬。 | C13 |
| 他接著說 20 秒內她將會達到性高潮，並且讓她數時間。 | I10、H18 |
| 同一時間，他擊打她的子宮，說她現在還不能高潮。 | H19 |
| 他自豪地說：「看，妳開始覺得舒服，對吧……妳喜歡被擊打子宮。」 | D6 |
| 他表示他將會在 3 秒內讓她得到性高潮。 | I11 |
| 他重複說 3 秒內她即將性高潮。 | I12 |
| 他再次重複自己的話。 | I13 |
| 他指她即將在 1 秒內性高潮。 | I14 |
| 導演提議以一個不一樣，甚至是更困難地方式讓她達到性高潮。 | I15 |
| 當女演員喘氣，導演脫下她的眼罩，問她是不是感到羞怯。 | C14 |
| 他指她嗚咽呻吟，證明她獲得性快感。 | C15 |
| 他恥笑她說擊打她的腹部竟然會使她興奮，真是奇怪。 | C16 |
| 他甚至指她是性變態者，單是擊打她的腹部也讓她達到性高潮。 | C17、E3 |
| 他撫摸她的陰道，說：「這樣用手指能使妳那麼興奮，真奇怪……看，妳快將高潮。但現在不行……」 | C18、H20 |
| 他把雙手從她的胸部移到她的陰道，並且說：「妳想我摸妳對吧……但不行……」 | G6 |
| 女演員呻吟。導演把雙手移到他的陰道，說：「它們（他的雙手）回來了，妳想要被撫摸，對吧？雖然妳想要被撫摸，但我卻偏不摸！」 | G7 |
| 他教訓她的胸部也希望被撫摸，她想別人摸她的話，需要說出來。 | H21 |
| 他甚至形容她是色女（sukebe）。 | E4 |
| 他說他 10 秒內會讓她得到高潮。 | I16 |

## 捌、經過改造的電動鋸子

　　鏡頭轉到另一場景，女演員躺在床上，四肢被綑綁到床沿。導演在這部分使用經過改造的電動鋸子刺激女演員，是這次拍攝的重點（見表6）。

表 6　導演使用經過改造的電動鋸子刺激女優

| 具體的動作或內容 | 所屬元素 |
| --- | --- |
| 導演問她是不是想要得到高潮。 | D7 |
| 他表示她尖叫時乳頭會變硬。 | C19 |
| 他接著說雖然她現在並沒有達到性高潮，但她卻越來越興奮，所以她的乳頭變得這麼硬。 | D8、I17 |
| 他問她是不是想要性高潮，但強調並不是現在。 | G8 |
| 然後他說：「現在開始 30 秒內，妳將會達到性高潮！」 | I18 |
| 導演向鏡頭說今天的重頭戲即將來臨，女演員將會經歷從來未有的性快感。 | F8 |
| 他大喊說她的陰道即將收縮。 | I19 |
| 她尖叫說她快將性高潮。 | G9 |
| 他命令她立刻性高潮。 | H22 |
| 她達到性高潮。他說這感覺一定很好。 | I20 |
| 他指出她嗚咽和流淚表示她極度興奮。 | C20 |
| 他命令她再次性高潮。 | H23 |
| 她大聲地呻吟。他說：「請帶我達到性高潮。」 | H24 |
| 然後他移向她的身體，輕聲溫柔地問她痛不痛。 | A1 |
| 她回答說：「不痛。」他敲她的前額並且溫柔的問她是不是感覺很舒服。 | A2 |
| 但他又接著說：「那樣擊打妳的腹部能讓妳這麼興奮，而且在一小時內妳不停達到性高潮，真是奇怪。」 | C21 |
| 他觸碰她的乳頭，說她變得「eroppoikei」（色情）。 | C22、E5 |
| 他一邊重複，一邊搖她的臀部。 | C23、E6 |
| 他表示按她腹部居然讓她這麼興奮，真的為她感到十分「hazukashii」（羞澀或羞恥）。 | C24 |
| 他表示他將會加大力度。 | F9 |
| 有趣的是，他輕敲她的前額並對她說還有兩次。 | A3 |
| 他說她接下來會得到像過山車一樣的高潮，她將會得到從來未有的快感。 | I21、I22 |
| 與此同時，他不斷問她是不是還好，感覺舒不舒服。 | A4 |
| 她回答說：「是。」他表示她從剛才到現在不停達到性高潮。 | C25 |

　　我們可以從以下的表 7 看到，導演提出的 9 種 kotoba-zeme，全部都出現在拍攝場面。9 種元素之中，C（激發女方的羞恥心）、H（命令女方）和 I（讓女方想像接下來會發生的事情）出現超過 20 次。而 A、D、E、F 和 G 均出現 6 到 9 次不等。電影中某些對白甚至與導演在個人博客上舉的例子一模一樣。例如，導演在博客上對 E 項舉的例子是「妳真是

一個 sukebe！」，而同一句對白也出現在電影中。儘管導演於拍攝時並沒有提及 kotoba-zeme，但他在拍攝的時候明顯運用了 kotoba-zeme 的概念。

表 7　kotoba-zeme 在電影中出現的次數

| 編號 | 元素 | 電影中出現的次數 |
| --- | --- | --- |
| A | 傳達愛意。 | A1～A4 |
| B | 以言語表達女方的吸引力。 | B1～B2 |
| C | 激發女方的羞恥心。 | C1～C25 |
| D | 看穿女方的心思。 | D1～D8 |
| E | 羞辱女方。 | E1～E6 |
| F | 告訴女方下一步行動。 | F1～F9 |
| G | 使女方感到混亂。 | G1～G9 |
| H | 命令女方。 | H1～H22 |
| I | 讓女方想像接下來會發生的事情。 | I1～I22 |

## 玖、救贖與人類的二元特質

　　我們需強調這種以虐待行為表達的救贖模式並不是個別例子，它同時出現在許多 AV 裏。我們曾在別的文章深入分析一段日本成人影片的中文字幕。該影片圍繞男芭蕾舞教師和他的女學生。故事描述男教師以性交，教授藝術的真正哲學，使女學生能成功登上電視銀幕。一開始，女學生不瞭解她的老師的真正目的，並不願意與他發生性行為。她甚至警告他停止。然而，她希望在電視節目中的處女秀能夠演出成功，於是最後妥協。被強逼與老師發生性行為後，她甚至認為老師是出於「好意」。故事結尾，她感謝老師以性教授她「藝術的真諦」（Yau & Wong, 2010）。

　　不約而同，另一齣紀錄片，講述著名的日本 AV 導演——代代木忠，以催眠術、通靈及／或手淫協助因故無法享受性愛的新手女演員，享受性快感和達到性高潮（Wong & Yau, in press）。雖然他並沒使用如 kotoba-zeme 般的虐待行為，代代木同樣使用不依常規的手法為女演員帶來性快感和高潮。經過代代木的性治療及啟蒙，那個以往無法享受性愛或達到性高潮的女演員，現在終能夠經歷和享受性的歡愉。

儘管以不同方式呈現，本文談及的 3 齣電影圍繞著同一中心思想：男性角色是以性啟蒙女性角色，讓她們享受性滿足，從而獲得救贖。不論他們飾演的是催眠師、芭蕾舞教師或是性專家，男性角色總是被描述成博學、專業而且老練；而女性角色則完全相反。男性角色為了女性伴侶的性滿足，經常使用一些不按常理、恐嚇性的、甚至是違反道德標準的方法。但最終，他們總能夠啟蒙女性角色的性生活，繼而帶領她們達到性高潮。換而言之，女性角色透過男性的啟蒙，擺脫自己的性缺陷。當困擾她們的性問題迎刃而解，她們發覺男性角色的好意，並原諒他們的惡毒行為。

事實上，上述的人中心思想並不是新鮮的事情，它廣泛地出現於現代流行文化，尤其在電視劇。其中一個為人熟悉的例子是《麻辣教師GTO》，當中的男教師利用不符常規的方式，訓練和教化他的學生，而學生最終理解他的好意和善意。

## 拾、淨化自我

更重要的是，這一中心思想與日本宇宙論對人格的理解非常接近。Ohnuki-Tierney（1987: 133）於她的代表作中，以反思性（reflexivity）角度切入，主張日本神話中的外來神祇——亦稱作稀人（marebito）——構成日本人外來符號學的主要部分，與先驗（transcendental）的自身相符。換句話說，神祇是日本人的一面鏡子，一般而言神祇是日本人的人格的延伸。根據 Ohnuki-Tierney（1987: 129），大多數的現代學者理解日本神祇為擁有二元本質和力量，「擁有和平的力量（nigitama），它是善意且有創造力；同時亦有兇暴的力量（aratama），它是邪惡且具破壞力」（Ohnuki-Tierney, 1987: 129）。

因為稀人是日本人的鏡子，稀人所具備的二元特質亦延伸至人類身上，所以日本人認為他們也擁有二元本質：善意且有創造力的靈魂與惡且具破壞力的靈魂。如以上所述，外來的神祇和人類始終是不一樣，神祇擁有人類缺乏的象徵力量，因而凌駕於人類之上。人類則需利用神祇的正能量，而神祇則不需要人類的能量（Ohnuki-Tierney, 1993: 136）。基於這種思想，人類必須去除邪惡的靈魂，或從神祇身上獲得淨化與能

量,才能保持純潔善良(Ohnuki-Tierney, 1993: 54)。因此,日本人透過儀式,從神祇身上獲取正能量並去除負能量。許多日本傳統儀式的主要功能是賜予日本人獲取神祇的正能量的機會,使他們免於因不潔而枯萎(Ohnuki-Tierney, 1993: 54)。

除此以外,Ohnuki-Tierney(1987: 150)亦指出,人類能夠以代罪羔羊去除他們自身的邪惡。更具體的說,人類把自身的邪惡物化,並轉移到其他人,從而淨化自己。他們把自身邪惡的部分物化並轉化到弱勢社群身上。傳統日本的宇宙論中,猴子和Ohnuki-Tierney所指的特別階層人士(the special status person),[1]被視為代罪羔羊,主流日本人把自身的雜質施加到他們身上;而他們這些代罪羔羊則受到不平等的待遇,他們代替主流的日本人受責難,卻沒有得到應有的肯定。簡而言之,猴子和特別階層人士所扮演的角色,是使日本人保持純潔(同上引)。

我們主張,這種去除自身邪惡的特別途徑,與以上所述的AV的橋段有著異曲同工之妙。當然,我們並非認為傳統日本的宇宙論與現代的日本AV是一樣的東西。日本的AV中,女性除了擁有宇宙哲學層面的二元本質外,她們在性的層面被描述成有缺陷的,並且需要改造。相反,男性在性的層面而言,從開始已是完美、無缺陷。也就是說人類的二元本質只屬於宇宙哲學層面,而不屬於性的層面。男性和女性在性的層面的位置截然相反,男性是完美的而女性則有與生俱來的缺陷。如上文所述,男性以虐待行為促成女性的性改造,這正好顯露他們的善良本質,他們作出邪惡舉動純粹因為他們本性善良。換而言之,女性的性「缺陷」正好提供機會,讓男性自我淨化。如此看來,說上述AV中男性角色嘗試以儀式去除他們的邪惡,並把女性角色當作代罪羔羊來懲罰也不為過。更重要的是,若女性擁有與生俱來的缺陷,男性對她們施加的任何惡劣和虐待行為則被視為正常,而且正當。就如傳統的日本人利用儀式以代罪羔羊保持自己的純潔,AV的男性角色則讓外來的女性角色承受他們的不潔和邪惡。把所有的問題施加在女性角色身上,並懲罰她們,以保持男性角色的心靈潔淨。

---

[1] 根據Ohnuki-Tierney(1987: 76),「特別階層人士」(special status people)是指非從事農業生產的族群,例如工匠、宗教儀式的表演者和馴猴師。他們的工作被認為是不潔,在社會的地位屬於最低層。

那女性角色又怎樣呢？我們將在以下探討，男性主導的性改造也能淨化女性。一如以上所說，女性角色被描述成從一開始就擁有在性的層面的缺陷。那她們可以如男性角色一般捨棄她們的邪惡嗎？

　　Ohnuki-Tierney（1993: 55）引用 Yanagita 的話，主張所有穀類中，只有稻米擁有靈魂。而水稻的神祇與擁有二元本質與力量的其他日本神祇不同，他只有和平的靈魂── nigitama。根據 Ohnuki-Tierney 所言，更重要的是，稻米中的神聖靈魂屬動態而非靜態。它們象徵「生長」（masu）──一種改變日本人的宇宙的動態力量，代表農產品以及進食它們的人類的生長。Ohnuki-Tierney（1993: 56）繼而指出，masu 在日語中的意思是生長（受太陽促使）及（性）繁殖。日本宇宙論中，太陽是所有農產品生長的最大能量來源，而太陽屬於女性。因此，生長是農產品和女性太陽「交配」而生的產物。我們必須掌握靈魂的返老還童和交配行為的相似之處，並瞭解生產和繁殖具有相似的象徵意義。Ohnuki-Tiereny 以下的文章對此有貼切的描述：

> 在日本人自身構造的觀點來說，進食米飯、政體（polity）、栽種稻米、收割儀式和人類的生殖有著相同的意義：它們使日本人得到 nigitama 的神聖力量，使他們的集體自身能反老還童。這些行為因而與宗教儀式相接（Ohnuki-Tiereny, 1993: 56-57）。

　　靈魂的返老還童和女性角色擺脫性缺陷的改變的相對關係顯而易見。我們主張上述的 AV 的色情畫面能被重新解讀如下。日本 AV 中的女性角色與日本宇宙觀裏的人類雷同，她們一樣擁有二元本質，平和的靈魂及兇暴邪惡的靈魂共存。同時，她在性的層面有缺陷。因此，由導演／男性角色主導的性行為，不單使女性角色擺脫她的缺陷，它更加是傳統宇宙觀的一種儀式，使她們獲得 nigitama 的神聖力量，靈魂因而得以返老還童。性交去除女性身上的負面、邪惡、毀滅性的能量，而正面，具創意的能量則補上。更重要的是，女性無法獨自完成性的啟蒙，才需要男性的主導。因此就算他們在性交的過程中對她們施虐或使用暴力，女性角色仍然感激他們。

　　就如日本宇宙論描述的人類一樣，男性角色是二元的，藏著一個和平的靈魂及一個兇殘的靈魂。如上所述，男性把他們的邪惡轉嫁到女性角色身上，並把她們當成代罪羔羊，懲罰她們，從而淨化自己。而被當

成待罪羔羊的女性角色，則被描寫成擁有與生俱來的缺陷，因此施加在她們身上的虐待改造行為則被視為正當行為。

　另一方面，女性角色不但擁有二元本質，她們還被描述成擁有性缺陷。若要治癒性缺陷，女性角色必需經歷由男性角色主導和支配的「性」啟蒙。這過程不但改正女性的性缺陷，同時去除她們的邪惡的心靈。透過性改造，女性角色擺脫她們的性缺陷和心靈的邪惡。

　然而，現代的日本 AV 與日本宇宙論，於性別層面的表現上，卻有重要的分歧。日本的宇宙論中，男性和女性俱擁有二元特質，需要神祇持續地淨化他們。而日本的現代流行文化，特別是 AV 中，女性角色除了擁有二元特質以外，擁有與生俱來的性缺陷，須要男角色以施虐的方式改變她們。男角色則從一開始，在性的層面來說完美而且無缺陷。更重要的是，以虐待行為性改造女性，正是男性去除邪惡靈魂及淨化自我的方式。由此看來，說女性在性層面的缺陷，正好提供機會讓男性在宇宙層面淨化自我也不為過。換句話說，若男性角色要獲得淨化，他們的女性伴侶必須擁有性缺陷。除此以外，女性透過性改造，最終能獲得淨化。如上所述，如此的改造是由男性發動和支配，女性不能夠獨自完成改造。直截了當地說，男性支配著女性的改造。女性擁有的性缺陷和她們在淨化過程中依賴男性的幫助，把女性變成男性伴侶的附屬品，或是次等的地位。我們斷言，這種源自日本宇宙論的改變，恰是日本 AV 貶低女性之處。

## 拾壹、總結

　我們認為這種救贖模式並不侷限於日本 AV，它也適用於其他日本流行文化，尤其是日本的電視劇。基於這種思想，人類擁有二元特質，善良、具建設性的自我與邪惡、具毀滅性的自我共存。雖然善良的靈魂平常藏在邪惡的外表下，它終究會浮現。此外，人類的這種二元特質，與日本宇宙論中人格的特性極為相似。在日本的宇宙論中，人類是神祇的一面鏡子。人類和神祇一樣擁有二元特質，有創造力的靈魂與兇暴的靈魂共存。我們於上文已證明，日本宇宙論中去除自身邪惡的儀式，與以上所述的 AV 的橋段有著異曲同工之妙。就如日本宇宙論描述的人類一樣，男性角色是二元的，藏著一個和平的靈魂及一個兇殘的靈魂。

男性把他們的邪惡轉嫁到女性角色身上，並把她們當成代罪羔羊，懲罰她們，從而淨化自己。而被當成待罪羔羊的女性，則被描寫成擁有與生俱來的性缺陷，因此施加在她們身上的虐待改造行為則被視為正當行為。

　　相比之下，女性角色不但擁有二元本質，她們還被描述成擁有性缺陷。要治癒性缺陷，女性角色必需經歷由男性角色主導和支配的「性」啟蒙。這過程不但更正女性的性缺陷，同時去除她們的邪惡的心靈。透過性改造，女性角色擺脫她們的性缺陷和心靈的邪惡慾望。

　　然而，現代的日本 AV 與日本宇宙論，於性別層面的表現上，卻有重要的分歧。日本的宇宙論中，男性和女性俱擁有二元特質，需要神祇持續地淨化他們。而日本的現代流行文化，特別是 AV 中，女性角色除了擁有二元特質以外，在性事上擁有缺陷，須要男角色以施虐的方式改變她們。男角色則從一開始，在性的層面來說完美無缺。此外，女性的性改造正是男性達至精神淨化的過程。女性的性缺陷正好提供機會讓男性淨化自我。換句話說，若男性角色要獲得淨化，他們的女性伴侶必須是性缺陷的。除此以外，女性透過性改造，最終能獲得淨化，但如我們指出，這種改變須由男性主導和支配，女性則不能獨自完成。換而言之，男性支配著女性的改變和淨化過程。我們斷言，這種源自日本宇宙論的改變，正是日本 AV 貶低女性之處。

## 參考書目

Allen, M., D'Alessio, D., Emmers, T. M., & Gebhardt, L. (1996). The role of educational briefings in mitigating effects of experimental exposure to violent sexually explicit material: A meta-analysis. *The Journal of Sex Research, 33*, 135-141.

Boyle, K. (2010). Introduction. In K. Boyle (Ed.). *Everyday pornography* (pp. 1-14). New York: Routledge.

Bridges, A. J., Wosnitzer, R., Scharrer, E., Sun, C., & Liberman, R. (2010). Aggression and sexual behavior in best-selling pornography videos: A content analysis update. *Violence against Women, 16*, 1065-1085.

Check, J. V. P. (1985). *The effects of violent and nonviolent pornography*. Ottawa, Canada: Department of Justice.

Cowan, G., & Dunn, K. F. (1994). What themes in pornography lead to perceptions of the degradation of women? *The Journal of Sex Research, 31*, 11-21.

Cowan, G., Lee, C., Levy, D., & Synder, D. (1988). Dominance and inequality in X-rated videocassettes. *Psychology of Women Quarterly, 12*, 299-311.

Davis, C. M., & Bauserman, R. (1993). Exposure to sexually explicit materials: An attitude change perspective. *Annual Review of Sex Research, 4*(1), 121-209.

Donnerstein, E. I., Linz, D., & Penrod, S. (1987). *The question of pornography: Research findings and policy implications*. New York: Free Press.

Duggan, L., & Hunter, N. D. (1995). *Sex wars: Sexual dissent and political culture*. New York: Routledge.

Dworkin, A., & MacKinnon, C. A. (1988). *Pornography and civil rights: A new day for women's equality*. Minneapolis, MN: Organizing Against Pornography.

Fisher, W. A., & Barak, A. (1991). Pornography, erotica and behaviour: More questions than answers. *International Journal of Law and Psychiatry, 14*, 65-83.

Gewirtz, P. (1996). On "I know it when I see it." Faculty Scholarship Series, Paper 1706. New Haven, CT: Yale Law School.

Gossett, J. L., & Byrne, S. (2002). "Click here:" A content analysis of internet rape sites. *Gender & Society, 16*, 689-709.

Hald, G. M., & Malamuth, N. N. (2014). Experimental effects of exposure to pornography: The moderating effect of personality and mediating effect of sexual arousal. *Archives of Sexual Behavior*, doi: 10.1007/s10508-014-0291-5

Linz, D. (1989). Exposure to sexually explicit materials and attitudes toward rape: A comparison of study results. *The Journal of Sex Research, 26*, 50-84.

Malamuth, N. M. (1999). Pornography. *Encyclopedia of Violence, Peace and Conflict, 3*, 77-89.

McKee, A. (2005). The objectification of women in mainstream porn videos in Australia. *The Journal of Sex Research, 42*, 277-290.

-- (2006). The aesthetics of pornography: The insights of consumers. *Continuum: Journal of Media and Cultural Studies, 20*, 523-539.

Norris, J. (1991). Social influence effects on responses to sexually explicit material containing violence. *The Journal of Sex Research, 28*, 67-76.

Ohnuki-Tierney, E. (1987). *The monkey as mirror: Symbolic transformations in Japanese history and ritual*. Princeton, NJ: Princeton University Press.

-- (1993). *Rice as self: Japanese identities through time*. Princeton, NJ: Princeton University Press.

Ozawa, M. (2009). *Kotobazeme sekkusu*. Tokyo, Japan: Besuto.

Peter, J., & Valkenburg, P. M. (2006).Adolescents' exposure to sexually explicit material on the internet. *Communication Research, 33*, 178-204.

Rosser, B. R. S., Dwyer, S. M., Coleman, E., Miner, M., Metz, M., Robinson, B. E., et al. (1995). Using sexually explicit material in adult sex education: An eighteen year comparative analysis. *Journal of Sex Education & Therapy, 21*(2), 117-128.

Russell, D. E. H. (1998). *Dangerous relationships: Pornography, misogyny, and rape*. Thousand Oaks, CA: Sage.

Sahlins, M. (1976).*Culture and practical reason*. Chicago, IL: University of Chicago Press.

Steinem, G. (1980). Erotic and pornography: A clear and present difference. In L. Lederer (Ed.). *Take back the night* (pp. 35-39). New York: William Morrow.

Williams, L. (1989). *Hard core: Power, pleasure, and the "frenzy of the visible."* Berkeley, LA: University of California Press.

Wong, H. W., & Yau, H. Y. (2014). *AV in Taiwan*. New York: Routledge.

-- (in press). *Yoyogi Tadashi*. Unpublished paper.

Yau, H. Y., & Wong, H. W. (2010). Translating Japanese adult movies in Taiwan: Transcending the production-consumption opposition. *Asian Studies Review, 34*, 19-39.

Zillmann, D. (1989). Effects of prolonged consumption of pornography.In D. Zillmann & J. Bryant (Eds.). *Pornography: Research advances and policy considerations* (pp. 127-158). Mahwah, NJ: Lawrence Erlbaum Associates.

# 「真正的性調」──
臺灣男性對日本 AV 的品味[*]

王向華、邱愷欣
韋瑋譯

## 壹、前言

　　2004 年 4 月的一個炎熱午後，筆者[1]和 Larry 舒服地坐在淡水的一家半山開放式的咖啡廳裡。這個可以遙望到淡水河的寬敞露台提供了一個安靜舒適的環境，讓 Larry 可以分享他關於 AV 的品味。Larry 告訴筆者，在眾多不同的 AV 種類之中，他特別喜歡日本 AV，因為他覺得日本 AV 的女優們更加漂亮、甜美，並且纖弱到了一個程度，讓他覺得在性愛中需要擔當照顧她們的角色。Larry 特別沉醉於日本 AV 產業中的典型類型──美少女（漂亮的年輕女生）風格。他認為，經常以學校女生、年輕妻子或年輕的孤獨女生等形象出現的日本美少女類型女優是「柔弱」（脆弱、纖弱等）的。也正是這種女性纖弱使他覺得他是被「需求」的，讓他「感覺」到他在性愛中是一個真正的男人。相比之下，在其他類型的 AV 中，性愛往往是雙方由於生理需求而發生，因此裡面的女性並不會表現出她們

---

[*] 原文刊載於 Wong, H. W., & Yau, H. Y. (2012). The "real core:" The taste of Taiwanese men for AV. *Sexualities*, *15*, 411-436.

[1] 只有其中一位筆者進行了和 Larry 以及其他臺灣受訪者的訪問。文章中使用的「我們」是為了避免在不同的人稱代詞中變換。

是由衷地需要或渴望他的。簡而言之，Larry 認為日本的性再現方式更能讓他感到性興奮與性滿足。

Larry 這種主要對日本 AV，特別是對其中美少女類型的 AV 的喜愛在我們臺灣男性受訪人之中並不特別。筆者在臺灣的研究發現很大一部分的男性受訪人和 Larry 一樣，普遍對日本 AV，尤其是美少女類型的 AV 有著強烈的偏愛。正如筆者在最近一篇共同著作中（Wong & Yau, 2014）所提到的，喜好 AV 的研究中極少提及 AV 的使用，尤其是色情影片喜好的類型。這很大程度上是由於在方法論上難以或是無法闡明對 AV 喜好的類型，若要說明集體的喜好則更是如此。然而，隨著新的 AV 類型的出現，如 gonzo、[2] 素人，以及 sexblogs，Hardy（2009: 3）則在近期提供了一個可行的方式。Hardy（2009）提到，這些新的 AV 的出現展示了一個試圖消除現實與再現之間的界線的趨勢。他認為這樣的一個趨勢實際上揭露了「色情寫實」是 AV 作為再現類型的一個決定性特點。也就是說，AV 表現得越「真實」，它對於 AV 的觀眾們來說就越具有性吸引力。筆者恰認同 Hardy 關於「寫實」是色情作品的支柱這一觀點的。同樣地，筆者在本文裡提出，臺灣男性特別喜愛日本 AV，尤其美少女類型的原因，是因為這類電影對於這些男性來說顯得更加「真實」。然而，我們也嘗試通過引證所謂的「真實」，其實也是被話語性地建構而成的，來突破過去把現實與再現的對立。這意味著不僅是 AV 的再現，就連性愛的真實也是文化建構而成的。換一個說法，真實性愛和色情再現之間界線的消失，並不是因為 AV 的再現變得更加接近真實性愛，而是因為「真實的」性愛也是被文化建構而成的。

在下文，筆者將首先通過 Simon 與 Gagnon（1986）的「性腳本」概念來觀察臺灣男性「恰當」的性愛行為是如何被文化所建構的。接著，我們將會通過詳述夕樹舞子——一個著名的日本美少女類型成人 A 片女優所主演的 9 部影片來看她的電影是怎樣表現和再現性愛的，從而大致地闡明美少女類型 AV 的敘事結構。我們認為，相較於其他類型的色情 A

---

[2] gonzo 是現代兩大 AV 種類之一；另一種為「feature」（寫實）（Jenson, 2007: 55）。與 gonzo 新聞主義，一種要求報導者必需參與到發生的事件當中的新聞風格相似，gonzo AV 是一種嘗試把觀眾直接拉進至場景之中的攝影風格。作品裡的表演者是知道攝影機的存在的，並常常會通過攝影機向觀眾說話。

片，臺灣男性更加喜好日本，尤其是日本的美少女類型 AV，是因為美少女類型的色情 A 片在敘事結構上與臺灣男性那由話語介導而成的「真實」性愛極為相似。Simon 與 Gagnon（1986）的性腳本原本是指為恰當性行為和性接觸提供的指引，而我們的文章則證明了他們關於性腳本的概念同樣也適用於色情作品之中。為了更好地定位我們的論述，筆者將先分析學術研究中是如何推理和討論男性對於 AV 影類型的喜好。

## 貳、文獻綜述

長久以來，關於 AV 的西方學術研究被那些試圖分析 AV 是否對觀眾，特別是對女性的生活方面有消極影響等研究所占據著（Check & Malamuth, 1985; Donnerstein, Linz, & Penrod, 1987; Linz, Donnerstein, & Penrod, 1988; Malamuth, 1978, September; McKenzie-Mohr & Zanna, 1990; Zillmann & Bryant, 1982, 1984）。這類研究是 1980 年代一般西方學者對 AV 以及對 AV 的影響的理解；另一方面，也有一些研究直接論及對 AV 類型的喜好。關於 AV 類型喜好的研究主要可以分為 3 大類。第一類是研究分析長期購買常見的、非暴力的異性戀 AV，是否會讓人對一些少見的情色材料感興趣且仍能引起他們的興奮反應。比如 Zillmann 與 Bryant（1986）所提到，大量接觸常見的非暴力 AV 的學生，特別是男性，結果會變得無法滿足於常見的 AV，轉而選擇觀看一些更加赤裸的 AV。

第二類研究是探討個人差異，例如人際問題、隨意性交、具有侵略性／反社會傾向、智商等，是否會影響人們對某一類型的 AV 的喜好。Bogaert（2001）在對一群本科男生的調查報告中提出，在很大程度上能夠從一個人的個人差異，比方說對隨意性交的認同度高、和／或對性變異的興趣濃厚，以及控制慾／侵略動機大，推斷出其會比較偏愛描繪慾求不滿的女性的媒介（如一些展現了對性愛如飢似渴、隨便的女人的電影）。更重要的是，特別喜好性暴力 AV 的男性智商較低，同時會有較強的控制慾／敵意，較喜歡隨意性交並有較大的侵略性／反社會傾向。同樣，Malamuth 與 Huppin（2005）也提到持續地接觸色情影片會改變一個人的性態度、性喚起和性幻想；而這些因素反過來也會導致性侵略行為的增加。也就是說，這類研究傾向於把對暴力或是少見的 AV 的偏愛歸咎於一些特定的個人性格。

第三類的研究則從演化心理學的角度去理解讀者對 AV 類型的喜好。譬如說，Pound（2002）嘗試把 AV 類型的喜好理解為男性為了增強生殖力而做出性適應的結果。他提出精子競賽是 AV 真正的主導原則。而 AV 裡若是融入了關於精子競爭的暗示（例如特寫了一個女性和多名男性的場景），一般來說會更能使男性產生性興奮。他補充道，AV 是為了迎合男性以解決在原始環境中進行交配相關的適應性問題而進化發展來的興趣和喜好而製作的。

從這個簡單回顧中可以看到，這 3 種方法都忽略了關於讀者對於 AV 類型喜好的一些重要面向。實際上，在第一類研究並沒有觸及讀者對 AV 類型的喜好。取而代之的是描述了這種喜好是如何因為一些人為干預而改變的。也就是說，這些研究並沒有觸及喜好本質「是什麼」，而僅僅說明了喜好是為何，以及如何產生的。筆者並沒有完全否認這類研究的價值的同時，我們認為揭示喜好自身更為重要。本文旨在釐清 AV 類型喜好的問題。

第二類研究傾向於把對暴力 AV 的喜好歸咎於一些非常個人的特徵或者性格上——好比說較低的智商或是較大的反社會傾向。這裡的問題正是 Sahlins（1997: 273）所提出的「自我意識的侷限」。文化生活是一個相互主體性場域（intersubjective field），而其所涉及的人都有著不同的社會經驗和本土觀念。同時這些經驗和觀念所牽扯到的原因和關係卻又與文化個體的生活而重疊。比如說，我們可以講述一個人為什麼會在越南戰爭中奮鬥，但這並不能解釋為什麼會有這場戰爭。同樣地，我們可以解釋為什麼一個人會嫁給這個人或那個人，但是這並不能說明為什麼會有一夫一妻制的存在（同上引）。也就是說，當人們把觀看暴力色情影片歸咎於某一些原因的時候，它們或許並不是解釋他們為什麼喜歡暴力 AV 的那些原因。而且他們喜歡看暴力 AV 並不能幫助我們理解為什麼暴力 AV 或者普遍的 AV 會存在。為了更好地弄清臺灣男性為什麼更為鍾情於日本的美少女類型 AV 而非其他的種類，筆者確信，我們需要從他們是如何理解和詮釋自己作為臺灣性文化下的男性開始。

第三類研究把 AV 類型的喜好看成是達爾文主義自然性選擇的副產品。筆者必須指出，把人類的性取向解釋為自然性選擇的一個函數，無異是生物決定論的一種；而這個觀點早已被不少學者批判過了（Kennelly,

Merz, & Lorber, 2001; Miller & Costello, 2001; Spanier, 2005）。AV 裡融入精子競賽的暗示或許是能夠激起男性的性慾，然而精子競賽的暗示能夠激起性慾的原因並不必須為關於在原始環境進行交配的所謂適應性問題。正如 Sahlins（1977: 7-9）提過的那樣，人們會為了不同的原因而參戰，但是這些原因卻並不一定是好鬥的，有人因「愛」或「人性」而戰，為「榮耀」或「自尊」而戰，抑或是如聖戰那般為了拯救世界而戰。反之，戰爭並非起因於我們人類的動機。戰爭只是一種「國家與國家之間」的關係，而「不是作為人，更不是作為公民，而是作為士兵的個體們在無意中成為了敵人」（同上引：9）。關於把人們對 AV 類型的喜好解釋成為了增強生殖力而做出的男性性適應的這一做法，實際上則為 Sahlin 所提出的「生物學的濫用」。

## 參、色情再現和「真實」性愛

最近 Hardy（2009）提出了一個新的觀點，可以說是為研究人們對 AV 類型的喜好提供了一個可能的切入點。AV 裡的再現（sexual representation）和真實性愛之間的爭論由來已久，Hardy 提出性在 AV 裡的再現和真實性愛之間的差距越小，該 AV 對於觀眾來說就越具有吸引力。簡而言之，Hardy 指出「真實性」是色情品作為再現類型的一個決定性特徵。就像 Hardy 所指出的那樣，這可以從 AV 製作者長期以來為了拉近性在 AV 裡的再現和真實性經驗之間的差距所採取的措施觀察得出。例如在性愛或是色情小說，儘管作者為男性，但仍是以女性的敘事聲音來假扮作者角色。以女性第一人稱來敘事這一做法也可以在新聞專欄裡常見的性愛故事裡發現。在 AV 裏，用視聽媒體來記錄性愛的表現以及使用業餘的男女優來增加真實性同樣是很常見的（同上引：5）。這些做法目的都是為了拉近性在 AV 裡面性的再現和真實性愛之間的差距，以使得性在 AV 裡的性再現可以顯示得更加「真實」。這也是為什麼 gonzo、素人和 sexblogs 能夠不斷贏得很多色情使用者的喜愛——因為它們都旨在消除性在 AV 裡的再現和「真實」性愛之間的距離。

筆者是認同 Hardy 所提到的色情寫實是 AV 作為再現類型的一個關鍵特徵。在本文，筆者將會論證臺灣男性喜愛日本，特別是日本美少女類型的 AV，主要是因為這些 AV 對他們來說顯得十分「真實」。然而，

筆者也會指出「真實」的性愛其實也是由話語（discourse）亦即文化建構而成的。就像 Hardy（2009: 3）也指出，在後現代思想的影響下，我們並不能理所當然的假設有所謂真實的性愛。然而，筆者認為真實性愛也是由文化來構成，這一理解不需要通過後現代思想的啟示才能發現。這裡隱含了一個人類學的經典問題，那就是人類的性需要以及喜好是否生物的，且具有普遍性的？筆者在別處指出過（Yau & Wong, 2010），當日本 AV 在進軍臺灣的時候，通常是會經過一連串的改動，比方說在它們被推銷給臺灣觀眾之前會添加上中文字幕。當地代理商做出這些改變的理論依歸是臺灣 A 片觀眾的喜好會與日本觀眾的喜好不同；日本 AV 必須根據當地的口味做出修改，以使其能在臺灣賣得好。這也就帶出了人類的性喜好並不是生物的且具有普遍性的這一點；要不然這些改動則為多此一舉了。當筆者進一步研究日本成人影片的中文字幕時，發現為影片字幕的做法實則讓我們瞭解到規範著臺灣 AV 的「使用價值」的，被 Sahlins 稱為「文化符碼」的東西。因此筆者斷定臺灣本地業者對於日本 AV 的再製作並不是為了滿足需求，其涉及更多的是對由文化建構而成的性使用價值的製作。這個結論正好指出了人類性慾望和喜好那不變的持久性。

　　讀者們需要明白我們並不是主張生產導向的研究方法優於消費導向的研究方法。相反地，筆者認為那些長久存在社會科學裡那些誇大了生產和消費之間的對立的陳腔濫調不但具有誤導性，更是不必要的。Sahlins（1976: 169）曾簡明扼要地說道：「一個還沒有經過消費的物件並不完全是商品；沒有人住的房屋也就不算是一間房屋。」筆者在上述的同一篇文章（Yau & Wong, 2010）裡也提到，規範著日本 AV 的「使用價值」的文化符碼也適用於臺灣觀眾購買的日本 AV，否則日本 AV 的再生產是不會對臺灣觀眾具有性吸引力的。這樣看來，生產和消費之間的關係並不如往常所認定般對立，因為實際上它們都是遵循同一套文化符碼的。

　　根據此論證的方法，本文提出相較於其他的 AV，臺灣男性更偏愛日本美少女類型的 AV，是因為日本美少女類型的 AV 的敘事結構和臺灣的「真實」性愛有著相似的文化符碼。筆者會先考察由話語建構而成的「恰當」性愛行為如何與日本美少女類型的 AV 的敘事結構是相類似的。而這種「恰當的性愛行為」跟 Simon 與 Gagnon（1986: 98）所提出的由文化

情境、人際交往腳本和心際腳本所組成的「性腳本」理論恰巧相符。文化情境是指一系列讓我們在特定性愛語境下能做出適當表現的社會語法。然而我們卻從來都不會和其他人做出一樣的行為，因為我們會根據具體的人際語境和對我們行為的內在演練來把文化情境變成自身的腳本。藉此，我們的慾望便和社會意義聯繫了起來。這個理論的核心為「恰當」的性愛行為的社會規範化（同上引：119）。由於本文討論的是性愛中語法上「恰當」的行為，而非個人的個別必需性行為，因此我們將會著重把性愛的文化情境當成一系列定義臺灣性愛的恰當行為的社會語法來研究。

## 肆、臺灣的性腳本（Sexual Script）

假如說 Simon 與 Gagnon 的腳本理論是關於性愛的社會規範化的話，那麼想要理解臺灣所謂的「真實」性愛就是要弄清楚臺灣的性腳本，或者更確切地說是臺灣的性愛文化情境。但是這又該怎樣做呢？

在 Butler 那極具影響力的著作 *Gender Trouble*（Butler, 1990: 9-11）裡，她對把性別（gender）看成是生理性別（sex）的文化解讀這一「性／性別」（Sex/gender）二元體系進行了批判。首先，Butler 認為性／性別的區分顯示了具有性徵的身體和由文化建構而成的性別之間的極端不連貫性。就算性與性別之間真的有那麼一條界線，這也不代表所謂的「男性建構」只單一地安排給擁有男性的身體，或「女性建構」只能被理解為女性身體這樣的想法。更重要的是，Butler（1990）指出性／性別這一區分其實是錯誤的，因為這些具有性徵的身體本身就是由「規約性話語」，亦即是由文化所構建所成的，而這些「規約性話語」已經決定了性、性別和性相的哪些可能性是被允許稱為「正常」的。也就是說，具有性徵的身體並不能脫離「性別」而單獨存在。總而言之，性別和性都是由文化構建而成的。

根據 Butler（1990）的見解，筆者認為臺灣的性腳本也是由話語被建構出來的。在筆者最近的另一篇文章裏（Wong & Yau, 2011），我們考察了臺灣的男女受訪人如何遵從 6 組二元對立──生物的／文化的、肉體的／心靈上的、一般的／非一般的、必需的／非必需的、不可受控

的／受控制的，以及「動物」／「人類」來談論性愛。更重要的是，臺灣受訪者最終把這6組二元對立項和兩性對比相對應起來。也就是說，男性的性愛被看成是生物的、肉體的、一般的、必需的、不受控制的，因而是「動物的」，而女性的性愛則被認為是文化的、心靈上的、非一般的、非必需的、受控制的且「人類的」。因此臺灣受訪人在談論性愛時的方式不僅僅是由文化建構而成的，而且還是性別化的（請見表1）。

表1　臺灣的性的6組二元對立

| 男性 | vs. | 女性 |
| --- | --- | --- |
| 生物的 | vs. | 文化的 |
| 肉體的 | vs. | 心靈上的 |
| 一般的 | vs. | 非一般的 |
| 必需的 | vs. | 非必需的 |
| 不受控制的 | vs. | 受控制的 |
| 動物 | vs. | 人類 |

我們的研究更進一步表明了「恰當」的性行為或是臺灣人民的性腳本都一樣是深受著剛才所談及的6組二元對立項影響的。如果男性的性愛本質是動物的、生物的、肉體的、一般的，因而是必需的、不受控制的，那麼男性勢必會主動尋求性愛。因為性如果被男性看成是必需的且不受控制的話，男性一定會積極地去尋求性愛，就像他們會盡其所能去找食物來解決飢餓的問題一樣。而且，「積極地尋求性愛」通常不僅是指追求性愛本身，它還會影響男性在真實性愛中的表現。在性事裏，由於男性「需要」性，因此他們必需通過採取性主動並引領對方，因為如果它們需要性愛，這也就自然而然地變成他們是主動提出性交並引導性愛過程的一方，而非女性。為了能夠主導性愛，男性還必須及早學習有關性愛的技巧，並讓自己能瞭解其他相關的性愛知識。這也就解釋了為什麼臺灣男性通常都熱衷於性愛，並從年輕的時候就開始常常主動尋求色情材料，並且持續看這些材料直至成年。總的來說，臺灣男性的性腳本強調的是5個規範，即採取性主動、在性事中引導他們的女人、更替不同的性體位、確保性的持久性和帶給女性高潮。

與之相反，如果女性的性愛是「人類的」、文化的、心靈上的，非一般的，因而是非必需的和受控制的，那麼女性在性愛方面就必然是「被動的」。被動的意思是指女性不需要主動追求性愛，因為性對她們來說不是必需的或一般的東西。在女性不「需要」性的前提下，她們也就不需要在真實的性事中主動。反之，她們一般都是被主導，等待被引導和被帶領的。作為被動的性受領者，女性也就並不需要尋求性知識或者消費 AV 了。這也在某種程度上解釋了為什麼臺灣女性總體來說對性都不怎麼感興趣，也沒怎麼消費過色情材料，就算這些材料在她們的少年和成年時代都一直充斥在她們的生活裏。

　　我們可以進一步通過在現代臺灣和香港仍起著很強的文化控制作用的「純情」概念（或是簡單的「純」）來理解臺灣女性的性腳本。「純情」一般來說是指一個女性有道德、天真、單純、有教養、思想健康、高貴、謹慎與和善。實質上，這個概念視女性的道德品格遠遠高於性方面來考慮。臺灣和香港的男性對「純情」的女性是十分推崇的，並認為這種類型女性是他們理想的結婚對象。相反，淫蕩的女性則很不一樣，儘管她們能挑男性的性慾望，然而，在臺灣和香港的性文化裏是絕對不會得到正面的評價的。也就是說，男性可能對淫蕩的女性是有性慾望的，但是他們絕對不會把這樣的女性視為結婚對象。性饑渴和貪慾的女性會被描述為「淫賤」。「淫」指的是過度的性饑渴，而「賤」則意味著低俗、低級、刻薄、墮落和廉價。類似的二元對立項包括正經（得體的）和不正經（不得體的）、乖（好）和壞（不好）、保守（嚴肅的）和潑（放蕩的）等等。

　　這些文化概念支配著香港和臺灣中國社會對於理想女性的形象。中國女性從小就已經忙於應對社會對於她們在性方面的期許。從很年少的時候開始，她們就身處於無窮無盡關於端莊、裸露和隱私的信息當中；其中包括一些特定性別的信息，例如何謂正當的舉止行為。女孩子會被警告不要做性嘗試，因為她們不僅會因此受到嚴厲地處罰，而且這還會毀掉她們的將來。通過日常的不斷的重複，使得女性在社會化的影響下開始相信她們是不應該公開地表達自己的性慾望的——因為承認自己的性慾望其實和裸體站在公共場合這一舉動並無兩樣；她們甚至認為女性是不需要性愛的。取而代之，女性應該要是「純情」的，在性愛中應該

是被動且無知的。在這樣的過程中女性身分被教化，但同時也被去性慾化了，特別是在性愛的初始過程。

## 伍、臺灣男性性愛的轉化力量

然而，這裡需要注意的是，當一個臺灣男性被認為應該主動提出、引導和帶領性事，而他的女人則應是被動地等待被愛撫、被插入和被帶領到達性高潮的時候，這只是整個過程的一面而已。同樣重要的是，女性的被動或許是會在性愛的初始過程裡顯現，但這並不是男性最終渴望從他的女人那裡所得到的。因為如果他的女人在性事的整個過程裡一直都表現冷淡或是呈現「死魚」（死了的魚）的狀態，他同樣也不能在性愛中得到享受。這就說到了男性調教（訓練或是馴服）的重要性：他必須讓他的女人在性愛中變得如他一般主動且同樣地投入。若臺灣男性成功調教了他的女人，他就會獲得一種男性的成就感。對於男性來說，這種把性冷漠的女士轉變為一個享受性愛且達到高潮的性主動伴侶的成就感，被認為更甚於生理上的插入所帶來的性愉悅。

無疑，性愛是一個很重要的文化符碼，因為它表現且定義了臺灣的男子氣概（Boretz, 2004）。性交能力被稱為性能力（字面意思為性愛的能力）。儘管與之相反的用詞應該為性無能，但我們常用的無能（缺乏總體的能力）足以表達這個意思了。可以發現性無能是一個十分可怕的失敗，因為它等同於整體的無能。這個用法意味著在臺灣性能力是除了「才能」與「財富」以外用以衡量男子漢特性的另一個重要標誌。而才能和財富是作為男子漢衡量標準的兩大特徵這一說法可以溯源於中國有名的俗語男才女貌，意思為男的有才能／財能而女的有美貌。正如男性會在乎自己是否有蒸蒸日上的事業，能否擁有可觀的財富一樣，他們也在乎自己在性方面的能力。

在臺灣，從身體能力方面來說，所謂的性能力表現在男性陰莖的硬度以及它保持挺立的時間長度這兩點上。而這兩點也可以說是男性身分的兩個基本象徵。這也解釋了為什麼我們很多的中年男性受訪者告訴我們說他們會定期服用藥酒（按照中國民間藥方製作的藥酒）。當被問到為什麼要服用藥酒的時候，他們的回答看上去挺一致的：他們想要保證

自己很厲害。因為這不單只說明了他在性表現方面強大而有力,這還是他們男性身分的有力證明。

從性行為方面來看,性能力則體現於一個男性的性技巧以及性表現。很大一部分年輕的男性受訪者都不斷表現出他們對於性表現的重視。他們認為,一個「稱職」的男朋友得同時需要在性愛方面表現良好。換言之,他們是否是一個稱職的男朋友,在很大程度上是依據他們的性愛技藝而決定的。筆者的男性受訪者認為想要在性愛方面表現得好,主要得做到男性引導和主動提出性事、確保性交的持久性、能夠變換不同的性體位,以及帶領他們的伴侶達到高潮從而使女性得到性滿足。其中,作為男朋友這一角色的關鍵是要在性方面照顧和好好對待女性,而這點是我們的年輕男性受訪者不斷提到的。可以看到,臺灣文化中男子氣概的概念裡所包含的男性必要的擔當(男性的責任感)已經滲透到性的範疇裡面了。通過長時間的性交、不同的姿勢、達到高潮等方面來「照顧好」女性,會讓臺灣男性覺得自己是一個很「稱職」的男朋友,或更重要的是,一個有擔當的「真正」男人。正如在分析臺灣的男子氣概時,其中有一名男性受訪者秦光輝這樣說:「我在生殖器裡面放了珠子,這些珠子是為了增強(我女朋友的)快感的。聽到她的呻吟和看到她高潮時的臉,能夠極大地滿足我的自尊」(秦光輝,1997:62)。

## 陸、對臺灣男性而言的所謂「真實」性愛

把上述臺灣男性的性腳本放回早前筆者所羅列出來的 6 組二元對立項中,我們會馬上意識到這種性快感其實來自於「超越」了男性性愛和女性性愛之間的二元對立,把性慾為文化的、心靈上的、非一般的和非必需的「人類」女性轉化成為性慾是生物的、肉體的、一般的,因而為必需的「動物」男性,以使得女性和男性一樣渴望和享受性愛(如表 2 所示)。也就是說,男性試圖把二元對立項裡的一邊全部挪至另一邊,把「人類」女性納入「動物」男性之中,以至於到了最後只剩下其中一個(比如說「動物」男性)獨立地存在。這種快感是基於一個男人是否能夠在性方面轉化她的女人成為「男性」,使她亢奮並帶給她快感而得到的。

表2　臺灣男性的性快感

| 男性 | ← | 女性 |
|---|---|---|
| 生物的 | ← | 文化的 |
| 肉體的 | ← | 心靈上的 |
| 一般的 | ← | 非一般的 |
| 必需的 | ← | 非必需的 |
| 不受控制的 | ← | 受控制的 |
| 動物 | ← | 人類 |

　　這種通過轉化「人類」女性為「動物」男性而得到的至高無上的快感，也解釋了為什麼大部分臺灣男性不能夠接受那些從一開始就是「動物」男性，且與男性一般渴望和享受性愛的女性。因為如果女性從一開始就是「動物」男性，那麼男性就沒有空間採取性主動，並在性事中進行引導和主導，或者把她變成「動物」男性了。換句話說，就是男性無法在性方面「照顧好」他的女人。更關鍵的一點是這給作為男人的男性帶來了很大的挑戰。這正好解釋了為什麼很大一部分男性受訪者都對那些性慾強或是性經驗豐富的女性表示厭惡——因為他們無法在性愛方面照顧這種女性。為了掩飾他們的恐懼或是為他們的無能辯解，他們會以那些女人「淫亂」、「放蕩」或純粹是「賤」來拒絕她們。然而，男性如果無法使一個不諳性事或是性冷淡的女士變成一個性主動的伴侶的話，他一樣也不會得到性滿足，因為他無法在性愛中獲得滿足感。更重要的一點是，不管是因為他缺乏技巧還是她性冷感，如果他無法做到這一點，都只會顯示出他即使不是性無能，也是沒用。

　　可以看出，對臺灣男性而言，性愛似乎是一個在男性的性引導之下使得不諳性事的女性轉化成與男性一樣享受和渴望性愛的性活躍女性的過程。我們推斷出這就是對於臺灣男性而言「真實」的性愛。

　　這裡還剩下一個問題，那就是把性愛看成是可轉化的這一概念是從何而來的。筆者主張臺灣社會這種性愛的轉化力量實際上和臺灣文化裡的宇宙哲學有著強烈的相映性。臺灣人民傾向把人類的生命看成是由兩個因素——氣（氣息或氣）和形（肉體形態）所組成的。氣乃男性的本質，也是生命的來源。這是男性一出生就能自然而然地從他們的父親處獲得

的。女性則相反，不能借出生來獲取氣，因而在社會意義上是並不是一個完整的人。她們只能通過婚姻從她們的丈夫處獲取氣。形則是女性的本質；它雖然沒有氣那麼重要，但在孕育新生命的時候卻是無法或缺的一部分，因為男性在孕育他們的後代的時候必須擁有它才行。簡單來說，在臺灣宇宙學的框架下，男性力求通過婚姻，最終把他們的女人轉化成為和他們一樣「完整」的人，從而得以孕育後代。這個邏輯和臺灣男性力圖使他們的女人的性本質從「人類的」轉化到「動物的」，以使他們最終變為同一類是相呼應的。就像筆者下文要解釋的那樣，這個所謂的「真實」性愛與日本美少女類型 AV 的敘事結構十分相似；這也從而解釋了為什麼臺灣的男性會偏愛美少女類型的 AV。

## 柒、日本與臺灣的日本 AV 簡史

日本 AV 是一種成型於日本 1980 年代初期的色情影片。雖然從 1996 年開始，外露陰毛已不再是違法的了，但根據審查條例，日本 AV 裡的生殖器部位以至陰毛均需要經過修飾處理。日本 AV 主要有兩大類製作——「單體」AV 和「企劃」AV（水津宏，1998a：2）。「單體」是由單一女優主演的製作類型。通常這些女優都會有漂亮的臉蛋和曼妙的身形，而整部影片都是以她作為主角的。因此，「單體」這個詞總是和美少女類型的 AV 聯繫在一起，其原因是漂亮的年輕女性是成為「單體」女優的必要前提。在早期的美少女類型 AV 裡，女優總是被塑造成天真或者是優雅得體的模樣（Yau & Wong, 2008: 35）。「企劃」則相反，注重的是情境和故事情節，而且會有多名女優在同一個影片裡演出。在 1990 年代的時候，大概有 20 種主題的企劃影片，諸如強姦、性虐待、人妻、女色情狂、高齡女子、巨乳、亂倫等等。在「企劃」AV 裡所描述的女性形象種類很多（藤木，1998a：152）。

然而，1990 年代初期的日本 AV 市場經歷了嚴重的不景氣（水津宏，1998a：6）。1991 年電影銷售量全面下降。近乎一半的影片出租店歇業，很多的製造商也紛紛倒閉（同上引：7）。到那時為止都是主導市場的單體 AV 的銷售量驟降，幾乎所有的製造商都改去生產企劃 AV。在 1990 年代初期，單體 AV 僅占整個市場的 30%，剩下的 70% 則為企劃 AV（Azuma, 1998: 97）。

儘管如此，過量生產和粗製濫造導致1990年代中期開始企劃AV在日本AV市場所占的比例慢慢下降（水津宏，1998a：8）。在這個背景之下，「indie AV」（獨立的截頭詞）開始札根於日本AV產業。獨立AV不僅因其對「個性」的強調而背離了主流AV，還因其外露陰毛，以及採用半透明的馬賽克處理方式，以致生殖器部分可見而違反了產業的條例。由於只有經過全部打馬賽克的方式處理的日本AV是為影片出租服務而製作的，因此獨立AV製作商只有冒險進入銷售業尋求出路。也正是由於這個原因，與租用的影片恰恰相反，這些獨立AV是以銷售用（例如販賣）影片而出名（井上節子，2002：18）。從那時候開始，日本AV不僅可以在出租店租到，還能從日本國內的零售店內買到。

這段簡史說明了，與硬調的（hardcore）歐美色情影片相反，由於審查的原因，日本AV是一種相對隱晦的色情材料。就算獨立AV使用的是比較透明的馬賽克，但那些插入的場景包括性器官的圖像也都是全部經過修飾處理的，這點和傳統銷售的AV並無兩樣。早期的美少女類型AV尤為如此。其中有些甚至連性交的場景也沒有（安田理央、雨宮まみ，2006：94）。被譽為AV女王的傳奇女優小林ひとみ（瞳）甚至曾公然承認他們在電影裡面並沒有「真正」地做愛（水津宏，1998b：72）。很多美少女類型AV，包括我們即將討論到的電影都沒有在鏡頭裡展現性交場景的。

同時這段簡史也表明了日本AV本來就是一個國內產品，並沒有出口到國外。這裡必須強調的是日本AV製造商對把他們的產品出口到海外市場這一行動有所遲疑（安田理央、雨宮まみ，2006：187），而且它們從來沒有被外銷至臺灣。正如筆者馬上會談到的，在臺灣的所有日本AV都是一種所謂的「盜版」種類。更重要的是，能夠在日本國內的零售店裡買到銷售用AV這一現象的出現，實際上鼓勵了海外日本AV的盜版行為，因為這意味著盜版商人能夠更容易地獲得AV。

日本AV大約在1980年代中期出現於臺灣的。在那個時候，日本AV（以錄影帶的形式）是由當地非法的有線電視經營者所操控的——他們在臺灣直接重播這些電影作為有線電視節目（葉俊傑，1997：42）。也就是說，這些日本AV的內容基本維持不變。然而在1990年代中期，

當臺灣的盜版商人把日本 AV 複製為盜版的色情 VCD（後來則製成網絡文件）時，當地的日本 AV 開始有了重大改變（Yau, 2009: 84）。不像那些非法的有線電視經營者那樣僅僅只是以電影原本的形式來重播日本AV，盜版的 VCD 商人為了獲取最大的利益，搖身一變成為了「製造商」。他們在從日本拿到母帶後，把它們製作成適合臺灣男性觀眾的影片。比如說，盜版 VCD 商人會利用在臺灣出名的日本 AV 女優作為封面，來推銷不受歡迎或者是不知名的女優（同上引）。他們會根據當地的性術語來給自己的盜版日本 VCD 冠上全新的中文標題（同上引）。新編出來的中文標題有時候會完全取代原本的日本標題，有時候則放置在原有的日本標題之上。這表明了這些重新「創造出來」的標題更能讓臺灣觀眾理解這部 A 片，進而更有效地使他們變得亢奮的。此外，盜版商人會把出名的 AV 女優的電影和不知名的女優的剪輯合併起來（同上引：85）。這樣做的邏輯很簡單，就是利用在臺灣有名的 AV 女優騙來臺灣顧客，以推銷那些不受歡迎或是賣不出去的 AV。隨後，當日本 AV 開始變成以網絡文件的形式出現時，臺灣的網頁經營者再次以迎合臺灣用戶的口味來製作這些材料，並以最大的限度來賺取利益。對於他們來說，所有的這些改變都是為了當地觀眾而創造性地製造出吸引人的盜版 VCD 和網絡文件的簡單做法而已。

## 捌、日本 AV 中所描繪的女性形象

筆者曾經在別處（Yau & Wong, 2009）簡述過日本 AV 裡面較為常見的三種不同的女性形象——受害的女性、性慾強的女性以及「鄰家女孩」。

### 一、受害的女性

在「レイプ」（強姦）、「監禁」（禁錮）、「痴漢」（在電車上性騷擾女性的人）、「面接」（面試的場景）等類型裡，女性通常被描繪成受害者。在レイプ類型的電影裡女性總是被強迫為男性進行口交。儘管她們一開始會哭著反抗，但很快卻會因此而被激起性慾（沢木毅彥，1998a：168）。同樣地，監禁類的電影特點是描述女性被禁錮在一個狹

小封閉的公寓裡被人強暴。一般，女性被當成狗一般被餵養或者是被強迫在水槽裡排泄的場景。這一類電影最主要的目的就是要通過控制女性而激起性衝動。

在電車上進行猥褻女性行為的男性被稱為痴漢，指的是樣貌平平無奇的攻擊者，藉著那令人窒息的擁擠來騷擾那些溫順得不會反抗的倒霉年輕OL（辦公室女性）或是女學生（宇田川久志，1998a：180）。

前面所提到的類型都展示了一個共同的模式，那就是女性被描繪成男權社會的受害者，而且她們的不幸是無可避免的。這些種類的電影更是向男性觀眾傳遞了一個很重要的信息：不管女性如何反抗，她們最終也都會屈服於自身身體的快感和男性的虐待之下。

## 二、性慾強的女性

「人妻」（妻子）、「義母」（養母）、「貴婦人」（貴婦人）和「熟女」（成熟的女性）這些類型的電影裡所描述的都是極度渴望性愛的成熟女性。這些類型的電影吸引人的地方就在於這些成熟的女性從矜持到被撩起性慾的這一「變化」（Jamoo, 1998: 176）。

另一個展示女性性慾強的類型則為「痴女」（女色情狂）——輕佻的女孩性引誘男性。這裡所提到的這一類女色情狂和西方的蛇蠍美人相似，由於無法抑制的慾望而在公共的地方，例如廁所、辦公室、城市的街上想方設法設套引誘男性，而在通常情況下男性總是會「落進圈套」的（沢木毅彥，1998b：178）。

和痴女類似，卻不盡相同的電影稱為「家庭內相姦」（家庭亂倫）。表面上，家庭亂倫仿佛是把女性（母親、姐妹或者女兒）描繪成父系慾望的受害者。然而更深一層來看，它揭示了這些女性其實也是主動的參與者。不管出於什麼原因，她們從一開始就渴求著家庭的成員（藤木，1998b：172）。

這些類型所共有的就是慾望無法得到滿足的女性。不管分屬於怎樣的社會範疇（她們可以是年輕的女孩、已婚女性或者中年女性），她們無一例外對肉體都有著強烈的慾望。一旦她們的慾望被激起，她們就會瘋狂地追求性愛，並不惜一切代價地滿足自己的慾望。

## 三、鄰家女孩

在美少女類型的電影裡，女性常是表現得可愛或是高貴的。在 1980 年代初期，日本歷史最悠久的 AV 製造公司之一 Cosmo Plan（宇宙企劃）就推出了一個名為「Cosmo 美少女」（宇宙美少女）的標籤（東良美季，1998：119）。Cosmo 美少女常常是以穿著一身「可愛的連衣裙，戴著草帽，且面帶酒窩」（同上引），或是身穿強調「素人」感覺的水手服這樣的形象出現的（Azuma, 1998: 94）。到了 1989 年，AV 導演島村雪彥推出了一個類似的標籤，稱為「高級美少女」。「高級美少女」改為以華麗的形象出現。她們通常身穿白色的貼身內衣，有時候甚至戴著鑲珍珠的皇冠，來顯示她們是お孃樣（上流社會的女性）（Azuma, 1998: 95）。然而，不論這些美少女是可愛的還是高貴的，她們都有著單純坦率的性格。

另外一些把女性勾畫成鄰家女孩形象的電影種類包括「制服モノ」（扮裝遊戲）、「女子校生」（年輕女生）和「処女」（處女）。扮裝遊戲是指那些對制服裝束感興趣的，例如鐘愛護士、空中乘務員、女服務員、百貨商店女店員和賽車女王[3]等的制服的（斉藤修，1998b：164）。年輕女生類型的電影描述的是男性心目中理想的女孩形象——單純、缺乏性經驗的年輕女孩。這一類女孩中，偶爾會有相對比較隨便的女生願意為了錢或為了純粹的樂趣而參與「援助交際」（援助交際）[4]或者是「ヤリコン」（性愛派對）（斉藤修，1998a：162）。相比之下，處女類型的電影則講述的是奪取沒有性經驗、害羞且無助的處女的貞操。她們「未經人事」的身體和吹彈可破的肌膚令她們看上去如「洋娃娃」一般（宇田川久志，1998b：186）。

這類鄰家女孩電影的精髓就是消費處女或／和缺乏性經驗的女性的主題。奪取處女的貞操當然就意味著占有了這個女性。和缺乏性經驗的女性做愛則代表了男性可以掌控整個性愛過程。透過這些類型，可以發

---

[3] 賽車女王指的是在賽車運動，如 F-1 賽事裡充當後勤人員中一份子的進行宣傳工作的模特兒。英國稱為「pit babe」。

[4] 援助交際是一種源於日本的做法，即年長的男性會給錢和／或送奢侈的禮物給有魅力的年輕女性（也可以是家庭主婦）以答謝她們的陪伴，或也可能為性服務。

現男生是很難擺脫羅莉塔這類華麗卻又甜美,甚至帶點稚氣,天真無邪且幼稚的女性所散發的性吸引力的。

其中一位筆者於 2002 年 10 月到 2005 年 8 月這段期間在臺北進行了人類學的田野研究。田野研究主要是以滾雪球抽樣的形式徵集了 22 名年齡介於 19 歲至 54 歲的臺灣男性受訪人,並對他們進行了深度的採訪。根據該筆者所做的田野研究得出,和其他類型的 AV,例如企劃電影,或是其他類別如美國或歐洲的 AV 相較而言,大多數的臺灣男性受訪人一般都對日本 AV,尤其是美少女類型的 AV 表現出濃厚的興趣。他們甚至會把這種特別的類型和日本 AV 混為一談。他們對此的喜好主要是因為在日本美少女類型的 AV 裡,女性都顯得很甜美、無知、像少女一般以及可愛。也就是說,大部分的男性受訪人是比較喜好鄰家女孩這一女性形象。因此,通過分析在日本、臺灣和香港都有名的美少女類型 AV 女優夕樹舞子所主演的 9 部 AV 的敘事方式,去探討臺灣男性為什麼會傾向喜歡鄰家女孩這一形象,而非其他兩種。

## 四、研究方法

在以下的章節裡,筆者將通過內容分析的方式來展示由夕樹舞子主演的 9 部美少女類型的 AV 的敘事結構。夕樹舞子是一個著名的日本 AV 女優。在她的 AV 生涯中,她主要演繹的都是美少女類型的電影。夕樹舞子於 1995 年出道,由於在 1990 年代後期的香港和臺灣男性中備受好評,於是在退出 AV 界不久,又於 1998 年在日本復出。在其 1998 年復出以前,夕樹舞子曾主演過 9 部影片,全部都為美少女類型的 AV。在這次分析中所選用的電影範例為筆者們於 1990 年代後期在香港或臺灣收集到的這 9 部 AV 的盜版版本。在香港或臺灣有關她的所有電影都是盜版版本的原因,正是前面所提到過的,日本 AV 產業從來就沒有向海外出口過。

這裡所選用的主要方法為民族誌學式內容分析(ethnographic content analysis, ECA; Altheide, 1987)。[5] 分析的第一階段是按照題目

---

[5] ECA 強調的是調查者、概念、數據蒐集和分析的自反性與高度互動性的本質(Altheide, 1987: 68)。因此,ECA 是融入在對相關的情況、背景、類型、形象、意義和細微差異的「不斷探索」以及「不斷對比」的過程當中的。總而言之,ECA 在得到每一個研究個案的明確且唯一的數據的同時,也旨在檢驗、補充、取代一些理論說法,為調查創立一套適合的分析結構。

或種類來整理電影。Kronhausen 與 Kronhausen（1961）曾經識別了 AV 中常見的 11 種主要「結構」種類（次要情節或者分專題）。這 11 種類分別為誘奸、破處、亂倫、父母允許或參與的亂倫、對神聖的褻瀆、性粗話、強調男性的性器官或性能力、女性癮者、同性戀者和奴役或懲罰（Kronhausen & Kronhausen, 1961: 850-854）。然而，由於這裡所涉及的 AV 是日本的美少女類型 AV，因此我們請臺灣的受訪人描述美少女類型的 AV 以及美少女類型的 AV 女優，以便讓我們得出對我們而言可行的種類。通過對 22 位有著豐富的觀看日本美少女類型 AV 經歷的男性受訪人的詢問，我們得出了 7 個與形象相關的主要類別，即「孩子氣的」、「處女般羞澀的」（缺少性經驗的）、「可愛的」、「任性的」、「順從的」、「對性愛熱衷／性活躍的」和「享受性愛的」。

把電影編入種類是一件簡單明瞭的任務。根據 Wosnitzer 與 Bridges（2007, May: 12）對 AV 所進行的內容分析，本文的研究單位為「場景」。場景這一定義是由 Wosnitze 與 Bridges（2007, May）通過 DVD 菜單的界限來明確的。問題是，由於我們這裡要研究的電影為 VCD 版本，因此沒有場景選擇的菜單。然而我們根據 Wosnitzer 與 Bridge（2007, May: 12）提供的其他建議，通過視覺和聽覺的線索來記錄展示了在特定的背景裡，主角們在性方面和有限的瞬間進行互動的場景。在形成了編碼系統並完成了編碼後，我們與一位熟悉民族誌學式內容分析以及編碼，但並不清楚本次研究的特定問題的同事討論了我們的編碼準則，並把編碼系統提供給她，請她為我們隨機選出一些電影並編碼一些場景。結果我們的編碼在 96% 的例子中是相配的。也就是說，我們從她那裡得到的結果和我們自己所做的編碼是基本上一致的。

從我們編碼場景的結果裡發現，「處女般羞澀的」和「對性愛熱衷／性活躍的」是夕樹舞子 9 部電影裡最具代表性的種類。緊接它們的則是「可愛」和「享受性愛」。但是，處女般羞澀的和「可愛」與「對性愛熱衷／性活躍」和享受性愛很明顯是相矛盾的兩大類。這個發現使我們不禁要問：「如果這兩大相反的主題存在在同一部影片裡的時候，我們應該要如何理解呢？」我們確信這實際上告訴了我們一些關於日本美少女類型 AV 的敘事結構的重要事情。

第二階段的分析則是著重重新發現和比較各個種類，並進一步把這 7

個種類整理成適合我們現在調查的分析結構。通常 AV，特別是日本 AV 常因在電影裡外都剝削女性而被認為是具有男性至上主義和厭惡女性的。但若是深入地看一下大多數日本 AV 的內容則不難發現，日本 AV 裡的女優通常是因為男演員而得到性快感和性滿意的，而非相反。就如我們下文將論述的那樣，男優通過各式各樣的姿勢來取悅女優的時間，遠遠超越女優取悅男優的時間。先不論這些日本 AV 女優是否真的享受性愛，起碼在電影的最後她們大多數是得到「性滿足」或是變得「性活躍」的。當然我們並不是否認這些作為日本 AV 女優的女性可能是被剝削的；但至少在這些 AV 裡面的性愛再現中，她們沒有。也就是說，對於日本 AV 是具有男性至上主義的和厭惡女性的這一指控，不能僅因為表面所展現的情形就被視為理所當然正確的。而第三階段則是要探討所得的分析結構最終告訴了我們一些什麼是關於美少女類型 AV 的敘事結構的。

## 玖、夕樹舞子的 AV 敘事結構[6]

夕樹舞子是一個多產的 AV 女優。在她主要的 AV 生涯中，即 1995 年到 1996 年（見表 3）[7] 這段期間，她主演了 9 部影片。其中 7 部是屬於「Tiffany」（蒂凡尼；島村導演的高級美少女類型 AV）公司的，剩餘兩部則屬於 Cosmo Plan（宇宙企劃）。[8] 換言之，她所有的影片都是屬於美少女類型的 AV。在她的影片裡，她不是穿著漂亮的巴斯克（Basque）緊身衣，就是純白的內衣；她的頭髮總是梳得整整齊齊並做了造型的；她的臉蛋畫著精緻的妝容；她的指甲塗著指甲油，有時候她甚至會戴著飾以珠寶的皇冠，置身於精緻的華麗背景之中。儘管每一部影片的風格都有著些微的差別，但是我們的 9 部 VCD 範例裡，其中 6 部都有著相似的開場場景。

---

[6] 關於夕樹舞子的 9 部影片的文本分析曾經在另外一個背景下的研究中使用過（Yau & Wong, 2009）。

[7] 夕樹舞子於 1995 年 4 月首演 AV，並於 1996 年隱退。然而她在 1998 年再度回到 AV 產業。自復出以後，她仍參演了不少 AV，但由於她不再出演美少女類型的 AV，因此本研究對這些電影不做討論。

[8] 關於這點的訊息是從她的官方網站（http://www.yuukimaiko.com）獲得的。

表 3　夕樹舞子的 9 部盜版 AV VCD

| 夕樹舞子的 9 部盜版 VCD 片名 | 年份 |
| --- | --- |
| 《夕樹舞子秘藏》 | 1996 |
| 《夕樹舞子豬年失豬記》 | 1996 |
| 《夕樹舞子破瓜記》 | 1996 |
| 《夕樹舞子之一吹通脹》 | 1996 |
| 《夕樹舞子之活動「性」校園》 | 1997 |
| 《夕樹舞子之火上加油淫性書》 | 1997 |
| 《夕樹舞子處女生春宮》 | 1997 |
| 《夕樹舞子之天姿國色》 | 1998 |
| 《夕樹舞子制服》 | 1998 |

在《夕樹舞子豬年失豬記》的開場時，夕樹舞子穿著白色的巴斯克衫緊身衣、白襪吊絲和一雙紅色高跟鞋。在緩緩走向她身旁那張裝飾得很漂亮的床時，她是無辜地凝視著攝影機的。現在她躺到了床上，除了擺出了誘人的姿勢以外，她也表現出天真且充滿青春的氣息——對著攝影機露齒一笑並獻了個飛吻。這樣的開場場景和夕樹舞子那獨特可愛且幼稚的行為，在她其他的影片裡屢見不鮮。

在簡短的介紹過後，攝影機的鏡頭逐漸移向女主角並開展故事。通常在這個時候，夕樹舞子是以整齊地穿戴著帶著孩子氣的衣服或是游泳衣的樣子亮相的。隨著故事的展開，她會一絲不掛地站著或是以半褪內衣的姿態站上一會兒，緊接著的就是性交的場景。在她的 VCD 裡面至少會有兩個性愛場景。

在她所有的 VCD 裡有一個常見的場景，那就是描繪「無辜的」夕樹舞子害羞地躺在床上，而男演員則長時間地吸吮著她的乳頭的性愛場景。男演員常會詢問她是否感覺舒服；若她覺得不舒服的時候，男演員就會安撫她，並告訴她說這不會痛的。隔著內褲摩擦她的陰蒂則是她 VCD 裡面的另外一個常見主題。男演員會要求或鼓勵夕樹舞子她自己這樣做，而她則會順從地在男演員的指導和幫助下羞澀地摩擦自己的陰蒂。舔陰和口交的做法也是有出現的，但是口交在其早期的作品中則相對少見。總的來說，在她所有的 VCD 裡面，男演員幫她舔陰是十分常見的場景。另外，片中前戲的持續時間相對比插入的要長。在我們的 VCD 範例裡，

前戲的平均時長為 5.26 分鐘，而性交的僅為 2.48 分鐘。前戲通常被理解為性愛伴侶之間相互的性愛活動。然而在夕樹舞子的 VCD 裡的前戲中，幾乎總是男演員取悅她，而夕樹舞子則保持著被動和極度羞澀的狀態——除了等待被觸碰、被撫摸、被愛撫和被親吻之外，她不用做任何事情。

其電影中主要使用的傳教士式性體位也進一步突顯了她的被動。當我們的 VCD 偶爾出現了「在上面」的夕樹舞子，但依舊是由男演員從下方掌控著動作。在 VCD 範例的 27 個性愛場景中，只有一個場景是把夕樹舞子描繪成會脫掉男演員的衣服或是把男演員的陰莖放進她的陰道裡的性主動女人。

她的 VCD 裡的性交場景幾乎都是以體外射精——男性在她的胸部或是她身體的其他部分射精作為結束的。體外射精在所有的色情影片中是十分常見的，因為它表明了男性以及異性戀性事的終極高潮。它也讓觀眾見證了性高潮的真實性。而另外一個常見的特點則是夕樹舞子幾乎每一次都能達到高潮。她高潮的來臨甚至和男性的射精時刻不謀而合。幾乎每次在男演員射精後，她都會把玩射出的精液。

在這些 VCD 的最後通常都會有一個獨白，而此時夕樹舞子會穿著學校制服或是孩子氣的衣服出現，說道：「謝謝觀賞這部影片」或是「請繼續支持我」。

從這個簡要的梗概我們可以觀察到夕樹舞子往往在剛開始的時候都是一個被動無辜的接受者，但最終都會轉化成為一個渴望和享受性愛的女性。具體來說，這個轉化過程可以分解成 3 個步驟。這不僅可適用於在其他典型的美少女類型 AV 之中，同時還能解釋它們在臺灣和香港如此受歡迎的原因。在第一步驟的時候，夕樹舞子表現的是可愛、孩子氣、如處女般羞澀且對性愛冷漠的。比如說，在《夕樹舞子之活動「性」校園》和《夕樹舞子之火上加油淫性書》裡，她總是微笑著，天真地輕聲細語著。這裡值得一提的是，她那可愛的形象並不僅僅是在 VCD 的主要內容中表現，在片外亦然。例如在《夕樹舞子豬年失豬記》的片尾花絮裡，她本應該是表現真實自我的，但她依然維持著這種風格——做著淘氣的鬼臉、撐開眼睛、拉起襯衫露出胸部、開其他人的玩笑或是表現得傻乎乎的。在《夕樹舞子之一吹通脹》的花絮中，夕樹舞子則是在逗製作團

隊開心。她把自己的門牙塗上黑色的墨水，以至製作團隊的每一個人都捧腹大笑。這種可愛在她早期的作品中尤為常見。

另外，夕樹舞子幾乎在其每一部影片中都會穿著水手式的學校制服。孩子氣的服飾和幼稚的行為，如撐開眼睛做可笑的鬼臉以及吐舌頭等都是她VCD中十分常見的。在《夕樹舞子豬年失豬記》這部影片中，她則是以色彩繽紛的絨毛衣服出現的，就像黃色和橙色的。在她後期的VCD中，她不再是那麼的孩子氣，但依舊是以「可愛」且「甜美」的女性形象出現的。

同樣，夕樹舞子在她早期的作品中總是以害羞、天真、無知和不諳性事的形象出現的。在她很多的影片裡，如《夕樹舞子秘藏》、《夕樹舞子之活動「性」校園》和《夕樹舞子破瓜記》，她的內衣主要是白色的。有時候她甚至只穿運動內衣。這彰顯了她對性愛毫無經驗，因為運動內衣通常是正在發育的青少年，特別是高中女生在發育前穿的。

和處女般羞澀緊密相連的是她在性愛中所表現出來的漠然。在她許多影片的前半部分，夕樹舞子總是表現得冷淡或是單純地對性愛不感興趣。就像在《夕樹舞子秘藏》裡，她飾演的是一個對性愛毫無興趣，有時候甚至感到害怕的年輕女孩。當她被男演員帶到床上的時候，她只是躺在那裡。甚至當男演員上前愛撫她的時候，她仍然是十分冷淡，有時甚至希望避開他的性挑逗。而在《夕樹舞子破瓜記》的影片中，無知的夕樹舞子被要求跪在她的男主顧前，並在男主顧手把手的教導下為他進行口交。

但是她對性表現出來的的冷淡並不代表她會拒絕男演員對她的要求。比如說，在《夕樹舞子之火上加油淫性書》中，男演員要求夕樹舞子替他進行口交。儘管她很不樂意，並解釋說自己「疲れた！」（累了），但最終她仍是順從地為其進行口交。在夕樹舞子的VCD中，她總是表現得順從、乖巧。

第二個步驟指的是男演員通過不同的性愛技巧來刺激和取悅反應被動、順從的無知的夕樹舞子的過程。在她許多早期電影如《夕樹舞子秘藏》、《夕樹舞子破瓜記》和《夕樹舞子豬年失豬記》裡面，無知的夕樹舞子總是會在男演員的挑逗下得到性快感和性亢奮。胸部被撫弄、乳頭被吸吮和親吻、耳朵被輕吻、四肢被撫摸、陰蒂被摩擦，這些都是常

見的場景。有時候男演員會做一種稱為潮吹き（字面意思為吹潮）的行為。這是通過手指的一些特別動作來刺激陰道以達到性亢奮，從而使女性在接近高潮或到達高潮的時候噴射出明顯數量的清澈液體。比起其他類型的AV，在她的電影裡，描繪男演員在性刺激夕樹舞子的場景的時間可以說是相對比較長的。

最後的一個步驟則是指夕樹舞子被轉化成享受性愛、體驗高潮的性生物時的那一個瞬間。這可以通過兩個種類看出，也就是在對性愛熱衷／性活躍和性愉悅兩種。在《夕樹舞子秘藏》的一開始，夕樹舞子是被動、冷淡的，然而她後來卻變成了一個十分願意嘗試不同的性愛姿勢的性活躍女孩。當男演員不斷插入的時候，她有節奏地嬌喘和呻吟。

而第二種類所說的是性愛本質是歡愉的。在《夕樹舞子之活動「性」校園》裡，扮演高中學生的夕樹舞子最後變成了不但享受性愛而且還得到高潮的性生物。「そこ」（那裡——女優的生殖器）、「だめいちゃう」（不行……要來了）、行く行く（要來了）和気持ちいい（感覺好好！）都是她在影片裡常用的表達。這些語句在其他的電影，如《夕樹舞子秘藏》、《夕樹舞子豬年失豬記》、《夕樹舞子之一吹通脹》、《夕樹舞子之火上加油淫性書》和《夕樹舞子制服》裡也是十分常見的。在說這些語句的時候，她通常會配以大聲的呻吟。當男演員在她身上射精的時候，她則會以「行く行く気持ちいい」（字面意思為高潮要到了，感覺好好）來表達她的感受。

這一部分展示了一般的日本美少女類型AV，特別是夕樹舞子的電影的敘事結構實際上就是從女演員一開始對性愛的冷淡到最終在男演員的性刺激下轉化成一個熱衷性愛的女性的3個步驟。夕樹舞子是一個典型的美少女類型女優，且她的所有電影都屬於美少女類型的AV，因此我們很有理由的推斷說上面所說的3個步驟是典型的美少女類型AV的敘事結構。當然，美少女類型AV的具體故事情節可能會因影片而異，也會因美少女類型女優的不同而不同。但是大部分的美少女類型AV或多或少都是按照這樣的步驟順序的。筆者之一（Yau, 2009）曾經詳細分析了一部由另外一個典型的美少女類型女優川島和津実主演的日本AV VCD。川島和津実不僅是一個在1980年代後期深受臺灣觀眾歡迎的女優，她還一直都是臺灣心目中的那個日本美少女類型女優。Yau同樣發現川島的VCD

也是遵循著這 3 個步驟的。在影片裡，川島一開始會以性保守的漂亮年輕女子的形象出現——表現得十分天真，穿著孩子氣的衣服。隨後，就算是在男演員的性刺激下，她仍舊保持一動不動的。但是在男演員的性亢奮影響下，最後她也會極其愉悅地嬌喘呻吟，並變成了一個性活躍的伴侶（同上引：9-12）。

可以看到美少女類型的 AV 的 3 步驟敘事結構和早前提到的臺灣男性的性腳本極為相似的。就像前面所論及的，對於臺灣男性來說性愛的意義在於通過調教把「人類的」女性轉化為「動物的」男性。我們馬上就會發現，正如表 4 所顯示的那樣，臺灣的男性的性腳本的轉化本質和美少女類型 AV 的 3 步驟敘事結構有著強烈的呼應。

表 4　臺灣男性的性腳本和美少女類型 AV 的敘事結構之間的對比

| 臺灣男性的性腳本 | 美少女類型 AV 的 3 步驟敘事結構 |
| --- | --- |
| 一個在性愛中被動的「人類」女性，特別是在剛開始的過程裡。 | 女優表現得無知、單純，對性愛不感興趣。 |
| 通過不同的性技巧被調教的「人類」女性。 | 男優通過各式各樣的姿勢帶給女優性刺激。 |
| 「人類」女性轉化為「動物」男性。 | 女優轉化成一個性挑逗的女性。 |

因此，我們沒理由不認為臺灣男性普遍更喜愛日本 AV，特別是美少女類型的，是因為這些電影對他們來說十分「真實」。換言之，日本 AV 和美少女類型 AV 被臺灣男性廣泛接受的原因是這些電影十分接近他們真實生活中的性愛。由此我們可以得出，日本 AV 和美少女類型 AV 對於臺灣男性來說是部紀錄片或者是「真實性愛」。

## 拾、結論

本文的目的是要解釋為什麼大部分臺灣男性會普遍對日本 AV，特別是美少女類型的 AV 情有獨鍾。筆者認為觀眾對 AV 類型的喜好不僅僅是因為生物習性或一些十分獨特的性格。受到 Hardy 那關於把真實性看作是色情作品生產的主要支柱這一觀點的啟發，筆者主張日本 AV 和美少女

類型 AV 能夠贏得臺灣男性的喜愛恰恰是因為前者對於他們來說顯得十分「真實」。然而我們通過說明所謂的「真實」性愛其實也是由性腳本理論所支撐，並且是話語建構而成的，試圖跨越「再現－真實」的劃分。也就是說，性愛在 AV 中的再現和「真實」性愛之間區別的減少並不是因為色情作品的再現變得越來越「真實」，而是因為所謂的「真實」性愛其實是由文化建構而成的。

在本文的第一部分，我們說明了所謂的「真實」性愛其實是深深受著臺灣受訪者如何言及性愛和性行為的方法所影響著。從他們對性愛和性行為的話語中，我們得出對於臺灣男性來說，性愛是由話語建構而成的；它意味著一個「人類」女性轉化成「動物」男性的過程。這個轉化過程的重點在於男性的調教——使他的女人變得和他一樣享受和渴望性愛。

接著我們展示了由話語建構而成的男性性愛和美少女類型的 AV 的相似。通過對夕樹舞子主演的 9 部美少女類型 AV 的分析研究，我們列出了 7 個在我們的臺灣受訪者幫助下得出的種類——「孩子氣」、「處女般羞澀」（缺乏性經驗）、「可愛」、「任性」、「順從」、「對性愛熱衷和性活躍」和「享受性愛」——是如何被進一步歸類成 3 個步驟，以形成美少女類型的 AV 的一般敘事結構的。正如我們所發現的，普遍的美少女類型 AV，尤其是夕樹舞子的電影的敘事結構可以被歸納為 3 個步驟，也就是一開始對性冷淡的女演員在男演員的性刺激下最終轉化成性生物。有趣的是，這個由 3 步驟組成的敘事結構和前面所列出的由話語介導而成的臺灣男性性愛幾乎是一樣的。因此我們認為，日本 AV，特別是美少女類型的 AV 是因為與臺灣男性真實生活中的性愛十分相符，因此感覺十分真實，從而大大贏得臺灣男性的喜愛的。從這樣的角度去看，日本美少女類型的 AV 和夕樹舞子的 AV 成為了這些男性的真實性愛電影

## 參考書目

秦光輝（1997）。《當兵現行記：從台灣男性兵役經驗看軍隊父權體制再生產的性別邏輯》。國立清華大學社會人類學研究所碩士論文。

葉俊傑（1997）。《A 潮：情色電影大搜密》。臺北，臺灣：喜閱文化。

井上節子（2002）。《AV 業：一兆円市場のメカニズム》。東京，日本：新評論。

水津宏（1998a）。〈アダルトビデオ年表〉，石田陽子（編），《20世紀のアダルトビデオ》，頁2-8。東京，日本：アスペクト。

──（1998b）。〈美少女アイドル〉，石田陽子（編），《20世紀のアダルトビデオ》，頁156-160。東京，日本：アスペクト。

宇田川久志（1998a）。〈痴漢〉，石田陽子（編），《20世紀のアダルトビデオ》，頁180-181。東京，日本：アスペクト。

──（1998b）。〈少女童貞：喪失〉，石田陽子（編），《20世紀のアダルトビデオ》，頁186-187。東京，日本：アスペクト。

安田理央、雨宮まみ（2006）。《エロの敵：いまアダルトメディアに起こりつつあること》。東京，日本：翔泳社。

沢木毅彦（1998a）。〈レイプ男優と女優による殺陣の魅力〉，石田陽子（編），《20世紀のアダルトビデオ》，頁168-169。東京，日本：アスペクト。

──（1998b）。〈痴女逆ナンパ：いい女優と、演出。それが全てだ〉，石田陽子（編），《20世紀のアダルトビデオ》，頁178-179。東京，日本：アスペクト。

東ノボル（1998）。〈島村雪彦インタビュー〉，石田陽子（編），《20世紀のアダルトビデオ》，頁94-99。東京，日本：アスペクト。

東良美季（1998）。〈宇宙美少女80's-90's〉，石田陽子（編），《20世紀のアダルトビデオ》，頁119-125。東京，日本：アスペクト。

斉藤修（1998a）。〈女子校生〉，石田陽子（編），《20世紀のアダルトビデオ》，頁162-164。東京，日本：アスペクト。

──（1998b）。〈制服〉，石田陽子（編），《20世紀のアダルトビデオ》，頁164-165。東京，日本：アスペクト。

藤木TDC（1998a）。〈AVドラマツルギー〉，石田陽子（編），《20世紀のアダルトビデオ》，頁152-155。東京，日本：アスペクト。

──（1998b）。〈家庭内相姦〉，石田陽子（編），《20世紀のアダルトビデオ》，頁172-173。東京，日本：アスペクト。

Altheide, D. L. (1987). Reflections on ethnographic content analysis. *Qualitative Sociology, 10*, 65-77.

Bogaert, A. F. (2001). Personality, individual differences, and preferences for the sexual media. *Archives of Sexual Behavior, 30*, 29-53.

Boretz, A. (2004). Carousing and masculinity: The cultural production of gender in Taiwan. In C. Farris, A. Lee, & M. Rubinstein (Eds.), *Women in the new Taiwan: Gender roles and gender consciousness in a changing society* (pp. 171-198). Armonk, NY: M. E. Sharpe.

Butler, J. (1990). *Gender trouble: Feminism and the subversion of identity*. New York: Routledge.

Check, J., & Malamuth, N. (1985). An empirical assessment of some feminist hypothesis about Rape. *International Journal of Women's Studies, 8*, 414-423.

Donnerstein, E., Linz, D., & Penrod, S. (1987). *The question of pornography: Research findings and policy implications*. New York: Free.

Hardy, S. (2009). The new pornographies: Representation or reality? In F. Attwood (Ed.), *Mainstreaming sex: The sexualization of western culture* (pp. 3-18). London: I. B. Tauris.

Jensen, R. (2007). *Getting off: Pornography and the end of masculinity*. Cambridge, MA: South End.

Kennelly, I., Merz, S. N., & Lorber, J. (2001). What is gender? *American Sociological Review, 66*, 598-605.

Kronhausen, P., & Kronhausen, E. W. (1961). The psychology of pornography. In A. Ellis & A. Abarbanel (Eds.), *The encyclopedia of sexual behavior* (Vol. 2, pp. 848-859). New York: Hawthorn books.

Linz, D. G., Donnerstein, E., & Penrod, S. (1988). Effects of long-term exposure to violent and sexually degrading depictions of women. *Journal of Personality and Social Psychology, 55*, 758-768.

Malamuth, N. M. (1978, September). *Erotica, aggression and perceived appropriateness*. Paper presented at the 86th annual convention of the American Psychological Association, Toronto, Canada.

Malamuth, N. M., & Huppin, M. (2005). Pornography and teenagers: The importance of individual differences. *Adolescent Medicine Clinics, 16*, 315-326.

McKenzie-Mohr, D., & Zanna, M. P. (1990). Treating women as sexual objects: Look to the (gender schematic) male who has viewed pornography. *Personality and Social Psychology Bulletin, 16*, 296-308.

Miller, E. M., & Costello, C. Y. (2001). The limits of biological determinism. *American Sociological Review, 66*, 592-598.

Pound, N. (2002). Male interest in visual cues of sperm competition risk. *Evolution and Human Behavior, 23*, 443-466.

Sahlins, M. (1976). *Culture and practical reason*. Chicago, IL: University of Chicago Press.

-- (1977). *The use and abuse of biology: An anthropological critique of socio-biology*. London: Tavistock Publications.

-- (1997). Reply to. *Current Anthropology, 38*, 272-276.

Simon, W., & Gagnon, J. H. (1986). Sexual scripts: Permanence and change. *Archives of Sexual Behavior, 15*, 97-120

Spanier, B. (2005). Biological determinism and homosexuality. In J. Robertson (Ed.), *Same-sex cultures and sexualities: An anthropological reader* (pp. 33-47). Oxford, UK: Blackwell.

Wong, H. W., & Yau, H. Y. (2011). Sex as a ritual: Transforming women's sexual being from "human-like" to "animal-like" in Taiwan. *East Asia: An international quarterly, 28*, 37-55.

-- (2014). "I don't like watching AV because you like it:" The politics of pornography consumption in Taiwan. *Sage Open, 4*, 1-11.

Wosnitzer, R., & Bridges, A. (2007, May). *Aggression and sexual behavior in best-selling pornography: A content analysis update*. Paper presented at the annual meeting of the International Communication Association, TBA, San Francisco, CA.

Yau, H. Y. (2009). *Search for individual agency: The use of AV in Taiwan*. Unpublished PhD dissertation, University College London, UK.

Yau, H. Y., & Wong, H. W. (2008). AV, Hong Kong Chinese readings: Indigenising Japanese pornographic culture. *Envisage, 5*, 31-52. (In Chinese)

-- (2009). The emergence of a new sexual Ideal: A case study of Yuki Maiko's pornographic VCDs in Hong Kong. *Journal of Archaeology and Anthropology, 70*, 1-45.

-- (2010). Translating Japanese adult movies in Taiwan: Transcending the production-consumption opposition. *Asian Studies Review, 34*, 19-39.

Zillmann, D., & Bryant, J. (1982). Pornography, sexual callousness, and the trivialisation of rape. *Journal of Communication, 32*(4), 10-21.

-- (1984). Effects of massive exposure to pornography. In N. Malamuth & E. Donnerstein (Eds.), *Pornography and sexual aggression* (pp. 115-138). London: Academic Press.

-- (1986). Shifting preferences in pornography consumption. *Communication Research, 13*, 560-576.

# 我說不喜歡看日本 A 片只是因為你喜歡它——臺灣色情品消費的性別政治[*]

王向華、邱愷欣
張梅譯

## 壹、前言

　　本文著重分析當代臺灣婦女對色情品的使用,特別著眼於她們「聲稱」對於美國色情品的偏好意義。正如許多學者所指出的(Attwood, 2002; Keith, 2001; Paasonen, 2007),早期關於色情品的研究,往往以傳統的「影響」或者是專注於表達個人「影響」的女性主義來定位色情品(例如 Allen, d'Alessio, & Brezgel, 1995; Fisher & Grenier, 1994; Malamuth & Check, 1981; Padgett, Brislin-Slutz, & Neal, 1989; Zillman, 2000)。其結果是,大多數的研究與色情品的生產、流通和消費「脫離」(Juffer, 1998: 8)。相關色情品消費的學術研究匱乏尤甚,正如 McKee(2005: 71)所指出的,儘管色情作品的消費者往往是研究的對象,但是他們「很少作為洞悉色情品消費的原因及其影響的思考主體來出現」。

　　因此,消費者的聲音在這一系列的研究當中被遺漏,現階段的研究要不是具體地探討色情品使用上的性別差異(Brown & L'Engle, 2009; Carroll et al., 2008; Diamond & Dannemiller, 1989; Hald, 2006; Janghorbani, Lam, & the Youth Sexuality Study Task Force, 2003; Lo & Wei, 2005; Pan, 1993),便是探討情侶間使用色情品對女性的影響(Bergner &

---

[*] 原文刊載於 Wong, H. W., & Yau, H. Y. (2014). I don't like watching AV because you like it: The politics of Pornography consumption in Taiwan. *Sage Open*, 4(2), 1-11.

Bridges, 2002; Bridges, Bergner, & Hesson-Micnnis, 2003; Schneider, 2002）。這些的研究可歸結成一個重要的發現，男性和女性在色情品的使用和品味上有很大的不同。

儘管這些研究為我們提供了不少的資訊，卻未能探索更根本的問題——為何造成色情品使用和消費模式上的性別差異，以及是如何形成的？我們不否定那些採取更廣闊的視角，且不只關注於性別研究的色情品使用研究報告的重要性，但是對於上述的研究未能探討到問題的本身表明了，色情品研究作為一個領域，總體趨勢仍然視性別為普遍的、本質的、原始的、有界的、不變的和同質的。反之，這種具有普遍性的性別形象，則被用來解釋男性和女性在色情品的使用和性愛上存在著差異。這樣的作法導致不同文化背景下的色情品使用差異，即使存在特定具體的性別規範，也僅被視為他們性別上的表現而被忽略。Sartre 對馬克思主義階級觀點的批評，似乎非常適合在色情品使用研究中性別的本質性應用：

> 馬克思主義裡的形式主義是一項消融的過程。在頑強地拒絕區分這一點上，其方法是與恐怖行動相同的；它的目標是盡可能的不去進行整體同化。目的不在於保存相對自主性的基礎上整合那些不同的東西，而是抑制它……馬克思主義者會認為，假如他們要試圖瞭解一種資產階級思想的獨創性，那麼他們是在浪費時間。在他們的眼中，重要的是要表明，思想是唯心主義的一種模式……因此，馬克思主義者把某種行為或思想的真實內容都看作外在表象；當他把特別的東西消解在普遍中，他就很滿意地相信他是在把外在的表象抽象化成真理（Sartre, 1963/1968: 48-49）。

相同的方式在色情品的使用上，上述的研究把特定的內容消解在性別的普遍概念之中。於是，性別便成為一種普遍概念的使用，與 Sartre 所稱的「恐怖」並沒有什麼不同，「通過把它們消解在階級立場與階級利益的一般傾向中，來清除特定性質的文化形式」（Sahlins, 1999: 406-407）。本文目的是為了恢復臺灣特定的性別規範和衝突，而這些的規範與衝突卻常常被混淆，解釋成性別傾向；且看這些具體的內容產生在色情使用面上的性別差異。

本篇的文章資料是由其中一位筆者於 2002 年 10 月和 2005 年 8 月在臺北進行的人類學田野調查中所抽取出來的。這篇文章為筆者現階段進

行的亞洲性慾文化研究的其中一部分，對於 22 位 20 歲至 60 歲之間的臺灣女性受訪者進行了深入的訪談。這些受訪者通過滾雪球的抽樣模式，在取樣的時候我們盡量確保他們的社會經濟和教育背景的多樣性。在採訪中，我們請她們談談作為臺灣婦女對性別和性行為的看法。除此之外，我們要求她們重點描述多年以來對於色情品的使用和偏好。

從這個研究我們得出 3 個有趣的發現。首先，是在 22 位女性受訪者中，有 18 個人明確地表示厭惡色情品。在我們的進一步追問之下，這些女性闡述了對色情品「不感興趣」的原因。有些婦女解釋說，她們沒有機會觀看色情品；有些承認她們感到好奇但不敢自己觀看。也有女性受訪者看過色情品，但不認為它有趣，因為她們覺得被刻畫出來的男性和女性人物並不「真實」。還有人說，她們不喜歡看色情品是因為她們常常被打斷，因此從來沒能看完整部電影。

第二，儘管相對來說她們對色情品沒有興趣，但是，大部分人有過接觸色情品的經驗，尤其是在戀愛和婚姻的關係中。她們表明，自己觀看色情品主要是出自她們的丈夫或男友的請求。儘管她們明確地表示不喜歡色情品，但當我們追問她們喜歡哪種類型時，她們卻傾向於選擇「美國」而非「日本」的色情品。我們並不是指稱美國的或日本色情品屬於整齊劃一，或能夠清楚界定的概念。眾所周知，日本的成人視頻（adult video, AV）以其廣泛的種類和風格著稱（Wong & Yau, 2014），美國色情品也不例外，而其題材內容在過去的數十年間也發生很大的轉變。然而，一方面，臺灣的觀眾必須清楚地把這兩種類型的色情品劃分，否則難以把它們整合到他們的性生活中去，並使其有意義。另一方面，在臺灣的色情文化我們不難發現，不論是日本的還是美國的色情品往往被視為單一的整體，也就是說，所有不同的風格和種類均混同為一體。除此之外，筆者發現臺灣人傾向認同日本所有的 AV 均是美少女 AV——亦即日本 AV 的典型類型（同上引）。而相較於打了馬賽克的日本 AV，美國色情品由於大都是赤裸裸的性愛影像，通常被視作野蠻的、生理的、粗俗的，或甚至是機械式的。有趣的是，雖然受訪的男女性均指出美國色情品也存在著像日本 AV 刻畫純情的女性人物，但是，美國色情女演員在性愛上非常自主、積極主動的印象，深植在臺灣人的心中，以至於鮮少有人對此提出疑問。我們必須明白，色情品的「本質化」（essentialization）對

於臺灣觀眾來講不但沒有構成任何認知上的問題，反而有助於他們感覺和理解色情品。

因此，本文的目的是探討為什麼臺灣女性受訪者對於色情品興趣缺缺？為什麼她們既缺乏興趣卻又觀賞色情品？為什麼接觸了色情Ａ片，往往是由男性伴侶所引介的？以及，如果必須二者擇其一的話，她們為什麼會「宣稱」會更喜歡美國色情品而非日本的ＡＶ？

在下文，我們將先探索為什麼婦女對色情品缺乏興趣。我們認為，臺灣婦女對色情品缺乏興趣是因為她們無法欣賞它，無法把片中的男女主角視為真實世界中的男女，因此無法享受它。正如下文筆者試圖表明的，臺灣婦女的這些反應都必須從當地的性別規範和性存在的角度加以理解。在臺灣的文化裡，女性與男伴一同觀看色情品是極為普遍的。然而，在一起觀看時，婦女們往往無法享受色情品；因為根據當地文化規範，她們應該「陪伴」她們的男人觀看，而不是跟他們「一起」看。由於她們既無法拒絕觀看，又無法享受到色情品所導致的挫折感，使她們選擇美國色情品以宣示在性愛中對於男性主導的不滿。

## 貳、戰後臺灣色情品簡史

戰後臺灣的色情品經歷了3個重要的變化：在臺灣可以獲得的色情品類型變化、色情品媒體的變化，以及色情品的涵義變化。

儘管色情品在戰後的臺灣受到國民黨政權的嚴厲管控（Wong & Yau, 2010），但是這並不意味著色情品無處藏身。在1950年代、1960年代期間，丹麥和荷蘭的色情片在臺灣的電影院（葉俊傑，1997）處處可見，而且還是票房的保證。1970年代初，美國色情品大舉進軍臺灣，不久便占據了當時的色情品市場。然而，當1980年代初日本ＡＶ開始紮根於臺灣時，美國色情品遭遇到前所未有的衝擊。與早期赤裸裸的歐美色情品相比，日本的ＡＶ被理解為「軟調色情」，因為整個生殖器的部分，包括陰毛和性插入行為的影像都會被打上所謂的「馬賽克」（圖元化的一種形式）。更重要的是，日本的ＡＶ之所以有名是因為對女性面部表情的精細描寫，和它們的不同門類能夠滿足各種非主流的慾望（張宏銘，2004；葉俊傑，1997）。到了1980年代末，日本的ＡＶ已經在臺灣站穩

腳跟，得到了年輕一代的青睞。美國色情品雖然比以前冷門，但是在當代臺灣，除了日本色情品以外的「其他」門類裡仍然是牢牢的占據著重要的位置。

## 一、色情品在文化意涵上的改變

正如 Liechty（2001）所指出，色情品的涵義常處於非常不穩定的狀態，往往依託於某個特定的社會政治背景。在 20 世紀 1980 年代，色情品被視作反對國民黨政權實行戒嚴法的一個象徵性抗議，因為在戒嚴法下，言論自由是被嚴格禁止的（葉俊傑，1997）。然而，當臺灣 20 世紀 1990 年代轉變成一個民主國家時，色情品的涵義也發生了變化。例如，1995 年，國立臺灣大學女權主義社團的一群女學生試圖通過舉辦一個為期 3 天在女大生寢室公開放映色情品的活動，藉以挑戰男權和父權（羅燦烘，1997）。放映活動的目的是「為年輕女性提供不同於傳統的浪漫愛情的性幻想」、「幫助女性瞭解男性的目光和態度」和「激發婦女的性自主權」（同上引：192），不難想像，這場活動在臺灣引起巨大的迴響。儘管女性主義社團的成員因舉辦放映活動而成為眾矢之的，但是，放映活動喚起了公眾對於性別不平等問題的關注。事實上，女權主義在臺灣比在亞洲其他的地區獲得了更為廣泛的支持；這一點從大量的學術院系——無論本科生院系還是研究生院——致力於臺灣婦女／性別研究中便可得知。我們可以說，現在色情品已經成為臺灣女性抗拒父權的一個手段。

## 二、媒體科技形式的變化

自 20 世紀 1950 年代開始，臺灣民眾可以在電影院觀看色情品。然而，色情品的普及則要到 1980 年代，色情品以有線電視的非法「節目」模式出現。起初，非法成人節目的訂戶只需要打開電視機就可以觀看色情片，尤其是日本的 AV。由於沒有加密，任何人只要訂閱了有關非法有線電視運營商的節目，就可以接觸到色情片。

1993 年，國民黨政府通過了《有線廣播電視法》，正式把色情片在臺灣的播放及使用合法化（羅慧雯，1996）。有線電視成為 20 世紀 1990 年代人們獲得色情品的主要手段。然而，不久後通過有線電視收看色情品的潮流開始衰落，因為當局在 1999 年宣布將傳統的加密替換為「可定

址的加密」,大大提高了觀賞有線電視成人頻道的成本。到了 21 世紀初,許多色情品用戶轉到購買色情 VCD 來作為替代的管道。

在臺灣,盜版色情光碟主要是通過 VCD 零售商出售。然而,因為 VCD 零售商在固定的地方賣 VCD,因此很容易引起警察的注意,成為扣查和起訴的對象。此外,顧客們都必須通過實質的買賣來獲得盜版 VCD。國家起訴和實質買盤所帶來的問題和不便很快就使許多臺灣用戶,尤其是年輕人,轉向了互聯網。

到了 21 世紀初,色情光碟已經讓位給色情品的嶄新形式——網路色情,其受歡迎程度可以歸因於它的「易獲得」、「便宜性」以及「匿名性」(Cooper, 1998: 187)。臺灣使用者在網路上免費獲取色情品的兩種主要方式分別是 FTP 技術(檔案傳輸通訊協定)和 P2P 技術(點對點)。雖然這些技術的具體操作是不同的,但是兩者都需要較高的科技知識:設置軟體,配置系統,優化埠號,並解決檔案傳輸過程中人們可能會遇到的各種問題。

通過上述戰後臺灣色情品的簡史可以確定以下 3 點。首先,儘管日本 AV 被認為是臺灣男人(張宏銘,2004;畢恆達、洪文龍,2006)中最流行的色情品類型,然而,無視美國色情品的存在是不正確的,因為它作為「日本以外的」其他色情品在戰後臺灣仍然是占據著重要的位置。正如我們將要看到的,女性受訪者正是「自稱」更喜歡美國的色情品,對她們而言美國色情品往往被視為更尊重婦女,因為刻畫的女性角色是性自主的。

其次,在臺灣,色情品的文化內涵已經從民主的標誌轉變為挑戰性別不平等的方式。上世紀 1980 年代末,由於當時臺灣已成為一個民主國家,色情品被視為對性愛中男性統治的一種挑戰。正如我們所見的,我們的女性受訪者正是通過色情品來表達她們對於臺灣男人性統治地位的反抗。

最後一點也是最重要的一點,技術的進步大大地影響了臺灣人獲得色情品的方式。起初,色情品在電影院通過電影的形式呈現。爾後,它成為有線電視節目,最後變成了色情 VCD 和互聯網檔案。我們必須指出,技術的變革對於婦女獲取色情品產生了深遠的影響。雖然我們大多數的

女性受訪者都頻繁的使用電腦,但是,她們當中許多人還是不熟悉 FTP 和 P2P 的應用。實際上,我們的女性受訪者中沒有一人曾經使用 FTP 或 P2P 從互聯網上下載色情片。如果她們需要通過 FTP 或 P2P 下載資料或資訊,她們可能會讓男朋友或者兄弟幫她們做。我們可以看到,在臺灣互聯網的使用仍然存在很大性別之分;它大體上是由男人占主導地位。奇特的是,即使臺灣婦女在技術操作上沒有問題,她們仍然會遇到在地的性別規範與本地性存在的配置問題。

## 參、性愛在臺灣的 6 個二元對立

在筆者最近的一篇共同著作中(Wong & Yau, 2012)中,我們引用 Hardy(2009)的概念「色情現實主義」來探討臺灣男人對日本 AV、尤其是對其中經典的美少女類型的偏愛。Hardy 認為色情現實主義是色情品作為具象性產品的決定性特徵。對性慾的色情陳述與現實性愛之間的差距越小,AV 對於觀眾就越具有吸引力。筆者發現,相較美國各種色情片,臺灣人更喜歡觀看日本美少女 AV,因為前者的敘事結構比後者更接近他們的「真實」性生活。

下文中,筆者先闡述了所謂的「真實」性生活是由文化所構成。臺灣男女都傾向於從 6 個二元對立的角度來談論性,最關鍵的是將這些二元對立與性別反差聯繫起來,使得男性的性存在被認為是生物的、物理的、一般的、必需的、不受控制的,因此「像動物一樣的」;而女性的性存在被看作是文化的、心靈上的、非一般的、必需的、受控制的,最後是「像人一樣的」(見表 1)。

表 1 性愛在臺灣的 6 個二元對立

| 男性 | 女性 |
| --- | --- |
| 生物的 | 文化的 |
| 肉體的 | 心靈上的 |
| 一般的 | 非一般的 |
| 必需的 | 非必需的 |
| 不受控制的 | 受控制的 |
| 動物的 | 人類的 |

## 肆、性存在與性腳本

　　接下來，我們通過 Simon 與 Gagnon（1986）的「性腳本」的概念，來研究臺灣男性和女性的「恰當」的性行為在話語上是如何被構成的。我們發現，臺灣男性的性腳本有 5 個必要條件：是採取性主動這一規範、第二個規範為在性愛過程中始終帶領女性、在性愛過程中需要變換不同的性體位、那就是男性要能確保性愛過程的持久性，而最重要的是使女人達到高潮。臺灣女性的性腳本也包含 5 個必要條件：應該等待男性主動提出性交、在性愛過程中被帶領、被愛撫、被帶領嘗試不同的體位、被帶領到達高潮。

　　仔細觀察這些腳本，可以立刻認識到，女性最初在性愛上比較被動，這在文化上是合乎規範的，因為這能使男人感覺自己發起性愛，這顯然對男性的性快感也是最為重要。但是，男人最終需要的不是女性的毫無反應，而是女性對性的熱切參與，使自己肩負讓女性達到性高潮的使命。這裡的關鍵在於男性的「調教」，通過調教，男人把他的女人從對性的被動轉為主動。以此還原到上述的二元對立關係，我們可以意識到，臺灣男性的性快感旨在通過「超越」男性之性和女性之性兩者間的二元對立，將像「人類」一樣的女人變成一個像「動物」一樣的男人，從而使她像男人一樣的渴望與享受性愛。我們的結論是，臺灣男人首選日本 AV，因為它的敘事結構正是講述一個「動物」般的男性角色，試圖把一個像「人類」一樣的女性角色變為像「動物」一樣。他們無法認同美國色情品，正是因為它的敘事結構是由一個「動物」般的男性角色和一個「動物」般的女性角色所構成，不留任何餘地給男人承擔性發動的工作。當然，臺灣男人之所以更喜歡日本 AV，而不是美國的色情片，也與其獨特的歷史背景有關。在其他文章當中我們已經闡述過，長達 50 年的日本殖民統治在老一輩的臺灣人心中培養了一種我們稱之為「日本主體性的身分認同」（Wong & Yau, 2014）。這使他們對於來自日本的東西，包括 AV 在內，具有特定的渴望和複雜的依戀，即使他們在過去一個世紀被國民黨政府嚴格的明令禁止。老一輩對日本 AV 的強烈依戀反過來又使日本 AV 成為現代臺灣色情品的主導類型。因此，年輕一代的臺灣人也接受了日本 AV。但是，他們對日本 AV 的鍾愛不是因為他們在歷史上依戀來自

日本的東西,而是因為他們從小就觀看日本 AV,也就是說,這已成為他們日常生活的一部分。

儘管如此,習慣觀看日本 AV 並無法充分的解釋臺灣的年輕男性受訪者為什麼選擇甜美、柔弱、且美麗的美少女。而「動物」般的男人則成為一個重要的概念,用以說明為什麼他們喜歡美少女 AV 而非其他的類型或風格。

## 一、女性在觀看色情品上的躊躇

正如我們所見,女性腳本的核心在於女性在性愛上的被動。作為性愛的受者,女性不需要消費色情品,因為這意味著她們積極地渴望性愛。臺灣女性的性腳本對女性使用色情品起到了重要的作用,因為如果一位女性積極地渴望色情品,並肆無忌憚地觀看色情品,她勢必會被刻上沉重的社會烙印。社會烙印所引起的尷尬和羞恥感讓女性不願意主動地觀賞色情內容。

所有的一切,加上她們缺乏技術、技能,再再顯示臺灣的婦女被剝奪了對色情品產生興趣的機會,更談不上熟悉。因此,她們難以以欣賞的角度觀看色情品。

## 二、不真實的女性和男性主人公

臺灣女性對於自己的性存在的理解方式,將對她們的色情品使用有著深遠的影響。回想一下,話語構成的女性的性存在是「人類」的,而臺灣女性的性腳本則是強調女性的「被動」。顯然,臺灣女性的性腳本並非是女性性存在的必然結果;而女性的性存在也不是以臺灣婦女的性腳本為前提。若形容女性的性存在像「人類」一樣,並不一定意味著女性在性上是被動的。同樣的,女人在性上應該被動,則不一定意味著她們的性存在必須像「人類」一樣。在女性性存在和臺灣婦女的性腳本之間存在著認識論上的斷裂。我們認為,這種認識論的斷裂進一步導致了本體論的分離;如果臺灣女性認為自己的性存在與性腳本不相同,她們便會認為它們是兩個不同的東西。據調查指出,對臺灣女性來說,女性的性存在顯示為她們「真實」的性愛,而性腳本則代表了由社會強加的性規範;前者是說臺灣女性的性行為是怎樣的,後者是說她們的性行為

「應該」是怎樣的。換言之，臺灣女性並不認為「被動性」是她們「真實」的性愛。因此，她們往往不能夠認同一般日本 AV 以及美少女 AV 裡做愛時很被動的女性角色。

臺灣婦女也不會因為看到一個在性上很積極主動的女人而感到「真實」。在我們的女性受訪者中，常說到美國女演員是虛假的、不真實的。因為她們自己的性存在在性愛上既不是被動的，也不是積極主動的，而是像「人類」一樣的，即文化的、心靈上的、非一般的、非必需的、受控制的。她們不認為在美國 AV 中對性積極主動的女主人公富有吸引力，因為這種類型的女性根本不會讓她們感覺到「真實」。

臺灣女性也不認同美國和日本色情片所塑造的男性角色。因為她們認為自己的性存在是文化的、心靈上的、非一般的、非必需的、受控制的，因而是像「人類」一樣的，因此，她們不喜歡甚至討厭具有強烈暗示的男性領導。女人也不喜歡直白的性；反之，她們注重性的精神面，強調情調和氛圍，享受調情和浪漫，喜歡甜言蜜語。

性愛便只能發生在這些「精神」的東西之後，畢竟它是非必需的、是可控制的。也就是說，她們往往更喜歡與她擁有同樣性存在的男性伴侶。臺灣女性的「真實」與「理想」的男性性伴侶其性存在也必須是像「人類」一樣（見表 2）。

表 2　臺灣婦女的性快感

| 男性 | : | 女性 |
|---|---|---|
| 生物的 → 文化的 | = | 文化的 |
| 肉體的 → 心靈上的 | = | 心靈上的 |
| 一般的 → 非一般的 | = | 非一般的 |
| 必需的 → 非必需的 | = | 非必需的 |
| 不受控制的 → 受控制的 | = | 受控制的 |
| 動物的 → 人類的 | = | 人類的 |

## 伍、臺灣婦女的性快感

如果說臺灣女性的性快感源於與像「人類」一樣的性伴侶約會、做愛，那麼她們在日本 AV 和美國色情片裡都難以找到性的愉悅，因為這兩

種類型的色情品所描繪的主人公都是不「人類」的，且是像「動物」一樣的。分析至此，我們應該清楚，臺灣的女性無法認同色情品裡的女性和男性角色，不管是日本AV還是美國色情品都是一樣的，因為她們無法認同他們是「真實的」，這也解釋了為什麼一些其他的女性受訪者告訴我們說，儘管有充分的機會去觀看色情片，但是她們還是沒能感受到它的有趣。

## 一、與男性一起觀看色情品

即使對於色情品缺乏興趣，我們的眾多女性受訪者依然指出，當她們進入戀愛或婚姻後，經常會被她們的男性伴侶要求一起觀看色情品，以作為一種前戲，之後再滿足男性伴侶的性需求。在下文中，我們將重點放在文倩、沛涵和美芳身上，看看她們是如何應對男人對她們提出的性要求。我們並不是說這3個女人可以代表臺灣女性。但藉由她們的經歷，我們可以「……注意到性行為對個人和團體涵義的複雜性，以及在意義構築方面語境的重要性」（Attwood, 2005: 68）。

2002年我們第一次見到文倩的時候，她37歲，對於色情品毫無興趣；然而，她在過去的兩段婚姻歷程中都接觸到了色情品。1989年結婚後，在那短暫的婚姻期間她的第一任丈夫提供了色情品與她一同觀看。然而，文倩無法回憶起那些電影的任何細節，因為他們的婚姻開始出現了問題。1990年，因為發生一起家庭暴力後夫婦倆離婚。1991年，文倩嫁給了她的第二任丈夫，婚姻持續了10年。與他的10年婚姻裡，文倩因為她丈夫對色情品具有強烈的嗜好而經常接觸。儘管文倩對色情品不感興趣，但她還是不時的陪同丈夫觀看。以下是我們的談話。

> 研究員：你跟你（第二任）丈夫一起看色情片嗎？
> 文倩：是的，我們看……
> 研究員：是他邀請你看，還是基於一種相互理解？
> 文倩：嗯……他也不會直白地讓我看……我們結婚10年。一切都來得很自然。通常情況下，他會在我洗澡或做護膚的時候首先自己看。然後，我會和他一起看。之後我們通常會做愛……
> 研究員：所以你的意思是，看之後他會來找你做愛？
> 文倩：是的……他會在觀看色情的過程中來摸我、吻我、愛撫我……因為他會興奮起來……哈哈……
> 研究員：所以你並沒有在真正看電影？

文倩：對，我沒有。我說過了，我不喜歡色情片。
研究員：你跟他常看色情片嗎？
文倩：這得根據情況……但也許一個星期左右一次……
研究員：我明白了。

你可以看到，即使她不認為色情品很吸引人，但是觀看色情品似乎已經成為婚姻生活中的一部分。無獨有偶的，美芳的生活也是如此。2003年初，我們第一次見到美芳時，她是一位27歲的職業女性，有兩個女兒。2007年，在巨大的家庭壓力下，美芳生下一個兒子，隨後辭去工作，成為全職的家庭主婦。美芳描述她的丈夫是一個非常「保守」的人，從不談論性，但會讓她陪自己在家裡一起看色情光碟。

研究員：你有沒有看過色情片？
美芳：是的……最近……跟我的丈夫……
研究員：那麼你是說，你以前沒有通過有線電視或色情光碟觀看過色情內容？
美芳：對……
研究員：這怎麼可能？有線電視的成人頻道在臺灣如此受歡迎，而且色情光碟幾乎無處不在……
美芳：嗯……我的（原生）家庭並不訂閱成人頻道。我的家庭對性事相當嚴格。如果電視上出現了床戲，我的母親乃至後來我自己會立刻切換頻道……我們不買光碟……
研究員：我明白了……所以你跟你的丈夫看嗎？在什麼樣的情況下看呢？
美芳：其實，我老公特意帶回家裡一些日本的色情光碟，因為他認為我對性生活越來越不感興趣……我認為他有不可控制的強烈的性慾望，因為他經常醒來時會「勃起」，企圖跟我發生性關係，哪怕我們的孩子就在身邊。但是，我很少有性慾，所以有時我甚至會從他熱情的求愛中逃脫。好吧……這些光碟被用來激起我的性慾，但我沒有覺得它們奏效……

我們可以從文倩和美芳的例子中看到，即使臺灣婦女大多對色情品興趣索然，但她們當中仍有許多人會被她們的男人要求在他們的生活中觀看色情品。沒有一個女性受訪者告訴我們，她們是被男人「強迫」去觀看色情片，但有些人卻指出，她們覺得有義務這樣做；也有一些人說，她們這樣做是害怕她們的男人會生氣或不高興。沛涵便是一個明顯的例子。

2002年底，我們第一次見到沛涵的時候，她是一位26歲的單身女子。沛涵來自一個比較複雜的家庭，她的親生父母沒有跟對方結婚。當她3歲的時候，她的親生父親為了另一名女子最終拋棄了她們的家庭。這個創傷使她走上了藉由戀愛尋找父愛的生命旅程。她從16歲起就開始約會。她的第一個戀人整整比她大上7歲。她甚至可以無視自己的健康，在非法的小診所裡進行了4次的墮胎，原因只是她無法開口叫她的第一任男朋友戴避孕套，生怕他會生氣而不理她。如此一來，或許我們不應該驚訝沛涵會陪他觀看色情片，即使她毫不感興趣。以下是我們的談話。

研究員：所以你總是與你的第一個男朋友一起通過有線電視觀看日本AV嗎？
沛涵：是的……
研究員：但是你說你對色情片並不是真正感興趣，對不對？那麼，為什麼跟他一起看呢？
沛涵：是的，我對色情品沒有興趣。但他想看……
研究員：但是你總是可以拒絕這樣做啊，對嗎？
沛涵：不……我不會拒絕的……呃……
研究員：你不會拒絕嗎？這是為什麼？
沛涵：嗯……我會擔心，如果我拒絕了，他可能會不高興或生氣……
研究員：所以你的意思是，你最終怕他會甩了你……
沛涵：嗯……對……你可以這麼說。

　　儘管沛涵對色情片並無興致，但她覺得她有義務陪她的男人觀看，因為她擔心，如果她拒絕這樣做，她的男朋友會不高興。

　　從臺灣婦女觀看色情品的上述體驗中，我們可以看出4點。首先，這些婦女無法拒絕一起觀看色情片的要求，因為她們覺得有義務這樣做。其次，由於這些婦女是在「陪」自己的男人觀看色情片，而不是跟男性「一起」看，她們無法選擇她們要觀看的電影內容。同樣地，第三，這些婦女沒有發言權決定何時開始看、何時結束，更別說從哪裡開始看、到哪裡結束。試想一下，美芳的丈夫帶回一些色情光碟給她看，以便使她對性「更」有興趣。然而，這些色情光碟是被她的丈夫帶到家裡，按丈夫的意志觀賞。美芳從未被徵詢有關光碟的內容，更不用說她是否真的喜歡看色情片，或者何時看。換句話說，美芳在觀看色情品的內容或時間上的發言權被剝奪了。

最後，在這些婦女可能已經開始「進入」這些電影時，她們的觀看往往會被打斷，因為她們的男人開始靠近並愛撫她們的身體。如同，文倩只會在做完她的護膚或洗澡後，才加入與她丈夫一起觀看的行列。在與她丈夫觀看色情品的過程中，他可能會靠近並開始愛撫她。難怪文倩說，她從來沒有看完一整部 AV。

這 4 點中最核心的，是婦女在與男人使用色情品的過程中並沒有發言權。婦女永遠不會是共同觀看色情品的平等夥伴。她們的作用僅僅是陪男人觀看色情品，並滿足他們的性需求。換句話說，男性在共同觀看色情品的全過程中占主導地位，而女人充其量是性的附屬品。

## 二、聲稱偏好美國色情品：臺灣女人的抗議

當我們進一步，要求我們的臺灣女性受訪者必須在美國和日本色情品之間做選擇，令人驚訝的是，幾乎所有的人都聲稱她們更喜歡美國的。例如，美芳沒有興趣看色情片，但她聲稱，如果她非要在二者之間做出選擇的話，她更喜歡美國而非日本的色情品。在我們下面的採訪摘錄中，我們將看到她如何比較日本 AV 與美國的色情品。

> 研究員：那麼，你們看的那些是美國的？還是日本的？
> 美芳：可能兩者都有……我只看了幾部。我認為對於美國電影來講，似乎他們正在做運動！他們像在跳舞！然後，我覺得我不喜歡看日本 AV，這讓我覺得……有點變態。這讓我覺得它瞧不起女人！讓我覺得它不尊重女性。對於美國的色情片來講，他們拍電影的方式就是為了拍而拍。然後，你發現他們用對待運動或鍛煉的方式來對待性。你知道，就像他們正在跑步或打羽毛球。做愛的場面持續時間相當長……然後，它們更加尊重女性。但它們相當枯燥，不讓人興奮。
> 研究員：為什麼你認為日本的 AV 是性別歧視？
> 美芳：因為它們總是把焦點放在女演員的面孔，她們的面孔看起來痛苦和……要不然，會有好幾個男人來擺布女演員。然後，鏡頭依然停留在她的臉上，而她看起來很痛苦。而在面試時，就是所謂的「面試」……女人經常被問有多少個性夥伴，她隨後不得不承認她很淫蕩，就像一個色情狂。我的感覺是，我們婦女人盡可夫！更重要的是，我總是在想，日本 AV 女演員是否在受到性或身體的剝削！

對美芳來講，美國色情片似乎是在「為了拍而拍」，性已成為一種

形式的「運動」或「跳舞」。當筆者讓她闡述運動或跳舞的意思，她解釋說，男演員和女演員只是像正在「運轉」的機器。從某種意義上說，她的表述說明，美國式的做愛根本不是與性慾有關的，而是脫離性慾成為了體育活動或運動。相比之下，日本 AV 帶給她不安的感覺，故事情節很變態，電影貶低和看不起女性。此外，美芳認為日本 AV 結束時，經歷了性愛之後的女孩們總是滿臉痛苦或筋疲力盡。從本質上說，她發現日本的 AV 處處顯示著沙文主義，不僅體現在他們整體上不尊重婦女上，而且體現在電影裡有對待女性的性虐待和身體虐待上。

鑒於她對日本 AV 的比較負面的評價，我們不禁問她是否認為美國色情片比日本的 AV 更好。美芳回答說，兩者她都不喜歡，但她認為，美國的色情片不那麼噁心，並給予女性更多的尊重和愛護。她補充說，也許正是由於它平等對待婦女，包括她的丈夫在內的臺灣男人才無法喜歡美國色情片。她認為，比起日本 AV 來，她寧願去看美國的色情片。

不同於美芳，沛涵非常主動地講說，她更喜歡美國的，而不是日本的。提及的理由是相同的：日本 AV 是變態的，因為他們往往採用大量的道具，如按摩棒、假陽具、珍珠鏈、液體等等。不過，最關鍵的是，它們帶給她「感官暴力」和「男尊女卑」的感覺。正如她在我們的採訪中指出，

> 日本女演員總是幾乎是被迫地發生性關係。即使她們一開始不希望做愛，男人會用很多道具來刺激她的身體，她的乳房、她的陰道、她的陰蒂，只是為了使她性興奮起來。我覺得這些經常做得很暴力，好像女人是第二等的。他們根本不尊重女性。日本人就是這樣的！

正如我們所看到的，她討厭日本 AV，因為日本 AV 有性別歧視和暴力對待婦女。與此相反，她認為美國的色情片更加「自然」或「生活化」。她補充說，婦女在美國電影裡被定位為「平等」的夥伴，可以自由地表達自己的性慾望並享受性愛。她這種對美國色情片是平等主義進而是自由主義的定位在我們的受訪者中決不是孤例。文倩也有類似的想法。

> 嗯，日本 AV 很病態，歧視女人；我不喜歡它……同樣老套的情節，小房間和醜陋的男演員。美國色情片要好很多很多，英俊的演員，漂亮的女演員，更有趣的故事。最重要的是，它把婦女視作平等的夥伴。女性不是服務於男人的！性不是單向的，而是雙向的！

最令我們疑惑的是，儘管她們明確表示不喜歡色情片，對日本 AV 也持批判態度，但是臺灣女性受訪者往往對美國色情片卻是相當的寬容。最初我們想不通，為什麼像美芳、沛涵和文倩這樣的臺灣女性，如同我們上面所看到的那樣，在被要求與自己的男人一起觀看色情片時，沒有機會看完一部 AV，卻能對美國和日本色情片有如此生動的印象。顯然，這些婦女對美國和日本色情片的「生動」形象來源於她們的「印象」，而不是實際色情觀看經驗。她們對美國色情片的平等主義和自由主義的印象、對日本 AV 的性別歧視的印象可以部分歸因於臺灣女性對兩國的性別關係的刻板印象。但更重要的是，我們認為，這些臺灣女性往往把她們自己在與男人共同觀看色情品時遭到脅迫的不愉快經驗投射到日本 AV 的女演員身上，這進一步形成了她們對日本 AV 女演員是男性性控制和脅迫的受害者的看法，儘管她們可能沒怎麼看過日本 A 片。臺灣女性認為日本色情女演員是受害者的看法，影響著她們對日本 AV 的回應方式：她們無法認為日本 AV 有趣。我們的結論是，由於臺灣女性在與男性伴侶共同觀看色情品的過程中體驗了男性統治的痛苦，她們把這樣的遭遇投射到日本 AV 的女演員身上；並且，因為認為日本 AV 女星是男性性統治和壓迫的受害者，所以她們拒絕觀賞日本的 AV。我們引用 Parvez（2006: 625）的幾句話：

> 事實上，對於（婦女）享受（色情品）來說，真實性是必要的。但是，女人認為什麼樣的是真實的，部分取決於她們自己的體驗。具體來說，我已經闡釋過，性暴力和經濟鬥爭的體驗導致我採訪過的許多女性認為出演色情片就是自我毀滅，在很多情況下是被迫的。因此，這些婦女有時會發現，色情品能刺激她們的性興奮，但也令人情緒不安。換句話說，當她們在色情女演員身上覺察到這種不和諧時，她們也會經歷情緒失調。

只不過，我們的臺灣女性比參加 Parvez（2006）研究的美國女性更進了一步：她們拒絕了日本 AV，也是為了動搖——雖然是象徵性地——男性的性統治和壓迫。正如我們所見，這些女性以對婦女的性別歧視為由強烈的憎恨日本 AV，而日本 AV 卻是她們男人的最愛。在此，我們應該明白「日本的 AV」與她們的男性伴侶之間的等價連結。由於婦女討厭她們的男性伴侶要求她們看日本的 AV，她們自然厭惡她們男人所鍾情的日本 AV。日本 AV 與臺灣男人之間的等價性在經驗層面得到加強。由於

日本 AV 是女性被她們的男人所要求觀看和依從的色情品，日本 AV 就成為她們的男人，日本 AV 是替換成為了她們的男人的。那麼，對於這些臺灣女性來說，日本 AV 總體上象徵著強加色情品和性愛給她們的男性伴侶。如果女性不太瞭解日本 AV 卻強烈憎恨它，那我們可以推斷說，她們其實至少因男性伴侶在做愛上的主導地位而厭惡它們。

如果臺灣女性通過極力否認日本 AV 而厭惡男性統治，也許我們就不應該驚訝於她們通過宣稱偏好美國色情品來抵抗男性的性霸權。大部分的男人喜歡日本 AV 勝過美國色情片；我們則認為，臺灣女性完全相反的色情品偏好——雖然這種偏好是她們所聲稱的——可以視作她們企圖動搖臺灣男人的性霸權的嘗試。換句話說，婦女所聲稱的偏好正是她們企圖動搖父權制的表現。如前所述，大多數臺灣男人認為美國色情女演員在性上積極主動，所以不喜歡。然而，我們所採訪的臺灣女性更傾向於認為美國的色情品更加「自然」、「無虛飾的」、「生活化」、「不那麼厭惡女人」、「更自由」，因而比日本的 AV 更好。通過聲稱更喜歡她們並不熟悉、以及她們的男性伴侶所不屑的美國色情品，女性受訪者們表達了女人在男性主導的臺灣社會中的挫折感和厭惡感。就像她們的先驅通過色情品的放映來發動公眾抗議父權體制那樣，這些婦女同樣操縱她們「宣稱」對美國色情品的偏愛，來抗議男性在性愛中的統治。

## 陸、結論

本文考察了臺灣女性的色情品使用情況，尤其是她們所「宣稱」對美國色情品的偏愛。本文的前提，雖然技術、知識面上的不足阻礙了臺灣婦女獲得色情品，但是更重要的卻是當地的性別規範和性存在的配置。我們發現，在性腳本下，婦女表現出對色情品的興趣，仍舊被印上恥辱的烙痕，這種烙印有效地阻止了女性主動尋找色情品。總言之，缺乏技術技能與不願主動尋找色情品解釋了臺灣女性為何很少接觸到色情品，進而被剝奪了享受色情品的權利。

女性對於自身性存在的獨特解釋，即「像人類一樣的」，與色情品中所描繪的女性人物形象相去甚遠。因此，她們無法認同日本 AV 或者美國色情品中的女性角色。同樣的，她們對於性存在「像人類一樣的」的

理解也決定了她們在性愛上能夠認同的男人也必須是「像人類一樣的」。由於在日本 AV 和美國色情品中的男性角色都不是「像人類一樣的」，而是「像動物一樣的」，所以這兩種類型的色情品都得不到臺灣女性的青睞。

然而，很多的臺灣女性受訪者與她們的男性伴侶一起觀看色情品。她們往往被男人要求觀看色情品，並屈服於由性腳本衍生而成強烈社會壓力下的要求。在這一性腳本下，婦女應該陪自己的男人觀看色情品，而不是與男人一起看色情品。也就是說，婦女在色情品觀看上缺乏自主權。

當然，女人沒有拒絕男性伴侶發起的色情品觀看活動並不一定意味著她們很願意或者很高興這樣做。她們無法拒絕這樣的色情品瀏覽，同時也無法享受色情品，雙重的挫折感使她們對日本 AV 反感。由於婦女討厭男性伴侶要求她們看日本色情品，她們不得不把這種憎恨轉移到男人所認同的日本 AV 身上，日本的 AV 和臺灣男子彼此間的關係也就等價起來。也就是說，臺灣女性討厭日本 AV 相當於討厭男性在性愛中的霸權。如果這些婦女通過激烈地否認日本 AV 來討厭男性統治，也許我們不應該訝異於她們通過聲稱更喜歡美國色情品來反抗男性的性霸權。當我們在考慮到臺灣男性不喜歡美國色情品這一事實，那麼光這一點便已不言而喻了。通過聲稱她們更喜歡自己男人所不屑的美國色情品，這些婦女表達了自己作為女人在男權社會中的深深挫敗感。

# 參考書目

張宏銘（2004）。《有線電視成人頻道經營探討，以彩虹頻道為例》。國立中山大學企業管理學系研究所碩士論文。

畢恆達、洪文龍（2006）。《GQ 男人在發燒》。臺北，臺灣：女書文化。

葉俊傑（1997）。《A 潮：情色電影大搜謎》。臺北，臺灣：喜閱文化。

羅慧雯（1996）。《臺灣進口日本影視產品之歷史分析（1945～1996）》。國立政治大學新聞學系碩士論文。

羅燦煐（1997）。〈性（別）規範的論述抗爭：A 片事件的新聞論述分析〉，《台灣社會研究季刊》，25：169-208。

Allen, M., d'Alessio, D., & Brezgel, L. (1995). A meta-analysis summarizing the effects of pornography II aggression after exposure. *Human Communication Research*, *22*, 258-283.

Attwood, F. (2002). A very British carnival: Women, sex and transgression in Fiesta magazine. *European Journal of Cultural Studies, 5*, 91-105.

-- (2005). What do people do with porn? Qualitative research into the consumption, use, and experience of pornography and other sexually explicit media. *Sexuality & Culture, 9*, 65-86.

Bergner, R. M., & Bridges, A. J. (2002). The significance of heavy pornography involvement for romantic partners: Research and clinical implications. *Journal of Sex & Marital Therapy, 28*, 193-206.

Bridges, A. J., Bergner, R. M., & Hesson-McInnis, M. (2003). Romantic partners' use of pornography: Its significance for women. *Journal of Sex & Marital Therapy, 29*, 1-14.

Brown, J. D., & L'Engle, K. L. (2009). X-rated: Sexual attitudes and behaviors associated with U.S. early adolescents. *Communication Research, 36*, 129-151.

Carroll, J. S., Padilla-Walker, L. M., Nelson, L. J., Olson, C. D., Barry, C. M., & Madsen, S. D. (2008). Generation XXX: Pornography acceptance and use among emerging adults. *Journal of Adolescent Research, 23*, 6-30.

Cooper, A. (1998). Sexuality and internet: Surfing into the new millennium. *Cyberpsychology & Behaviour, 1*, 187-193.

Diamond, M., & Dannemiller, J. E. (1989). Pornography and community standards in Hawaii: Comparsions with other states. *Archives of Sexual Behavior, 18*, 475-495.

Fisher, W. A., & Grenier, G. (1994). Violent pornography, Antiwoman thoughts, and anitwoman acts: In search of reliable effect. *Journal of Sex Research, 31*, 23-38.

Hald, G. M. (2006). Gender differences in pornography consumption among young heterosexual Danish adults. *Archives of Sexual Behavior, 35*, 577-585.

Hardy, S. (2009). The new pornographies: Representation or reality? In F. Attwood (Ed.), *Mainstreaming sex: The sexualization of western culture* (pp. 3-18). London: I. B. Tauris.

Janghorbani, M., Lam, T. H., & the Youth Sexuality Study Task Force. (2003). Sexual media use by young adults in Hong Kong: Prevalence and associated factors. *Archives of Sexual Behavior, 32*, 545-553.

Juffer, J. (1998). *At home with pornography: Women, sex and everyday life*. New York: New York University Press.

Keith, H. E. (2001). Pornography contextualized: A test case for a feminist-pragmatist ethics. *The Journal of Speculative Philosophy, 15*, 122-136.

Liechty, M. (2001). Women and pornography in Kathmandu: Negotiating the "modern woman" in a new consumer society. In S. Munshi (Ed.), *Images of the "modern woman" in Asia: Global media, local meanings* (pp. 34-54). Richmond, VA: Curzon.

Lo, V. H., & Wei, R. (2005). Exposure to internet pornography and Taiwanese adolescents' sexual attitudes and behavior. *Journal of Broadcasting & Electronic Media, 49*, 221-237.

Malamuth, N. M., & Check, J. V. P. (1981). The effect of mass media on acceptance of violence against women: A field experiment. *Journal of Research of Personality, 15*, 436-446.

McKee, A. (2005). The need to bring the voices of pornography consumers into public debates about the genre and its effects. *Australian Journal of Communication, 32*(2), 71-94.

Paasonen, S. (2007). Strange bedfellows: Pornography, affect and feminist reading. *Feminist Theory, 8*, 43-57.

Padgett, V. R., Brislin-Slutz, J. A., & Neal, J. A. (1989). Pornography, erotica and attitudes toward women: The effects of repeated exposure. *Journal of Sex Research, 26*, 479-491.

Pan, S. M. (1993). China: Acceptability and effect of three kinds of sexual publication. *Archives of Sexual Behavior, 22*, 59-71.

Parvez, Z. F. (2006). The labor of pleasure: How perceptions of emotional labour impact women's enjoyment of pornography. *Gender & Society, 20*, 605-631.

Sahlins, M. (1999). Two or three things that I know about culture. *Journal of the Royal Anthropological Institute, 5*, 399-421.

Sartre, J. P. (1968). *Search for a method* (H. E. Barnes, Trans.). New York: Vintage Books. (Original work published 1963)

Schneider, J. P. (2002). Effects of cybersex problems on the spouse and family. In A. Cooper (Ed.), *Sex and the internet: A guidebook for clinicians* (pp. 169-186). New York: Brunner-Routledge.

Simon, W., & Gagnon, J. H. (1986). Sexual scripts: Permanence and change. *Archives of Sexual Behavior, 15*, 97-120.

Wong, H. W., & Yau, H. Y. (2010). Transnational AV and the emergence of cable television in post-war Taiwan. *The Journal of Comparative Asian Development, 9*, 183-217.

-- (2012). The real core: The taste of Taiwanese men for Japanese adult video. *Sexualities, 15*, 411-436.

-- (2014). *Japanese adult video in Taiwan*. New York: Routledge.

Zillman, D. (2000). Influence of unrestrained access to erotica on adolescents' and young adults' dispositions toward sexuality. *Journal of Adolescent Health, 27*, 41-44.

# 超越生產與消費的對立——
# 在臺灣的日本 A 片字幕翻譯的研究 *

邱愷欣、王向華
張梅譯

## 壹、前言

　　本文的目的在於探討文化產品生產的本質以及它與消費的關係。在探討的過程中，筆者很難做到不老調重彈，因為筆者們頂多就是重複過去幾十年裡眾多著名的人類學家和社會學家一直所主張的意見。然而，本文有 3 點使之變得有價值。第一是筆者討論的課題——日本成人影片（AV）在臺灣的再生產。自 20 世紀 1990 年代末以來，學術界非常關注文化商品從日本傳播到亞洲其他地區的現象。許多關於日本流行文化傳播到香港、臺灣和中國大陸的研究已經考察了當地文化結構如何以不同的方式把日本文化產品「再脈絡化」（recontextualization）的重要性（例如 Lee, 2004; Leung, 2002; Nakano, 2002）。然而，這些研究很少試圖從生產的角度探討這種再脈絡化的現象。在本文中，筆者試圖通過研究日本 AV 在臺灣的再生產過程中是如何被再脈絡化的來填補這一空白。更具體地說，筆者將揭示再脈絡化是如何體現於為日本色情影片配上中文字幕的過程中。此外，本文不僅僅是研究日本文化商品，也是研究日本色情品，即成人影片。自 1990 年代末以來，色情品的研究成為吸引了許多學者關注的新領域。國際上越來越多的學者（例如 Attwood, 2002, 2009; Bresnahan, Inoue, &

---

\* 原文刊載於 Yau, H. Y., & Wong, H.W. (2010). Translating Japanese adult movies in Taiwan: Transcending the production-consumption opposition. *Asian Studies Review*, 34, 19-39.

Kagawa, 2006; Shamoon, 2004）已經意識到研究色情品的價值和重要性，並已經開始從不同的理論視角研究色情材料。本文是這一新趨勢中的一個例子。

最後一點，本文的價值還在於探索在社會科學領域中長久以來被誇大的「生產」（production）和「消費」（consumption）之間的對立。筆者認為，生產和消費之間的對立是不必要的，甚至是誤導的。就像 Sahlins（1976: 169）所指出的那樣，「沒有消費的話，物品本身就不能成為一個產品，就像空置的房子不能算作房子一樣」。反過來亦是如此。沒有客體的生產，主體就不能被再生產，因為「人類為特定的社會主體生產的客體，由社會客體再生產主體」（同上引：168）。隱含的論點是客體的生產從來都不是絕對的，而是文化上和社會上相對的。

筆者進一步認為，生產的這種文化規範在跨文化環境中更為明顯。文化產品傳播到另一個環境後，在銷售給新的消費者之前常常要作出修改。對於當地的代理商而言，這些改變背後的基本原理，是外國產品如果要滿足當地消費者的喜好，那麼進行相應的修改則是必須的。如果生產是為了滿足生物上的、普遍的需求，那麼所有的這些改變將是不必要的。本文將闡釋日本 AV 在臺灣的再生產，能僅被歸結為一個性需求得到滿足的自然而實用的過程。因為日本 AV 在臺灣進行了各種的改變，比如添加中文字幕。通過分析日本 AV 的中文字幕，我們得出這樣的結論，加字幕的方式反映了臺灣社會男性和女性的性角色，或者是如同 Sahlins（1976: 148）所說，主導著色情品在臺灣使用價值的「文化密碼」。因此，日本 AV 在臺灣的再生產不是關於需求的滿足，而是關乎被文化建構而成的性使用價值的生產。

這一結論既有理論上的意義，又有方法論上的意義。從理論上講，色情品的文化構成「使用價值」指向人類的性慾永恆不變這一問題。或者，沿著另一條線發展，文化密碼的想法與 Simon 與 Gagnon（1986: 98）的性腳本理論不謀而合。性腳本理論包括了 3 個層次：文化場景、人際腳本和內心腳本。文化場景是讓我們能在既定的語境中，採取適當行動的社會語法的劇目。然而，我們從來不會跟其他人完全行動一致，因為我們應用文化場景腳本是根據特定的人際環境和我們行為的內部排練，我們的行為則把我們的欲望與社會意義連接起來。這一理論的核心

是性的社會規範性。簡而言之，人類的性行為不應該從生物層面研究，而應該從與社會相關聯的文化含義層面來研究（同上引）。因此，人類的性行為是由文化代碼建構而成；這並非普同的，而是相對於每一個社會的。本文的方法論意義在於，男性之性和女性之性的不同文化結構可以更生動地顯示在跨文化環境中。這也說明了為什麼筆者選擇研究日本AV在臺灣是以何種方式配上中文字幕。

最後，同樣的文化代碼也構成臺灣觀眾消費日本AV的模式；否則，日本AV便不會對他們產生性吸引力。如此看來，生產和消費之間的關係並不像一般人認為的那樣對立。強調生產或者消費中的某一方能為考察文化產品提供較佳方式之論點不僅不必要，同時還具有誤導性，因為它們認為生產和消費同時包含著不同的邏輯，而事實上它們是遵循相同的文化代碼。筆者的目標是接合生產和消費的論述，因為從文化代碼的角度來看，它們是同一事情的兩個表現。筆者首先簡要追溯「生產」和「消費」之間的對立關係，以找到問題之所在。

## 貳、生產相對於消費

在傳統的分析當中，特別是在社會學領域，消費一直被認為是比生產次要的，或是由生產所衍生出來的。生產被認為是所有真正價值的源泉，而始終是學者關注的主要焦點（Pratt, 2004: 519）。這就是為什麼du Gay、Hall、Janes、Madsen、Mackay及Negu（1997: 3）感歎，大多數文化產品的分析始於生產過程，也終於生產過程。一個代表性的例子是Theodor W. Adorno和Max Horkheimer提出的理論。他們指出，文化產業通過標準化和商品化的進程，不但反映了社會，也造就了社會，也就是說文化創造的是客體，並非主體（Adorno, 2001: 99）。文化產業雖聲稱是滿足消費者的娛樂需求，但實際上它隱藏了將這些需求標準化，以操縱消費者來喜愛它所生產東西的這個過程（Horkheimer & Adorno, 1973: 112）。其結果是，大規模的生產滿足了大眾市場，也最大限度地減少了個人消費者的身分認同和品味的大眾市場，最終消費者和他們消費的產品一樣可以互換（Adorno, 2001: 98）。這一理論的核心是將生產視作商品文化意義的主要決定因素，因為它通過反覆地灌輸對虛假需求的渴望來「澆鑄」大眾意識。它如此行之有效，以至於人們沒有意識到

是怎麼回事（Strinati, 1995: 61）。簡而言之，為大眾消費而訂做的產品在很大程度上決定了消費的本質（Adorno, 2001: 98）。在考慮到這種類型分析的流行性，我們便無需詫異由1950至1970年代中葉起，除了經濟學領域以外，人文或社會科學領域很少出現關於消費的研究（Miller, 1995a: 142）。消費研究如此地不被重視，「以至於他們只能通過消費者選擇與分銷管道的結合去分析經濟中商品的分配」（Pratt, 2004: 519）。

相對於這種貶低消費的做法，從1970年代起，人類學家Mary Douglas和Pierre Bourdieu等開始將他們的注意力轉移到商品和消費者上（Miller, 1995a: 142）。1980年代在文化研究領域湧現的大量研究，促使消費成為一個重要的學術話題。可以肯定的是，在關注消費者的研究方法中，消費者被賦予能動性，他們的動機可以是異質的甚至是矛盾的。傳媒／文化研究領域向觀眾分析方向轉變，以及活躍觀眾的概念出現，從而導致了對於「積極消費」的分析（例如Fiske, 1989）。與這一轉變相呼應的，Peter Saunders敦促社會學家放棄舊的「生產主導」範式，採用一個新的「消費導向」的範式（Campbell, 1995: 96）。這種傾向的擴展，體現在文化商品的物質性的一些分析中，也許Miller（1987, 1995b）的「物質文化」（material culture）說法作出了最好的總結，他主張在「物質文化」裡人們用物質性客體來表達他們自己以及他們的文化。Miller舉出來自西方和發展中社會的兩類例子，以指出日常生活的客體不僅反映個人品味和屬性，而且還反映了道德準則和社會理想。簡而言之，近來關注消費的目標是不再簡單強調生產，而是通過研究消費來捕捉日常生活的複雜性（Wurst & McGuire, 1999: 191）。

儘管雙方的論點都有利於洞察文化產品的涵義及其與日常生活的關係，但是，我們相信這樣的生產和消費之間的對立是不必要的。McKee（2004: 175）通過考察各種文本的《超時空博士》（Doctor Who），發現幾乎不可能在進行文化生產的粉絲和電視製片人之間劃出了一條清晰的界限，因為許多《超時空博士》的製片人同時也是粉絲，而它的許多粉絲後來也成為製片人。粉絲和製片人之間的難以區分迫使McKee轉而採用「正統」的概念——「決定什麼才是『真實』的《超時空博士》」——以區分不同的人所生產的文化客體（同上引）。

如上所述，難以區分的原因在於生產不能單純由人類需求或願望的

本質來決定。正如 Marx 很久以前告訴我們，我們的希望和快樂都源於社會，因此必須在社會中被解釋與衡量（Marx，轉引自 Sahlins, 1976: 132）。值得注意的，這意味著所謂的生物需求與交換價值一具有同等的文化及歷史性，不如說由文化和歷史所構成。人類需求的象徵本質對於我們目前的考察來說具有重要的意義。如果一個客體被生產不是為了滿足生理需要，而是為了滿足相對於一種文化秩序的需要，那麼生產就成為文化構成的使用價值的再生產。這樣看來，生產是一個社會過程，人們用自己定義客體，反過來用客體來定義自己。我們將論證，用 Sahlins 的話說，當地的盜版商為臺灣性主體再生產日本 AV，也用盜版日本 AV 再生產臺灣性主體。更重要的是，這樣一個互惠的主體和客體的形成過程使得上述生產和消費之間的對立成為不必要的，因為生產和消費都是相同文化代碼的兩種表現。文化代碼在生產和消費過程中的主導權，和 Levi-Strauss 關於上層建築和基礎設施之間不必要對立的深刻評論有著驚人相似性。

> 在不質疑基礎設施的首要地位的前提下，我相信總有實踐（praxis）與具體實踐（practices）之間的仲介，即概念框架，通過該概念框架的實行，都不能獨立存在的物質和形式被人們當作結構，即能被實證及理解的實體（Levi-Strauss 轉引自 Sahlins, 1999: xiii）。

正如 Levi-Strauss 的概念框架成為實踐（praxis）與具體實踐（practices）之間的仲介一樣，在我們的案例中生產和消費之間也是由文化代碼所仲介的。換句話說，生產和消費是同一回事。在本文的以下部分，我們會更詳細地闡述這些觀點。

## 參、日本 AV 在臺灣

日本 AV 是一種軟調色情（softcore）材料，於 1980 年代初的日本形成（水津宏，1998a：2），在臺灣的出現則要到 1980 年代中期。當時，日本 AV（作為錄影帶）被臺灣非法有線電視運營商利用，直接被當作電視節目播放（葉俊傑，1997：42）。換句話說，大多數這些日本 AV 的內容保持不變。然而，從 1990 年代中期開始，日本 AV 在臺灣經歷了重大變化，因為那時它們被當地盜版商重新製作成盜版色情 VCD（以及後

來的互聯網檔）（Yau, 2009: 84）。非法有線電視營運商與僅僅重播日本 AV 的非法有線電視運營商不同的是，這些盜版 VCD 商人成為「製造商」，從日本採購主錄影帶，還很有創造性地為臺灣男性觀眾剪輯，以賺取最大限度的利潤為目標。例如，盜版 VCD 商家會在臺灣使用日本著名 AV 女優的封面以出售不受歡迎或不知名的女優（Yau, 2009: 84）。此外，他們使用當地的性術語，為盜版 VCD 打上中文標題（Yau, 2009: 84）。用中文標題替換日文標題，或者放在日文標題的上方，意味著這些「新添加」的標題被認為是在性上能使臺灣觀眾更容易理解，從而更有效地達到性興奮。此外，這些商人會把著名 AV 女優的電影與不知名的女演員的片段拼在一起（Yau, 2009: 85）。這裡的邏輯顯而易見：用有名的日本 AV 女優欺騙臺灣消費者，以出售不受歡迎或不好賣的 AV。後來，當日本 AV 開始以網路檔案形式流行時，網路營運商在臺灣剪輯這些材料給臺灣用戶，使自己的利潤最大化。必須強調的是，當盜版 VCD 商人和網路營運商把他們的再生產看作是賺錢的生意，他們多半不是有意識地根據文化代碼修改 AV。對他們來說，使用受歡迎的女優的封面，與配上中文字幕，並把不受歡迎和受歡迎的女演員的片子拼到一起，這些只不過是為當地的觀眾創造富有吸引力的盜版 VCD 或網路檔的具創意的方式。

## 一、日本影片配中文字幕之分析

這種創造性生產在為電影片段配上字幕更加明顯。本節中，我們將分析一部日本色情影片的中文字幕，是由一位不出名的日本 AV 女優所主演，時長 13.05 分鐘。筆者 2004 年 5 月從一位臺灣男性受訪者那裡獲得這部片子，他在大學時期裡下載。從 2004 年 7 月到 2005 年 4 月，本文的一位作者把這部片子連同其他 4 部有中文字幕的日本影片，作為「禮物」送給了她在臺北的 10 位核心男性受訪者。大多數人反映，他們覺得這部片子比其他 4 部更具有性吸引力，且更令人感到興奮。因為這些臺灣受訪者不懂日語，所以就方法論來說，是可以使用這部片子來考察它的中文字幕如何使臺灣受訪者「性興奮」起來。

這部片子講的是一名男性芭蕾舞教練和他的女學生之間的故事。故事描述了教練想教他的女學生真正的藝術哲學，如此一來她便可以成功地在電視或電影螢幕出道。他通過強迫與她發生性關係來教學。最初，

女學生不理解教練的真正意圖，抗拒與他做愛。然而，她最終屈服，因為她也希望能在電視或電影上成功。在被迫與他發生性關係之後，她才逐漸意識到教練的「好」動機。在故事的結尾，她感謝教練通過性愛教她「真正的藝術」。

我們知道提供中文字幕的唯一目的是讓不懂日語的觀眾能看明白。因此，字幕提供者覺得只要中文字幕足以讓觀眾瞭解片子內容就行了，根本不在乎中文字幕翻譯的是否準確。事實上，供應商有時會調整、縮短甚至省略一些字幕，或者由於技術原因，為了節省時間，或者單純只是為了方便。然而，下面的分析將表明，我們仍然可以總結出配中文字幕的4種一貫模式，從而讓我們看到字幕提供者把這個影片重新剪輯提供給臺灣觀眾的邏輯。

筆者把影片分成56個情景。對於每個部分，筆者都分別列出了視覺圖像的描述，原日語台詞以及字幕提供者提供的中文字幕。我們用「NA」表示有日文台詞但是沒有中文字幕的情況。相反，我們使用「沒有台詞」來表示添加了中文字幕但主角並沒有說話的情況。為了看的更仔細，我們有時會進一步細分為視覺圖像（a、b、c等等）和日文台詞（i、ii、iii等），因為中文字幕可能會被半路插入它們當中（見表1）。

表1　視覺圖像、日文台詞及中文字幕之間的關係

| 情景 | 視覺圖像 | 日本台詞[1] | 中文字幕 |
| --- | --- | --- | --- |
| 1. | 緊身衣褲的男人觸摸和擁抱一個穿兩件式緊身舞衣和芭蕾舞鞋的女人。 | i 沒有台詞<br>ii M：慢慢轉你的身體。請放下你的手！ | 你明白了嗎？<br>NA |
| 2. | a 他迫使她坐到後面的沙發上。<br>b 他有力地按摩她的乳房。<br>c 她望著鏡頭。 | M：坐下！慢慢地，你明白了嗎？<br>M：你已經做對了！<br>F：請不要這樣做！ | NA<br>錯了！你把你的身體轉的太多了！<br>NA |
| 3. | a 他繼續揉她的乳房。 | i M：如果你不這樣做，你無法學到真正的藝術！ | 對的，這樣慢慢地轉，你明白了嗎？<br>F：沒有 |

---

[1] 「M」代表男性，「F」代表女性。

表 1 視覺圖像、日文台詞及中文字幕之間的關係（續）

| 情景 | 視覺圖像 | 日本台詞[1] | 中文字幕 |
|---|---|---|---|
|  |  | ii M：讓我看到你的臉！沒關係。 |  |
|  | b 他吻了她，然後脫下她的緊身衣的一條肩帶，讓她的乳房露出來。 | 無台詞 | NA |
| 4. | 她把男人向後推。 | i 沒有台詞 | F：不，不 |
|  |  | ii F：教練，請停下，真的！ | NA |
| 5 | a 然後他抓住她的下巴。 | M：你！ | NA |
|  | b 他對她嚴肅地說。 | i M：想成功，對嗎？你想在電影或電視上出道？ | 如果你不這樣做，你不明白的！ |
|  |  | ii 沒有台詞 | 看著我！ |
|  |  | iii M：是嗎？ | 不。 |
| 6. | a 她回頭看著他，無助地沉默。 | i 沒有台詞 | 不想成功嗎？ |
|  |  | ii M：因此，聽我說什麼！ | NA |
|  | b 他又按摩她乳房了。 | i 沒有台詞 | 想成為大明星嗎？ |
| 7. | 他脫下她全部的上身衣服。 | i M：懂了嗎？ | 你必須照我說的做！ |
|  |  | ii M：讓我看看你的乳房！讓我看看你的乳房！對的，這麼美麗的形狀！ | NA |
|  |  | iii 沒有台詞 |  |
| 8. | 他吮吸她的乳房。 | i M：沒錯！沒錯！（你的乳房）非常，非常好吃！ | NA 美味！ |
|  |  | ii 沒有台詞 |  |
| 9. | 他們換了一個姿勢，她坐在他的膝蓋上。他從後面愛撫她的乳房並觸碰她的私處。 | i M：你想成功，沒錯！ | 你想成為一個名人，不是嗎？ |
|  |  | ii M：然後，聽我的吩咐做！使勁打開你的腿！ | NA |
|  |  | iii M：請打開你的腿！ | 打開你的腿！ |
| 10. | 他分開她的雙腿。 | i M：不要害羞！ | NA |
|  |  | ii M：對的，它是你需要學習的藝術哲學！ | NA |
|  |  | iii 沒有台詞 | 不需要感到害羞！ |
|  |  | iv 沒有台詞 | 這是正確的！ |

表 1　視覺圖像、日文台詞及中文字幕之間的關係（續）

| 情景 | | 視覺圖像 | 日本台詞[1] | 中文字幕 |
|---|---|---|---|---|
| 11. | a | 他把她的一條腿抬起來。 | M：抓住你的腿，腳踝！對的，沒錯！要勇敢！不要害羞！ | NA |
| | b | 他輕輕地愛撫她的陰道。 | M：對！這樣的感覺好嗎？對。 | NA |
| 12. | a | 他愛撫她的乳房和乳頭，吻她。 | M：這真的是混亂；使它更瘋狂。 | NA |
| | b | 他愛撫和撥弄她的乳頭。 | i　M：你的乳頭像眼睛！ | NA |
| | | | ii　沒有台詞 | （教練）愛撫你（乳頭）是很舒服的！ |
| | | | iii M：更強大！這種方式正確。 | |
| | | | iv M：用力擠它們（乳房）。 | NA |
| | | | | 非常好！ |
| 13. | a | 他繼續愛撫她的乳頭。 | i　M：感覺好嗎？你很浪的！ | NA |
| | | | ii　M：在被這樣觸摸之後對嗎？ | 感覺好嗎？ |
| | b | 然後向內按她的手臂，搖晃她的身體，使她的乳房晃動。 | i　M：把你的胸部擠出乳溝來！ | NA |
| | | | ii　沒有台詞 | 讓我舔你的（乳房）！ |
| | c | 然後他吮吸她乳頭。 | iii M：它們（乳房）震動。哦，太棒了！ | NA |
| 14. | | 他很用力地舔著她的乳頭。 | M：看看這個！ | NA |
| | | | F：不。不。 | |
| 15. | | 她躺在沙發上，在那裡他愛撫她的陰道，她仍穿著衣服。 | i　M：你感覺良好對嗎？ | NA |
| | | | ii　M：你不能簡單地感覺良好但不通過你的聲音表達它！ | 大聲地叫！ |
| 16. | | 他繼續愛撫她的陰道。 | M：感覺好嗎？不，不，你應該用聲音表達你真正的感覺！ | 呻吟的好聽些！ |
| 17. | a | 他愛撫她的陰道。 | M：把你的感覺放進你的聲音裡！ | NA |
| | b | 他愛撫她的陰道，同時親吻她的乳頭。 | 沒有台詞 | NA |
| 18. | a | 她朝沙發彎下去。 | M：伸長你的兩條腿！非常糟糕的姿勢！ | 用你的腳站立，成丁字褲。 |
| | b | 他坐在那裡和她說話，捲起她的緊身衣下部弄成丁字褲形狀。 | M：讓這個當你的丁字褲。它進入你的臀部，它進入你的臀部！ | NA |

表 1　視覺圖像、日文台詞及中文字幕之間的關係（續）

| 情景 | 視覺圖像 | 日本台詞[1] | 中文字幕 |
|---|---|---|---|
| 19. | 他看著她的臀部，然後按摩她的屁股和陰道。 | i　M：對！沒關係！非常好，非常好！！ | 很奇怪的屁股！ |
|  |  | ii　M：你已經展示你的好色！ | NA |
| 20. | 他讓她的一隻手抓住緊身衣捲起的部分。 | i　M：用你的手抓住它（捲起的部分），抓住它！ | NA |
|  |  | ii　沒有台詞 |  |
|  |  |  | 自己抓住！ |
| 21. | a　他吮吸和舔舐她的乳頭。 | i　M：搖擺你的屁股！ | NA |
|  | b　他在吮吸她的乳頭時手淫她的陰道。 | i　M：這裡嗎？它（陰道）在這裡，對嗎？ | NA |
|  |  | ii　M：這兒讓你感覺很好，對嗎？ | 所以它舒服嗎？ |
| 22. | 他親吻和吮吸她的乳房，跪在地板上。然後，他快速移動她的身體，讓她的乳房「打」他的臉。 | i　M：抓住你的胸部，把它們擠緊！ | NA |
|  |  | ii　M：把它們一起放在我臉前。它是最好中的最好！ | F：怎麼了？ |
| 23. | 當她站著時他舔陰。 | M：擺動你的臀部！ | NA |
| 24. | 她站著向前彎下身體。 | i　M：看對面！你看到了嗎？對面？ | NA |
|  |  | ii　M：看到了嗎？看一下對面！ | 你能看到你自己嗎？ |
| 25. | 他觸摸和愛撫她的身體。 | M：正確，保持姿勢！請看這兒！ | NA |
| 26. | 他按摩她的乳頭並再次親吻他們。 | M：這就是藝術的哲學，你明白了嗎？ | NA |
| 27. | 他的手又移到她陰道。 | M：你覺得興奮的，對吧？！ | NA |
| 28. | a　轉移到下一個場景，她跪在地上，他將她的手放到他的陰莖上。 | i　M：碰它（陰莖）！ | NA |
|  |  | ii　沒有台詞 | 這樣舒服嗎？ |
|  | b　她按摩他的陰莖。 | i　M：碰它（陰莖）！按摩，摩擦，用力！ | NA |
|  |  | ii　沒有台詞 | 按摩（我的陰莖）！ |
|  |  | iii　M：讓它（陰莖）舒服些。 | NA |

表 1　視覺圖像、日文台詞及中文字幕之間的關係（續）

| 情景 | 視覺圖像 | 日本台詞[1] | 中文字幕 |
|---|---|---|---|
| 29. | a 他躺回去脫去襪子，她將要進行口交。 | M：碰它（陰莖）！吻它，親吻它！ | NA |
|  | b 她隔著他的內褲親吻他的陰莖。 | i 沒有台詞 | 從外面舔陰莖！ |
|  |  | ii M：吻它！ | NA |
|  | c 她望著鏡頭。 | i M：看（鏡頭）。 | NA |
|  |  | ii 沒有台詞 | 看那裡！ |
|  |  | iii M：對，一直看著它！請把你的感情放在你的眼神裡。 | NA |
| 30. | 她隔著他的內褲輕輕地咬他的陰莖，隨後他脫掉內褲。 | i M：使你的眼神純真！把你的感情放進眼神裡！哦，它（陰莖）勃起了！ | NA |
|  |  | ii M：脫掉它（內褲）！ | 你想要（陰莖或插入）嗎？ |
| 31. | a 她口交的同時，撫摸他的陰莖。 | M：對，真心地把它（陰莖）放在你的嘴裡！緊緊地放在你的嘴。 | NA |
|  | b 她繼續進行口交。 | i M：用聲音表達你的感覺！ | NA |
|  |  | ii M：讓我聽到你的真正的感覺！ | 叫出來！ |
| 32. | 他從沙發上站起來，脫掉內褲，她繼續口交，雙手拿著他的陰莖。 | M：把它（陰莖）含在嘴裡，把它（陰莖）含在嘴裡，你不能放開它，你不能。 | NA |
| 33. | 她進行口交時望著鏡頭。 | 沒有台詞 | NA |
| 34. | 他把她的手放下來，然後將她的臉轉向一邊。 | i M：只用你的嘴做！ | NA |
|  |  | ii M：只用你的嘴！對的，把你的臉轉向這一邊。你看起來很開心！哦，你這樣做的時候很浪！ | 張開你的嘴做（口交）！ |
| 35. | a 她在他身邊跪了下來，他通過用她的乳溝摩擦陰莖獲得快感。 | 沒有台詞 | 用你的乳房夾它（陰莖）！ |

表1　視覺圖像、日文台詞及中文字幕之間的關係（續）

| 情景 | 視覺圖像 | 日本台詞[1] | 中文字幕 |
|---|---|---|---|
|  | b 他用力地上下摩擦她的乳房。 | i 沒有台詞 | 正確地用乳房夾（陰莖）！ |
|  |  | ii M：好吧，你必須努力工作！好，人類不能靠自己的！你明白了嗎？ | NA |
|  |  | iii M：你可以生存僅僅因為你得到了粉絲和工作人員的很多幫助！ | 正確地用乳房夾（陰莖）！ |
|  |  | iv M：你不能忘記這個！理解嗎？所以，你現在能擺脫你的禁忌嗎？ | 你必須告訴別人你的感覺！ |
|  |  | v M：要純潔！要純潔！告訴我你現在的真實感情！比如，你想要我插入嗎？ | 明白了嗎？這非常重要！ |
| 36. | 鏡頭聚焦在她的臉上，她的臉看起來絕望而痛苦。 | F：插（我），插（我）！ | NA |
| 37. | 他將她的臉對著鏡頭，使她眼睛不得不看鏡頭。 | i M：要純潔，把你的真實感情放進去！ | NA |
|  |  | ii F：插（我）！ | 你必須告訴我們你的感覺。 |
|  |  |  | NA |
| 38. | 他急切地脫下她的緊身衣，她只剩連褲襪。 | M：脫掉（緊身衣）！ | NA |
| 39. | 他坐在她下面，讓她用陰莖手淫。 | i M：觸碰它（陰莖）！ | NA |
|  |  | ii 沒有台詞 | 你想要（陰莖或插入）對嗎？ |
|  |  | iii M：慢慢地！觸碰它（陰莖）！還不行！ | NA |
|  |  | iv M：我們互相觸摸。 | 你想要（陰莖或插入）嗎？ |
| 40. | 他們互相手淫。 | i M：忍受它！你在收起你的感情嗎？ | NA |
|  |  | ii M：直到你真的從心底想要我！ | 通過你的感情表達你有多想要好嗎？ |
| 41. | 鏡頭停留在她的臉上，似乎顯示巨大的痛苦。 | F：教練，插（我）、插（我）！ | NA |
| 42. | 他把她的手移向他的陰莖，暗示她撫弄陰莖。 | M：你想要它，沒錯！你把它放裡面！對的，是這裡。 | NA |

表 1　視覺圖像、日文台詞及中文字幕之間的關係（續）

| 情景 | 視覺圖像 | 日本台詞[1] | 中文字幕 |
|---|---|---|---|
| 43. | 他抬起她的腿，脫下她的連褲襪和內褲。 | i F： 教練，插（我）！<br>ii 沒有台詞<br>iii M： 還沒有，摩擦（你的陰道），慢慢地享受它。 | NA<br>在我插入之前你必須讓我感覺良好。<br>NA |
| 44. | 鏡頭從她的臉轉向她正在性交的下體。 | i M： 對，這裡對嗎？這裡嗎？<br>ii 沒有台詞 | NA<br>你自己把它（陰莖）放進去！ |
| 45. | 他抱著她的腰，溫和地插入。 | i M： 進去了嗎？它進去了嗎？你明白了嗎？<br>ii M： 慢慢插入（你的陰道）。 | 慢慢地。進去了。<br>如果你真的想要，就把它（陰莖）放進去吧！ |
| 46. | a 他把她的身體扶起來，親吻她的乳房。<br>b 他一邊抽插，一邊咬她乳頭。 | 沒有台詞<br>i M： 我可以咬它嗎？<br>ii M： 好吧，咬這裡嗎？ | 我插入你的（陰道）。它進去了嗎？<br>NA<br>我可以咬它嗎？ |
| 47. | 教練在抽插，並把女孩的腿張開。 | M： 讓我有一個完整的視野，我想觸摸陰蒂。 | 哇，我可以清楚地看到（陰蒂）！ |
| 48. | 鏡頭聚焦於她的乳房，他把她的手移向陰道，這樣她手臂壓著乳房，令它們看起來更大。 | i M： 碰這裡！讓你的雙乳更近些（用你的手臂從側面推）。你的乳房在震動！<br>ii F： 教練，我受不了你的抽插了！ | 看看你的乳房！插入最深的部分？<br>NA |
| 49. | a 他們改成後入式。<br>b 他從後面插入。 | i M： 慢慢感受它！整個！要這樣動。<br>i M： 你感覺如何？<br>ii 沒有台詞<br>iii M： 感覺很好，對嗎？ | NA<br>NA<br>插到底了嗎？<br>NA |
| 50. | 他們仍是後入式，他把她的身體扶上去，回吻她和愛撫她的乳房。 | i ： 讓我們做困難點的吧，好嗎？<br>ii 沒有台詞 | NA<br>我現在抱著你！ |
| 51. | 他們換到躺臥式。他愛撫她的乳頭。 | 沒有台詞 | NA |
| 52. | 他們返回後入式，兩人都站著。 | i F： 不，不，教練！<br>ii M： 你不必忍著它（高潮）！ | NA<br>F：不，我要忍不住（性高潮）了！<br>M：忍著它（插入）！ |

表 1　視覺圖像、日文台詞及中文字幕之間的關係（續）

| 情景 | 視覺圖像 | 日本台詞[1] | 中文字幕 |
|---|---|---|---|
| 53. | 他們回到沙發上在那裡他又插入她。 | F： 教練！教練！<br>M： 我要射了！ | NA<br>F：教練，我快要受不了（高潮）。 |
| 54. | 他在沙發上快速抽插。 | i　F： 不，不，我要高潮了，教練。<br>ii　M： 要純潔點！<br>　　F： 教練，我想要高潮，我想要它。這感覺很好。<br>iii　F： 我要高潮了，要高潮了…… | F：我要高潮了。<br><br>NA<br>F：我要高潮了。<br><br>M：我要射精了。 |
| 55. | 他把陰莖從她的陰道拿出來，拿到她的乳房，在那裡射精。 | i　M： 乳房，擠它們，擠它們。<br>ii　沒有台詞<br>iii　M： 擠它們（乳房）在一起！ | NA<br><br>射在乳房上。<br>NA |
| 56. | 他從螢幕上消失，鏡頭拉近她乳房，然後是她的臉。 | i　M： 看這裡，你應該學會了藝術是什麼！<br>ii　F： 教練。謝謝你！<br>　　M： 對，我們今天的課現在結束。 | M：看著我，你現在明白了，對。<br>F：謝謝！ |

　　在這裡我們勾勒出了中文字幕製作方式的 4 個主要特點。首先，56 個情景的視覺圖像中，12 個情景（11、14、17、23、25、26、27、32、36、38、41 和 42）儘管有日文台詞卻沒有給出任何中文字幕。例如，在第 11 個情景中，日文台詞是「抓住你的腿，腳踝！對的，沒錯！要勇敢！不要害羞！沒錯！這樣感覺好嗎？對。」。它描述的影像是，教練向上舉著學生的雙腿，愛撫她的陰道，這部分卻完全沒加字幕。注意第 33 和第 51 個情景不算在內，因為它們本來就沒有日文台詞。

　　其次，56 個情景中只有 10 個給出了完整的字幕（3、4、7、8、9、16、20、45、47 和 56）。例如，日文台詞，「讓我看看你的乳房！讓我看看你的乳房！對的，這麼美麗的形狀！」，在 7（ii）中配的字幕是「讓我看看你的乳房！」。當我們使用「字幕」，我們並不意味著它們逐字逐句對應於原文，而是說它們以濃縮的方式傳達意義以達到可接受的閱讀速度。

有鑑於 12 個情景沒有字幕和 10 個有完整字幕，這使得 32 個情景被部分地配了字幕（1、2、5、6、10、12、13、15、18、19、21、22、24、28、29、30、31、34、35、37、39、40、43、44、46、48、49、50、52、53、54 和 55）。例如，在第 2 個情景中，儘管日文台詞 b 被加了字幕，a 和 c 卻沒加字幕。

　　最後，18 處全新的字幕被插入到 56 個情景中。例如，在情景 5（ii）中，「看著我」被新加進來，以幫助觀眾理解為什麼教練的女學生把臉轉向教練。其他實例可以在情景 12、13、28、29、30、35、39、43、44、45、46、48、49、50、52、54 和 55 中找到。

　　如上所述，為視頻添加中文字幕的唯一目的是說明觀眾理解故事。12 個情景完全不配字幕意味著，字幕提供者認為這些日文台詞對於臺灣觀眾理解電影來說是不重要，或無關緊要的，因此沒有提供字幕。相反，如果 10 個情景有完整字幕，這意味著字幕提供者認為這些日文台詞對本地觀眾的理解來說是重要的。類似的推理也可以應用於 32 個配了部分字幕的情景中，即這些情景既有配字幕的地方，也有不配字幕的地方。也就是說，字幕提供者認為一些台詞是重要的，而有些台詞對電影的理解來說是不重要的。更關鍵的是，字幕提供者偶爾「添加」的新中文字幕意味著這些中文字幕對於讓臺灣觀眾理解影片來說是很重要的。方法論上來說，分析這些沒配的、配上的和新添加的中文字幕會告訴我們，字幕提供者認為對於臺灣觀眾理解這部日本影片的故事來說分別哪些是「不重要的」，「重要的」和「必要的」。

## 二、什麼對於臺灣人理解視頻來說是不重要的？

　　從男教練的台詞中我們可以看到，他關於身體姿勢和所謂的真正的藝術哲學——即如何表達真正的人類的感覺——說教沒有給配上字幕（共 7 個情景）。例如，上面所提到的 11（a）裡，他講解身體姿勢：「抓住你的腿，腳踝！對的，沒錯！要勇敢！不要害羞！」，這時沒有中文字幕。同樣，在第 26 個情景裡，他在講解藝術「這就是藝術的哲學，你明白了嗎？」與此同時按摩和親吻學生的乳頭，這個情景裡是沒有中文字幕的。他講述真正的藝術哲學時，讓學生表達人真正的感覺「把你的感覺放進你的聲音裡！」，也沒有字幕。

相比之下，女學生所有未被上加字幕的台詞都是著重表達性慾的台詞（總共 3 個情景）。例如，在第 36 個情景，攝影機聚焦在她看起來絕望和痛苦的臉上，她要求教練插入時說的「插（我），插（我）！」沒有中文字幕。同樣，在第 41 個情景中，鏡頭停留在女孩似乎非常痛苦的臉上，她要求「教練！插（我），插（我）！」時，這裡又沒有字幕。

我們可以看到，教練關於身體姿勢和藝術的各種講解，包括他要求學生表達真實的感情，完全是不配字幕的；因此，我們可以假設這些講解被字幕提供者認為與性刺激無關。我們也可以看到，女主角直接表達渴望被插入的台詞自始至終沒有被加上字幕；我們可能由此推斷，女主角的性能動力——表現為直接表達她渴望被插入，被視為對臺灣（男性）觀眾來說是沒有性吸引力的，甚至是令人不安的。

## 三、什麼對於臺灣人理解視頻來說是重要的？

既然理解視頻主要指視頻「講的是怎麼一回事或接下來會發生什麼」，難怪 10 個配有完整字幕的情景總是圍繞姿勢或性姿勢的變化（情景 3、4、9、16、20 和 56）（情景 7、8、45 和 47）。必須強調的是，在配了完整字幕的情景裡，幾乎所有的台詞都是由男性教練說的。

例如，第 9 個情景裡有姿勢的變化，教練和學生換了一個姿勢，即她坐在他的腿上。當他從她背後愛撫她的乳房，並開始撫摸她的陰道時說，「然後，聽我的吩咐做！使勁打開你的腿！請打開你的腿」（ii、iii），字幕為「打開你的腿！」同樣，在情景 20（i）中，教練讓女孩的一隻手抓住她緊身衣捲起的那部分，他的台詞是「用你的手抓住它（捲起的部分），抓住它」，字幕則成了「自己抓住！」

至於性姿勢，例如在情景 8 裡，教練繼續吮吸學生的乳房，他的台詞是「沒錯！沒錯！（你的乳房）非常，非常好吃！」，字幕是「美味！」同樣，在情景 47 裡，教練在抽插，並把女孩的腿張開，教練的台詞是「讓我有一個完整的視野，我想觸摸陰蒂」，字幕是「哇，我可以清楚地看到（陰蒂）！」

有趣的是，儘管表達女性性慾的台詞被省略，在部分配字幕的情景裡，表達女性性高潮的台詞卻配了字幕。例如，「不，不，教練！」（情景 52，i），「教練！教練！」（情景 53），「不，不，我要高潮了，教練」，

和「我要高潮了，要高潮了」（情景 54，i，iii）都加了準確的字幕。看來，儘管女人不能表達她的性慾，但她可以達到性高潮。我們可能會因此認為字幕提供者認為女性性高潮對於臺灣男性觀眾來說是性快感的關鍵。

## 四、什麼對於臺灣人理解視頻來說是必要的？

一共有 18 處新「添加」的中文字幕來幫助不懂日語的臺灣觀眾理解視覺圖像，或為下面將發生什麼，讓臺灣（男性）觀眾可以為後續場景做好準備。例如，情景 5（ii）裡，中文字幕「看著我！」被加在教練問「想成功，對嗎？你想在電影或電視上出道？」之後。這是幫助觀眾理解為什麼教練的女學生把臉轉向嚴肅說著話的教練，以及為什麼她會帶著無奈的沉默回頭看著他。與此類似，中文字幕「讓我舔你的（乳房）！ii」（情景 13b，ii）是為了讓觀眾準備觀看在插情景 13c 和 14 中的動作而新加入的，在那裡面教練很用力地吮吸和舔學生的乳頭。

同樣，中文字幕「用你的乳房夾它（陰莖）！」（情景 35）是為了填補日語台詞和視覺形象之間的空白而添加的，視覺形象是教練正在用學生的乳溝摩擦他的陰莖。中文字幕「我現在抱著你！」（情景 50，ii）的添加是為了解釋為什麼教練保持後入位卻要從後面抓住女孩的手臂，而這在日語台詞裡並沒有說明。為讓觀眾對情景 54（iii）裡的男性射精有心理準備，儘管在日語台詞裡沒有，卻加了中文字幕說「我要射精了！」。同樣，另一個中文字幕「射在乳房上」（情景 55，ii）被添了在故事的結尾，讓觀眾瞭解男性將射精在女孩的胸部。

## 五、性愛中主動的男性與被動的女性

所有這些中文字幕被新加上，是因為它們被認為對於臺灣觀眾理解影片在講什麼是非常「必要」的。然而，字幕提供者添加這些字幕時必須使它們好像真正是由男性或女性角色說出來的，因為字幕提供者是在加字幕，而不是在做解釋。

從理論上講，男性和女性角色都可以代替字幕提供者「說」。然而，字幕提供者把 18 處中文字幕中的 16 處分配給男性角色，好像那些都是他說的。因為大多數新加的這些字幕是為了解釋正在發生的事情，尤其是下一步會發生什麼，那麼分配這些字幕給男性角色有助於造成一種印象：是男性角色而不是女性角色在發起並引導性行為。

一個有趣的例子是情景35，女主人公跪在男主人公旁邊，並通過用她的乳房摩擦陰莖來獲得快感。由於缺乏日文字幕，如果光從視覺形象看，我們無法判斷乳房性交是由男性還是女性角色引起。然而，字幕提供者為了向觀眾解釋是怎麼回事，自作主張給男性角色加了字幕：「用你的乳房夾它！」，好像是他命令女性角色做乳房性交。這種特定的配中文字幕的方式給人一種印象，那就是只有當男性主動地對性行為的流程和順序來發號施令來引導整個過程，而女性角色只是被動地遵循男人的命令，才是更加「水到渠成」的。

## 六、男性作為性主體，女性作為性客體

　　這樣配字幕也可以創造一種印象：男性角色是為女性角色帶來性快感的「性」主體。例如，情景12 b的視覺形象顯示，男性角色在撫摸女孩的乳頭時說：「你的乳頭像眼睛！」隨後的視覺形象顯示男性和女性角色都變得非常興奮，卻沒有表明他們興奮的原因。字幕提供者沒有準確翻譯男性人物到底說了什麼，而是添加了中文字幕「（教練）摩擦（乳頭）真是舒服！」，試圖把男性角色愛撫女性角色的乳頭與她的性快感聯繫起來，從而解釋為什麼她是如此的性興奮。這樣做的話，字幕提供者給人一種印象：男性角色通過愛撫女性角色的乳頭給她帶來性快感，儘管事實上性快感是相互的。

　　為了告訴觀眾女性角色已經性興奮起來因此已準備好被插入，讓觀眾做好心理準備，字幕提供者添加了顯示學生已經準備好被插入的中文字幕。有趣的是，所有的這些中文字幕都是由男性角色在詢問女性角色，而不是女性角色自己直接表達。例如，在情景30的視覺形象顯示女性角色說明男性角色脫下內褲，當時男性角色對她說：「脫掉它（內褲）！」然而，字幕提供者不進行準確的翻譯，而是加入中文字幕：「你想要（陰莖或插入）嗎？」同樣的中文字幕「你想要（陰莖或插入）嗎？」還被加入到情景39（ii，iv）（兩次出現）中，時值男性角色坐在女性角色下方，讓她手淫他的陰莖。最後，中文字幕「如果你真的想要，就把它（陰莖）放進去吧！」，被添加到情景45（2）中當男性角色摟著女性角色的腰而溫柔地插入時。

　　我們可以推斷，字幕提供者認為女性角色直接向男性角色來表達對

插入的渴望是不符合「常識」的。唯一的選擇是安排男性角色提問女性角色，女性角色可以通過她的行為回答，確認她是準備好了被插入。然而，通過安排男主角提問問題以便女性角色可以採取積極的行動來表達她的性慾，字幕提供者塑造了一種印象，那就是女性角色只有當男性角色為之提供一個合適的場合進行表達時，才可以直接表達她的性慾。也就是說，只有當男性角色發起和支持時，女性角色的性能動力才成為可能。更重要的是，女性角色回答男性角色的問題以及表達性慾望都是集中在後者的陰莖和插入上。這意味著女性角色的性慾必須被男性角色的陰莖喚起，只能在被他插入時得到滿足。換句話說，女性角色的性慾和表達（性能動力）必須由男性角色所引導。

## 七、臺灣社會中男性與女性的性角色

這漫長的分析並不是為了證明盜版商在提供中文字幕時是多麼的粗枝大葉。相反的，它表明了，臺灣字幕提供者所做的恰好反映了他／她自身的性文化。回想一下，中文字幕提供者把幾乎所有新添加的字幕分配給了男性角色。既然這些新添加的字幕主要圍繞視頻裡的動作，那它們就有利於造成一種印象，就是男性角色是指示性行為流程的「主體」，只有這樣才是「自然」的。這種印象在被配上了完整字幕的台詞中再度被加強，因為那些台詞不僅圍繞姿勢或性交姿勢的改變，而且也是從男性角色的口說出來的。所有這一切表明，男性角色的主體地位被認為對於本地人理解視頻來說是「必要的」和「重要的」。更重要的是，它揭示了一種文化觀點，那就是一個臺灣男人應該是「主體」，在整個性活動中通過對性交的流程和順序發號施令來帶領和指導他的女人。

其次，字幕提供者往往省去描繪女性角色性能動力的日文台詞。這表明女性角色的性能動力，特別是女性性慾望的直接表達，被認為對於理解視頻來說是「不重要的」。但這也表明，臺灣女人被認為不應該佔據主體位置或者表達她的性慾。也就是說，臺灣女人不得不壓抑她的性能動力，以便讓她的男人在做愛時可以「引導」她並在性上照顧她。

第三，字幕提供者以男性角色對女性角色提問的形式新添加了一些中文字幕，即後者通過行動證實她對插入的性慾望。同樣，字幕提供者新添加的字幕顯示，是男性角色單方面帶給他的女人性快感。當然，這

些都表明，女性渴望被插入和男性性能力對於當地觀眾把片子理解成色情品來說是「必要的」。但它們也顯示出臺灣兩種關於性別政治的文化觀點。首先，臺灣女人是可以表達她的慾望的，但只有在由男性發起和支持時。其次，同樣的道理，女人是可以有性能動力，只要是由男性發起和支持。簡而言之，臺灣女性的性能動力，性慾和這樣的慾望（高潮）的滿足，都應當由她們的男人來引導。

最後，字幕提供者儘管捨棄了那些女性直接表達性慾望的台詞，但是堅持為圍繞女性性高潮的日文台詞配上了字幕。這明確顯示女性高潮對於當地觀眾把片子理解成色情品來說是「重要的」。既然女人在臺灣的性文化中是被禁止採取主體姿態的，它就說明必須由臺灣男人把自己的女人帶向高潮。考慮到字幕提供者賦予男性能力以突出的重要性，我們可以進一步推斷出，在臺灣社會如果一個男人無法給自己的女人帶來性高潮，就相當於他是性無能，因而是無用的。

從字幕提供者配中文字幕的方法中，我們可以看到很多關於臺灣男人和女人的性角色的東西：臺灣男性和女性被期望「根據由文化所具體定義的適當的合作夥伴，場合，時間，地點和身體功能」（Sahlins, 2005: 325）來行動。

當然，我們可以反過來認為，臺灣社會男性和女性的性角色引導著影片剪輯的方法。臺灣盜版商，尤其是字幕提供者，不僅僅再生產日本 AV；他們作為臺灣男性為觀眾再生產日本 AV。要做到這一點，他們再生產日本 AV 時必須根據他們對臺灣社會中男性和女性的性角色的理解，或 Sahlins 所謂的文化代碼來做。讓臺灣男人性興奮（即日本 AV 的效用）的不是日本 AV 作為色情品的客觀品質，而是嵌入到中文字幕裡的臺灣文化代碼賦予了這些客觀品質的意義。

這樣看的話，所謂的使用價值和交換價值一樣是符號的和歷史的。日本 AV 在臺灣的再生產包含著文化代碼，再生產並不是為了滿足生物的性需求本身，而是相對于一定的文化秩序的一種性需求。如果這樣的再生產是專門針對臺灣男性觀眾的消費，那麼日本 AV 在臺灣的再生產事實上相當於當地性文化構成的使用價值的生產。日本 AV 在臺灣的再生產實際上是一種「文化意圖」（Sahlins, 1976: 169）。

# 肆、結論

　　本文考察了日本 AV 在臺灣的再生產過程。此研究的貢獻是雙重的。首先，它通過研究日本 AV 在再生產階段的再脈絡化，為研究外國文化產品的當地語系化做出了方法論上的貢獻。通過檢查日本影片的中文字幕是如何生產的，我們已經表明，字幕的製作方式揭示了男性和女性的性角色。這就是我們選擇跨文化地研究異性性愛的不同文化結構的原因。但我們也可以反過來認為，正是這些男性和女性在臺灣的性角色引導字幕完成的方式。字幕提供者必須生產對臺灣觀眾有性吸引力的中文字幕。為此，供應商必須遵循當地文化構成的性規範來再生產日本 AV。換句話說，生產的本質是一種文化意圖，因為從某種意義上說，客體根據一種文化代碼被生產出來，這種文化代碼賦予客體的某些屬性以意義，從而使客體對一定社會範疇的人有用。臺灣盜版商整體——尤其是字幕提供者——根據當地的性別倫理為當地消費者再生產日本 AV。這樣，日本 AV 在臺灣在生產階段的當地脈絡就開始了。

　　但是，我們並不認為，所有臺灣觀眾都會遵循我們在這篇文章裡所闡明的同一文化代碼。就像我們在另一篇合寫的文章中所闡述的那樣（Yau & Wong, n.d.），儘管臺灣人閱讀色情作品時遵循當地的性別規範，但是每個人都可以開發獨特的「興趣」，不管是在 AV 整體上還是具體到日本 AV。簡而言之，在這裡我們並不主張文化決定論的論點。

　　因為，我們也不認為這項研究中所闡明的文化代碼是臺灣文化裡的唯一代碼。我們很清楚，在臺灣色情品消費中，就像男同性戀社區或異性戀女性那樣，不同的社會群體遵循不同的文化規範。事實上，我們上述的合寫論文致力於探索一群臺灣女性的日本 AV 消費模式。在那項研究中，我們觀察到臺灣女性呈現出與臺灣男性完全不同的一種日本 AV 消費模式。更有趣的是，我們進一步發現不同的臺灣女性與色情品有不同的關係，我們得出的結論是，色情品的女性消費者在未來的研究中應該得到更多的關注。然而，女性被排除在本研究之外主要是因為我們這裡研究的對象是臺灣盜版商人對日本 AV 的再生產。2005 年，我們到訪臺灣

光華商場[2]的日本色情品盜版 VCD 賣家時得知，90% 以上的消費者都是男性。因此我們可以理解，為何這些盜版商人再生產這些電影時針對的是異性戀男性用戶，而不是女性或其他社會群體。

更重要的是，這裡所揭示的臺灣盜版商複製日本 AV 的文化代碼也是臺灣社會生活的許多其他不同方面的主導邏輯。我們已經在其他地方（Yau & Wong, 2009, April-May）主張過，「積極男性」（active male）和「被動女性」（passive female）的想像繼續主導著臺灣人作為兒子和女兒，女婿和媳婦，男性和女性各個角色的行為模式。[3] 也就是說，這裡所揭示的這一文化代碼不是偶然性的或特質的，而是對臺灣社會生活產生相當大影響的文化代碼。最後，上面的字幕分析可以擴展到研究其他文化代碼，但那樣的話就需要另一篇論文。

本文的第二個貢獻在於重新考慮——如果不是超越的話——生產和消費之間的對立。一個生產系統首先是一種文化意向的領域，商品的跨文化移動成為展示這種生產的文化規範的活躍舞臺。正如我們所看到的，日本 AV 在臺灣的再生產只不過是當地文化構成的性使用價值的生產。然而，我們也不應該忘記，同樣的文化代碼主導著臺灣觀眾消費盜版日本 AV 的方式。這是因為，套用 Sahlins 的話說，無人問津的盜版日本 AV 電影就不成其為盜版日本 AV 電影。最近學術界流行的生產和消費之間的對立從分析上來講是不必要的，因為這兩個階段實際上遵循相同的文化代碼。擁護生產或消費中的某一方才是調查的更好模式的人需要意識到，生產和消費從來都不是分開的，更不用說對立，而是密不可分的。

## 伍、致謝

我們向《亞洲研究評論》（*Asian Studies Review*）的編輯 Peter Jackson 致以誠摯的感謝，他在我們的文章的整個修改過程中給予了鼓勵和幫助。我們還要感謝兩位審稿人的敏銳評語和有益建議。

---

[2] 光華商場是位於臺北市的二層樓的電子市場。它在 2006 年被拆除，2008 年在附近重新開業。

[3] 術語「積極的男性」和「被動的女性」是指社會所定義的男女性別，不是指在臺灣的個體男性或女性。

# 參考書目

葉俊傑（1997）。《A 潮：情色電影大搜密》。臺北，臺灣：喜閱文化。

Adorno, T. W. (2001). *The culture industry: Selected essays on mass culture*. London: Routledge.

Attwood, F. (2002). A very British carnival: Women, sex and transgression in Fiesta magazine. *European Journal of Cultural Studies, 5*, 91-105.

-- (2009). Intimate adventure: Sex blogs, sex "blooks" and women's sexual narration. *European Journal of Cultural Studies, 12*, 5-20.

Bresnahan, M. J., Inoue, Y., & Kagawa, N. (2006). Players and whiners? Perceptions of sex stereotyping in anime in Japan and the US. *Asian Journal of Communication, 16*, 207-217.

Campbell, C. (1995). The sociology of consumption. In D. Miller (Ed.), *Acknowledging consumption: A review of new studies* (pp. 96-126). London: Routledge.

du Gay, P., Hall, S., Janes, L., Madsen, A. K., Mackay, H., Negus, K. (1997). *Doing cultural studies: The story of the Sony walkman*. London: Sage.

Fiske, J. (1989). *Reading the popular*. London: Unwin Hyman.

Horkheimer, M., & Adorno, T. W. (1973). *Dialectic of enlightenment*. London: Allen Lane.

Lee, M. T. (2004). *Absorbing "Japan:" Transnational media, cross-cultural consumption, and identity practice in contemporary Taiwan*. Unpublished doctoral dissertation, University of Cambridge.

Leung, L. Y. M. (2002). Romancing the Everyday: Hong Kong women watching Japanese dorama. *Japanese Studies, 22*, 65-75.

McKee, A. (2004). How to tell the difference between production and consumption: A case study in doctor who fandom. In S. G. Jones & R. Pearson (Eds.), *Cult television* (pp. 167-186). Minneapolis, MN: Minnesota University Press.

Miller, D. (1987). *Material culture and mass consumption*. Oxford, UK: B. Blackwell.

-- (1995a). *Acknowledging consumption: A review of new studies*. London: Routledge.

-- (1995b). Consumption and commodities. *Annual Review of Anthropology, 24*, 141-161.

Nakano, Y. (2002). Who initiates a global flow? Japanese popular culture in Asia. *Visual Communication, 1*, 229-253.

Pratt, A. C. (2004). Retail therapy. *Geoforum, 35*, 519-521

Sahlins, M. (1976). *Culture and practical reason*. Chicago, IL: University of Chicago Press.

-- (1999). What is anthropological enlightenment? Some lessons of the twentieth century. *Annual Review of Anthropology, 28*, i-xxiii.

-- (2005). Interview with Sahlins. *Anthropological Theory, 8*, 319-328.

Simon, W., & Gagnon, J. H. (1986). Sexual Scripts: Permanence and change. *Achieves of Sexual Behavior, 15*, 97-120.

Shamoon, D. (2004). Office sluts and rebel flowers: The pleasures of Japanese pornographic comics for women. In L. Williams (Ed.), *Porn studies* (pp. 77-103). Durham, UK: Duke University Press.

Strinati, D. (1995). *An introduction to theories of popular culture*. London: Routledge.

Wurst, L., & McGuire, R. H. (1999). Immaculate consumption: A critique of the "shop till you drop" school of human behavior. *International Journal of Historical Archaeology, 3*, 191-199.

Yau, H. Y. (2009). *Search for individual agency: The use of AV in Taiwan.* Unpublished doctoral dissertation. University of London.

Yau, H. Y., & Wong, H. W. (n.d.). *Reconciling anthropology and psychology: The use of AV among Taiwanese women.* Unpublished article.

-- (2009, April-May). *From AV to Taiwanese A-pian: A telling case of "inventiveness" of tradition.* Paper presented at the Consumers, Marketplaces and Urban Creativity: Place-Bound and Global Dynamics of Value Transformation Conference, University of Hong Kong.

# 個人行為如何跟從文化，卻不受其規限
## ——反思臺灣女性使用 AV 的情況 *

王向華、邱愷欣
劉訢雅譯

## 壹、前言

  本文旨在探討 AV 的女性使用者如何既遵從，又同時偏離文化規則的行為模式。我們特意觀察及探討雯茜（假名）——一位臺灣女性——如何透過對美國 AV 的認同所顯示出性別與性的常態，並卻同時與其建立起獨特的關係。本文其中一位作者於臺北進行的人類學田野研究，發現 22 位受訪女性中，有 17 位在美國的 AV 與日本的 AV（AV）兩者間，選擇前者。後續的深入訪問，卻揭示受訪者中，沒有人如同雯茜般對美國 AV 發展出相似的關係。換句話說，雖然整體上臺灣女性受訪者偏好美國的 AV 多於日本的 AV，但她們各自與它的關係卻是獨一無二的。那究竟個人行為是如何跟從文化，卻不受其規限？

  筆者主張，這個問題的重點是個別臺灣女性受訪者對美國的 AV 發展出的獨特「興趣」。誠如 Sahlins（1985: 150）提醒我們，「興趣」這詞彙是指引起每個獨立個體注意的差異。他以金錢比喻解釋道：

  一枚五法郎硬幣的價值，由它可以交換到什麼不相似的物件來決定，例如多少個麵包、多少瓶牛奶，或者是相對於其他貨幣單位的價值：一法

---

\* 原文刊載於 Wong, H. W., & Yau, H. Y. (2011). How individual behaviors are ordered but not prescribed by culture: Reflections on the pornography use among women in Taiwan. *The Journal of Studies in Contemporary Sociological Theory*, 5, 53-75. (in Japanese)

郎、十法郎等等。利用這些關係,我們便可得悉五法郎在社會中的意義。但這種實質而籠統的價值,卻不是五法郎對於我的價值。對我來說,它顯示了獨特的興趣或工具性價值(instrumental value),不論我使用它來買牛奶或麵包;或者是送給別人;還是存進銀行,這取決於我個人的情況和目的。根據主體,一件物件的概念價值(conceptual value)被賦予了意願價值(intentional value),與其傳統價值可能有差別(Sahlins, 1985: 150)。

以上引文揭示,一枚五法郎硬幣的傳統價值是由社會決定;當某個個體使用這枚五法郎硬幣時,它便被賦予特定的興趣。這解釋了為何臺灣女性一般偏好美國的 AV,但它對她們的意義卻可能大相逕庭。任何人類學的群組,例如「文化」、「社會」,甚至是「性別」,顯然都不能夠解釋,為何這些個體與美國 AV 會產生不同的關係。這些女性受訪者既然在同一社會成長,她們是被一樣的性別文化養育長大。這顯示那些差異是源自個人主義因素(individualistic factors)。

但本文主旨並非心理學上的闡釋,因為這些個人主義因素不是只關於個人。筆者嘗試透過本文證明,個人主義因素主要是來自他的家庭背景、家庭規則,以及其他個人際遇。我們亦可把它們統稱為「人生經歷」(biographical experience)——從 Sahlins(2004)和 Sartre(1968)借用的術語。因此,個人主義因素是來自社會層面。我們希望建立一個機制,通過以個人為中心的民族誌,詮釋在臺灣文化規範下,個人主義因素如何讓個體與美國 AV 建立起獨特的關係。當中首要的因素是該個體的家庭。

## 貳、家庭作為個體人生的模型

Sartre 在 *Search for a Method*(Sartre, 1968: 56)書中主張,瞭解一個人必須先瞭解其「獨特性」,首要從他成長的家庭著手。Sartre 指家庭是個體的基本建構單位,此觀念得到家族系統理論(family systems theory)的支持。家族系統理論是臨床心理學家及輔導心理學家,從觀察個體及他們的家庭所歸納出的知識體系(Papero, 1990)。此理論提出,家庭是互相連結和依賴的個體所組成的體系;要瞭解一個個體,並不能把他從體系中隔離(同上引)。家族系統理論的核心是家庭角色和家庭

規則。家庭角色是指各家庭成員的預設角色,以及隨之而生的成員之間的互動常軌和模式。更重要的是,這些互動常軌和模式成為了家庭中根深蒂固的習慣,並且難以改變(同上引)。家庭規則是每個家庭設立的規矩,它管理家庭,使這個家庭與眾不同。簡而言之,家庭是有目的的體系。它的目的一般是維繫家庭的完整性,但也可以包含其他物質或情緒目標(同上引)。

家庭觀念——以家庭角色和規則呈現——受家庭成員不同程度地接納。其中一個主要的因素是出生次序。Sulloway(1996)提出,家中的長子或長女,傾向以模仿及服從父母的手段,博取父母的注意。比較晚出生的孩子,則必須從其他途徑吸引父母的注意。成功與否,取決於他們能否表現自己與其他兄弟姊妹的「差異」;而兄弟姊妹的數目越多,他們便需要越大的創意。家庭內部的推推揉揉,使長子或長女傾向保守及服從權力;而晚出生的小孩則對不同嘗試和變化持比較開放的態度,而且比較叛逆。

但 Sulloway(1996)強調,雖然出生次序預先設定了小孩是循規蹈矩或是桀驁不馴,卻沒有規定他或她的人生路向。他主張,在眾多影響孩子人生的因素中,出生次序是首要的,卻不是決定性的因素。他引證了其他因素,包括性別、階級、人種、稟性、與父母的衝突以及兄弟姊妹間的年齡差距,如何與出生次序互相影響。它們或減弱或增強彼此對孩子人生的影響。

## 參、場域

臺灣跟其他社會一樣,從來不是被孤立或靜止不變的社會。1898 年到 1945 年期間,臺灣是日本的殖民地。隨後數 10 年,臺灣由國民黨一黨專政,直至 1980 年代末。戰後國民黨統治時期,政府於臺灣實施戒嚴,並推動大規模的中國化及去日本化運動。當時的中國化運動被稱為「中華文化復興運動」,致力推廣傳統的中國家庭觀念、倫理觀及性別關係。「傳統」中國文化一詞,主要是經典儒家思想著作中,[1] 推崇的思想及意

---

[1] 國民黨統治期間,推崇公元 300 年前的儒家思代表作──四書五經。四書包括《論語》、《孟子》、《大學》、《中庸》;而五經包括《詩經》、《尚書》、《禮記》、《周易》和《春秋》。

識形態，這些著作在運動中備受國民黨倚重。我們於另一篇文章，已深入探討中華文化復興運動的內容（Yau, 2009），因篇幅所限，在此不作重覆闡述。簡而言之，此運動重新宣揚家庭觀念；鼓勵追求學術成就；傳揚「男主外、女主內」的觀念，認為女性應該順從且對家庭奉獻犧牲，把婚姻和丈夫當作一生的歸宿。同時，國民黨想盡辦法消滅日治時期的遺物，包括電影、電視劇、報紙、書籍及日本語。除此以外，美國在國民黨統治臺灣時期，不但影響當地的政治及軍事，甚至於臺灣的文化改革也擔當重要的角色。美國的色情作品亦在這時期，跟隨其他流行文化滲進了臺灣。

李登輝 1988 年繼任總統後，臺灣社會內的民主和自由化漸漸冒起。他執政期間，臺灣發生多個重大改變，並於 1988 年解嚴。隨後，政府放寬對媒體的限制；有線及衛星電視頻道合法化；日本的媒體產物（如電影、電視劇、音樂等）亦在臺灣解禁。基於這些有利因素，日本的 AV 終於在 1980 年代晚期打進臺灣市場，並於 1990 年代逐漸普及。

筆者最近的拙作 *AV in Taiwan*（Wong & Yau, 2014: 126-156），以文本對比分析法，比較一齣日本 AV 和一齣美國 AV，顯示它們的敘事結構有明顯的分歧。在臺灣流傳的日本 AV，大部分以美少女為題，是日本 AV 的經典類型。大多數美少女 AV 的敘事結構分為 3 個步驟：一、故事初段，女性角色總是缺乏性經驗，對性顯得沒興趣；二、透過前戲或性玩具，女方受到男性角色的性刺激，甚至可以說是受男方啟迪；三、由於步驟二，她蛻變成一個對性很大膽的女性。美國的 AV 的敘事結構，則顯示出 3 個不一樣的步驟：一、女性角色對性擁有自主權，她不但性經驗豐富，清楚自己擁有性感的身體，而且從一開始就對性十分渴求；二、男女角色以不同姿勢，「互相」帶來刺激；三、雙方以不同體位，從持續的性交過程中得到快感。

我們於此書中，引證不論是男或女，臺灣人把性歸納成 6 組二元對立概念：生物的對文化的、肉體的對心靈上的、必需的對非必需、一般的對非一般的、不受控制對受控制和動物對人類。更重要的是，臺灣人把這些對立的二元概念，各自歸納到男性和女性去。換言之，性是依照性別而分類的。這種詮釋進而引申至依性別（男性或女性）而分的性行為。我們說明了，若對女性而言，性是文化的、心靈上的、非必需、受

控制而且人類的，這代表女性不須要採取主動。她們反而應該對性沒有興趣，而且在性行為中保持被動的姿態，等待被喚醒、被愛撫和被賦予性高潮（Wong & Yau, 2014: 126-156）。

女性的性行為概念，引申到女性的性快感。因為對女性來說，性是文化的、心靈上的、非一般的及不必需的，就算她們不嫌棄，也不會喜歡男性帶著明顯的性暗示來接近她們，她們也不喜歡直接的性行為。她們受性的精神因素影響，重視情緒和氣氛，享受互相調情和浪漫情節，而且喜歡聽甜言蜜語。性愛只能在這些「心靈上的」行為後發生，但它依然是無需要及受控制的。我們由此得知，若女性要在性愛中得到快感，她們的男伴必須從一開始就是「人類女性」。換句話說，如果她們的男伴的性行為，符合她們對性的概念，是文化的、心靈上的、非必需的及非一般的，女性就會得到性滿足。

這些依性別而分的性快感，解釋了對女性來說，AV 是什麼。我們主張，不論是美國還是日本的作品，臺灣女性並不特別享受 AV。因為它們都不符合上述女性的性快感的條件，男性角色並不會表現如女性般在文化的或心靈上的性愛。但若須二擇一，女性則會選擇美國的 AV，因為對她們來說，美國作品的敘事結構呈現為「兩個獸性的動物男人的性行為」，即使她們不能從中得到性快感，但比起日本的 AV，也總算是「正常」的東西。日本的 AV 則表達獸性的動物男人和人類女人的性愛，是歧視婦女的，使她們難以接受。以上是我們的田野研究——臺北——的基本歷史文化背景。

## 肆、方法論

本文使用的資料選取自其中一位作者，從 2002 年到 2005 年，在臺灣臺北進行的人類學田野研究。作者居於臺北並訪問當地居民，以曾經觀看美國或日本的 AV 作前提，利用滾雪球取樣法蒐集受訪者。作者與 44 位受訪者進行深入訪談，男女各占 22 人。受訪者主要是本土臺灣人，也包含數個大陸人和原住民，年齡從 20 歲到 60 歲。訪問主要以國語進行。作者把所有訪問錄音謄寫成 3 百多頁的民族誌資料。

作者採用 Robert I. Levy 所提出的「個人中心」訪問技巧（Levy, 1973）。Levy 界定個人中心的開放訪問如下：「邀請受訪者談論他們希

望討論的不同主題,包括死亡、憤怒、童年,我會鼓勵受訪者,並提出問題(如『為甚麼你會這樣說?』等),讓受訪者自己組織陳述:混淆不同主題、說漏嘴、顯而易見的戒心、情緒的證據、幻想和猜測……」(Levy, 1973: xxii)。Ewing(2006)近年發表了一篇關於訪問技巧的文章,對 Levy 的個人中心訪問,作出充分的補充。Ewing 的文章吸收了以下理論的涵義,包括社會語言學(sociolinguistics)的歧義和代詞替換(ambiguity and pronominal shifts);精神分析學(psychoanalysis)的移情和反移情(transference and countertransference);和文學批評(literary criticism)的隱喻和互文性(allusion and intertextuality)。她敦促我們注意講者的情緒反應,把講者放到不同的位置、立場,從而提升我們對認同協商(identity negotiation)過程的意識。以下個案研究將採用 Ewing 的部分手法和技巧,闡明受訪者的想法及她與美國 AV 抽絲剝繭後的關係。

## 一、雯茜對美國 AV 的偏好

雯茜是 30 多歲的臺灣女性,2002 年在臺北一家美資貿易公司任職高級會計師。她第一次接觸「淫穢作品」,是 13 歲時在父親的衣櫃裏看到的軟調色情書刊。然而,她從未認真地觀看 AV。這符合了臺灣女性的性觀念和她「中產階級」的身分,我們對此並不感到懷疑。可是,如果讓她從日本和美國的 AV 中挑選一個,她會選擇美國的 AV,她認為美國的作品故事性較佳,而且有較好看的演員,能使她興奮起來。她告訴作者,美國的 AV 恰當地顯示「野獸的慾望」,這想必是美國的 AV 使她興奮的另外一個原因。但是,她總結說自己不喜歡 AV,她認為那只是「兩隻野獸在交配」。如果她厭惡 AV 的話,我們怎樣去理解她對著重「肉體」的美國作品的喜愛?我們又如何詮釋,為甚麼她會稱讚美國作品是「準確地呈現野獸的慾望」呢?雯茜似乎並沒有在意,甚至沒有察覺這矛盾。筆者認為若要進一步瞭解她這選擇,必先從她的家庭背景,及以往和幾個男性的複雜關係入手。

## 二、雯茜的家庭背景及她的性格

雯茜生於臺中一個高學歷的小康之家。她的父母都是在 1950 年代畢業的大學生,顯示他們都是生於富裕家庭。他們於 25、26 歲結為夫婦,

她的父親曾在鋼鐵公司巨頭任職會計師，後來遷居到臺北尋求更佳生活，並發展個人事業，成為特許會計師。她的母親結婚後成為了全職主婦。雯茜於1965年出生，有一個兄長和一個姊姊，是家中的么女。他們一家人在雯茜讀小學的時候，隨父親搬到臺北。

根據我們長期的觀察和與雯茜的頻繁聯繫，她家裡的規則，也就是多年來維繫著她的家庭的方式，可能是由中華文化復興運動延續下來的「傳統」的中國道德觀念，包括勤奮、順從、遵守秩序、追求學術成就、功成名就及自省自律。

雯茜告訴我們，她的兄長和姊姊都是「品學兼優的孩子」。她指她的父母，尤其是父親，非常重視追求學術成就、功成名就和順從。她的兄長和姊姊從小開始就踏上了父親為他們決定的路，他們文靜有禮、乖巧勤奮，從小就贏得了父親的認可。雯茜說他們二人，尤其是她的兄長，在學校總是考第一名，並贏取學校所有的獎項。她的兄長後來在美國一所世界知名大學修畢了博士學位，並留美發展；她的姊姊則在臺灣的最高學府碩士畢業。雯茜也是個出類拔萃的孩子，她就讀著名的女子高等學校和國立大學。畢業後，她得到父親的資助，前往美國，在一所世界知名大學修讀博士課程，但最終她只完成了碩士課程。

雯茜在25歲時前往美國進修，在此之前都沒有交過男朋友。她告訴我們：「（我的）戀愛史和性生活至我到美國以前，全是空白一片。」她的姊姊也同樣在26歲前，從來沒有跟男生約會。當我們問她，晚談戀愛是否跟父母的嚴厲教育有關，她說不是。不過，她在某次見面時提到：「我的媽媽曾經警告我，女生不應被不恰當的男女關係玷污，結婚以後才可以發生性行為。」

雯茜信從傳統的男女觀念，單看她的家庭，我們便不難理解這一點。她的父母是傳統觀念中男性和女性的典範。她曾提到：「爸爸在外工作，賺錢養家；媽媽則在家裏照顧小孩、打理家務。」除此之外，雯茜乖巧、有禮貌、友善、穿著得宜。以下部分亦會引證，她長大後的戀愛和婚姻生活，也遵從著傳統的男女觀念。例如，儘管她是碩士畢業生，她與第二任丈夫結婚後，只在丈夫家族的小企業幫忙，並沒有正式就任學術工作。

雖然雯茜的家庭可算是「傳統」的家庭,她的兄長和姊姊都是聽話的孩子,但不代表她和他們完全一樣。我們要謹記她是家裡的么女,如上文提及,家裏晚出生的小孩傾向做一些有別於其兄弟姊妹的行為,來引起父母的注意。這解釋了為甚麼雯茜會從父親的衣櫃找 AV,而她的兄長和姊姊卻不會這樣做,那是因為「她跟他們並不一樣」。這也解釋了為甚麼她選擇出國到美國修讀博士學位。在中國的傳統思想中,父母一般不會要求女兒取得高學歷,因為她們到最後都是要「嫁出去」,成為別人家庭的一份子(Chen, 1984)。但雯茜的父母擁有高學歷,而且家境富裕,他們重視對知識的追求,不介意把女兒送到美國進修。為了證明自己起碼和姊姊並不一樣,雯茜到美國修讀博士學位也甚合理。她希望有一天會「成功」,就是「成為教授」。但她對成功的強烈欲望,與她的家庭角色互相影響和抵觸。她是家裡的「小公主」,如同家人為她改的小名。我們可以從她的父母和兄弟姊妹在家裡所扮演的角色窺其一二。在家裡,她的父親的地位相對地強勢,是一位嚴父,對子女有很高期望。說「相對」是因為如雯茜所言,她的父親「親切、有耐性,但同時在家裡保持著權威的形象」。雯茜憶述,她的父親一般與子女保持一定的情感上的距離,並「依賴妻子向子女傳達他說的話」。她的母親則飾演關懷和支持家人的角色。例如,當雯茜碩士畢業時,她的母親千里迢迢從臺灣飛到美國參加她的畢業典禮;2005 年,雯茜 40 歲時,她的母親還是會陪她去看醫生;又例如 2002 年時,雯茜與丈夫離婚,她的母親悉心照顧她,立刻幫助雯茜尋找住處和車子。她的兄長和姊姊也飾演著支持及關心者,雯茜離婚後母親幫她找的房子和車子,便是屬兄長和姊姊的伴侶所擁有。

但雯茜的家人沒有讓她反省自己的問題,也沒有批評她的(錯誤)行為。例如我們問她,她放棄博士課程有沒有惹惱資助她學業的父親,她回答說:「這是我的人生……他們(她的父母)要接受這個事實。他到底並沒有責怪我。」當然,如果她不能跟上學校的課程,我們也不能怪她。但我們卻預期她起碼會有點內疚。

如此的家庭關係揭示雯茜可能是天真任性,不懂人情世故的人。儘管她的家庭著重思想成熟及自律,她從小備受呵護,沒有吃過苦,也沒有受過懲罰,缺乏成長和反省自己的機會。沒有自省,也沒有得到家人

的適當批評,她根本不知道自己的問題出在哪裏。她有時候不覺得問題出在自己身上,造成自我中心的個性。我們將在以下部分,看到無論在婚姻或其他關係中,她顯得自我中心、天真、任性和不懂人情世故。

更重要的是,她在家裡的「小公主」角色和家人對她的溺愛,讓她無論有什麼不足也會輕易被饒恕。例如,她的家人准許她放棄博士課程,並沒責罵她。諷刺的是,家人的寵溺削弱了她的競爭能力,使她不能與兄長和姊姊爭長短。事實上,雯茜不但沒能夠完成她的博士學位,比不上她的兄長;也考不進臺灣最高學府的學士課程,也敗給了她的姊姊。

我們相信,雯茜希望與她的兄長和姊姊走不一樣的路,但她的能力不足以與他們相提並論,是她人生的轉捩點。這個人生的分水嶺讓雯茜選擇逃避。有趣的是,她對成功的強烈渴求,進一步催使她逃避問題,使她表現得自負。於我們的訪問及言談之間,雯茜多次強調自己是一位獨立、成功的事業女性。她多次對作者說她希望自己的事業更上一層樓,更主張她的事業成就是第二任丈夫與她離婚的主要原因之一。

## (一) 她的第一段婚姻

雯茜於1989年5月,前往美國進修前與她的初戀男朋友(EX1)相識,之後他也成為了雯茜第一任丈夫。當時雯茜希望超越自己的兄弟姊妹,取得博士學位並成為教授。EX1當時碰巧也前往美國修讀博士課程,但與雯茜不屬同一所學校。1989年8月,他們在美國安定下來,並迅速墜入愛河。除了所有課堂都以英語授課外,博士課程的學習模式也截然不同,由以往的死記硬背變成自主思考,使雯茜焦慮不安。結果,她「認為自己跟不上其他同學」,而且因為她「獨自在美國」,使她格外難受。能力不足,給她帶來莫大的焦慮,雯茜最後放棄了博士課程。除此之外,這是她人生中第一次不受父母的束縛,因此她有如從鳥籠中被釋放的小鳥,很快便與EX1相愛,並發生性行為。雯茜曾說過:「我經常被告誡,只有結婚以後才可以發生性行為,可是當我離開臺灣(到美國)以後,我便開始反思,(性)並不會帶來任何害處!」如上所述,她能力上的不足,遇上自我中心的個性,導致她經常逃避問題。這一次,她選擇以沉溺愛情來逃避學業問題。她如此形容她初次的性經驗:「當你很寂寞,壓力很大,你便會想嘗試一些『新鮮大膽』的事情。沒錯,你就是想去冒險!」可是,這並不能解釋為甚麼她會跟EX1約會。換句話說,她的

學業問題和寂寞並不是她愛上 EX1 的唯一理由。我們必須指出，EX1 就像她的「白馬王子」，符合她心目中「傳統」男性的形象——高大英俊，而且是臺灣最高學府的畢業生，非常聰明，給予她充分理由愛上他。沒有戀愛經驗的她，立刻被這些表面的優點所吸引，在跟 EX1 交往的一個月後，便把她的第一次獻給對方。可見她對傳統男性形象的仰慕在此甚為關鍵。雯茜卻指自己並不是「隨隨便便」的女生，她認為自己「早晚會跟他結婚」。換句話說，她答應跟 EX1 發生關係，是以短期內會與他結婚作前提，而這也是受臺灣傳統的女性觀念影響。

因此，不到半年，他們便開始同居，繼而結婚。然而，他們結婚沒多久，EX1 開始精神虐待她。雯茜憶述：「他經常責怪（我），而且認為（我）應該為自己被挑選感到慶幸」。她的丈夫甚至拿雯茜跟前女友們作比較，批評她在性事上十分笨拙，不及他的前女友老練。最後，一次家暴成為了他們離婚的導火線，他們的婚姻於 1991 年劃上句號。

無可否認 EX1 對雯茜百般責難不是正常人能忍受，但她也不是沒有責任。如上文所說，雯茜是一個不太懂人情世故、也比較自我中心、任性的孩子，她從小已被家人寵壞了。這解釋了為甚麼她會因為 EX1 的外表與高學歷愛上他；為甚麼她沒有仔細觀察他的為人便嫁給他；為甚麼她知道他的真面目後，便立刻跟他離婚。作為一位 26 歲的成年女性，她的行為並不尋常，但如果我們明白她只是一個任性的孩子，便不難理解她只是率性而為，沒有顧及後果和他人的感受。她自我中心的個性和被嬌慣的童年時代，也揭示了她不懂從錯誤中學習。當她的婚姻出現問題，她不夠成熟去承擔責任，因為她從小就沒有這種承擔錯誤的機會，她總有母親、兄長和姊姊替她收拾殘局。儘管 EX1 總是批評她，她從來沒有自我反省：若她不是只著重外表而草草決定跟他結婚，她可能不需要受這種苦。但她反而把所有責任推到 EX1 身上，不單說服她的父母，也說服自己，她是無辜的。

（二）她的第二段婚姻

雯茜在 1991 年中認識了它的第二任丈夫（EX2）——她的真愛。當時她跟 EX1 剛剛離婚數個月。EX2 在加拿大出生，也是一個高大英俊而且學歷高的男性。他們認識之際，他正在美國一所著名大學修讀博士學位。最重要的是，他善良、有耐心，而且出生於富裕家庭。他們談戀愛

半年後便結婚了。我們曾經問雯茜為甚麼那麼短時間內再婚，她解釋說，她的婆婆不允許她和 EX2 同居卻不結婚。儘管如此，這反映了雯茜並沒有吸取前一段失敗婚姻的教訓。對於她的再婚，有兩點值得我們深思。第一，縱使她在上一段關係中受盡委屈，她仍然沉醉於外在的優點：外表、教育程度或家境。她的前夫 EX1 也是高大英俊而且學歷高的男性。第二，她匆匆與 EX2 再婚，沒有仔細觀察、瞭解他的家庭；也沒有認真考慮她嫁進這個家庭後，會是什麼狀況。

雯茜與丈夫婚後在加拿大居住了 10 年。這 10 年內，她跟她的公公婆婆住在同一屋簷下，並且在公公婆婆的家族企業內工作。我們感到很奇怪，為何她會留在家族企業工作 10 年之久，這不單因為她是碩士畢業生，更因為她多次重申她是個事業心重的女性。但是，若我們把她對學業和事業的抱負放到一邊，只看上述描寫她信從傳統男女觀念的心理狀況，這疑問即煙消雲散。我們甚至可以斷言，雯茜並沒有自己所說的那麼重視事業，只因她的兄長和姊姊有如打不垮的高牆，才激發她的對成功的渴求，冀望勝過他們。因此我們相信，從中國文化角度來說，她嫁給一個成功男性，相當於是另外一條取得成功的途徑。這種思維來自傳統的中國家庭觀念：夫婦被視作一對，丈夫的成功自然地轉移到妻子身上（Chen, 1984; Wong, 1995）。

她對傳統女性觀念的順從，解釋了為甚麼她願意忍受她的公公婆婆 10 年以上。雯茜感嘆她的第二段婚姻並沒有讓她比較好過。她指出，在異地獨自住進一個大家族，實在是不容易。她抱怨更糟糕的是，她沒有孩子，使她每天受盡奚落。她的痛苦源自她的丈夫是家中的獨子，傳宗接代的壓力很大。結婚 10 年，她用盡方法滿足公公婆婆的期望，她接受了手術、接受藥物注射、服食中藥等，舉不勝舉。她埋怨她的公公婆婆漠視她的付出。他們的嘲弄傷透了她的心，但她最終學懂了怎樣容忍他們，雯茜解釋說：

> 當時我的心中有一個聲音，告訴我應該遠離他們。我已經盡我所能，如果你不能接納這樣的我，那是你的問題，不是我的錯！這不是我的錯！

從這個例子，我們再次證實她傾向把所有責任推到其他人身上，以證明自己是無辜的。我們並非認為雯茜的公公婆婆對她的指控合情合理，

但她也須要負起部分責任。她理應在婚前好好觀察 EX2 的家庭及他的父母，而不該草草決定結婚。她不懂從錯誤吸取教訓，對她往後的人生帶來了毀滅性的影響。

2000 年，EX2 得到了一張在臺灣工作的聘約，雯茜心想：「上天終於站到我這邊來了！」同時，她也找到了現在的工作，但他們二人之間的問題卻逐漸浮現。雯茜強調雖然 EX2 在加拿大出生，他卻是一個非常「傳統」的男性。他期望擁有「快樂」的家庭生活，妻子在家等候丈夫下班、小孩下課。但雯茜卻希望擁有自己的事業。上文曾經提到，她於訪問時多次重申，事業是她終生的追求。可惜，她認為 EX2「只欣賞家庭主婦，毫不賞識事業女性」，他甚至「忌妒她這種事業有成的已婚女性」。

雯茜表示，他們多次為丈夫與妻子的角色分配爭論，EX2 在 2002 年向雯茜提出離婚。雯茜起初並不願意離婚，但經過多次的爭執理論，她最後妥協。然而，他們離婚後卻成了「要好」的朋友，雯茜表示她經常給 EX2 打長途電話。2006 年，EX2 跟第二任妻子離婚時，雯茜甚至長途跋涉飛到加拿大陪伴他。更出人意料的是，他們離婚後，直到 EX2 在 2003 年回去加拿大為止，仍然繼續在 EX2 的住所中發生親密關係。翌年，EX2 到臺灣短遊時，再次在雯茜家中與她發生性行為；2006 年，雯茜到加拿大探望他時亦然。更明顯的是，她從不說 EX2 的不是，而且把 EX2 形容為友善、有禮而且認真的人。這證明雯茜依然深愛著 EX2，而 EX2 對雯茜也抱有好感。我們問雯茜，既然他們依然相愛，為甚麼非離婚不可；為甚麼他們不可以想辦法解決對婚姻角色的矛盾？雯茜則回答光是相愛並不能保證婚姻成功。

第三次訪問雯茜時，她提出了另外一個離婚的原因：

> 我認為我們沒有小孩就是主要原因。我多次問他，不停的問：「究竟是不是因為我沒法給你生小孩？」他回答：「不是。」（但）他是獨子，他的爸爸給他很大的壓力。他的媽媽和其他親戚也是一樣。我非常肯定！

由此可知，她不甘心因為無兒女而離婚，因這等同否定她是一個好妻子。她似乎想把自己塑造成這段婚姻的無辜受害者，就如她形容婚姻為「父權制度」。

綜合以上原因，她第二段婚姻的失敗，如第一段婚姻一樣，看似責任不在她身上。但常識告訴我們，但凡婚姻失敗，雙方都要負上責任。除此以外，她舉出的兩個離婚原因並不能說服他人。假如她認為 EX2 對她不公平，只因為她不能給他生小孩而拋棄她，那她理應憎恨 EX2 並主動提出離婚，如她對 EX1 一樣。但提出離婚的那方卻是 EX2。更重要的是，若不育是他們離婚的主要原因，那為何他們忍受了 10 年，偏偏在 2002 年離婚呢？

同樣地，我們也無法相信，他們離婚只是因為婚姻角色觀念的矛盾。如上文指出，雖然雯茜希望贏過她的兄長和姊姊，她卻不如自己描述那麼重視事業。況且，一對結婚相處 10 年的夫婦，在婚後 10 年才因婚姻角色的衝突而離婚，實在是有點難以相信。因此，我們深信他們離婚是另有原因。

作者於訪問中，已經察覺到一些蛛絲馬跡，認為雯茜曾經陷進不倫的曖昧關係。於訪問期間，雯茜從未承認，直到我們轉以私人聚會形式與她閒聊，她才坦白自己曾經跟男人發生曖昧關係。雖然她否認她的不忠是她與 EX2 離婚的其中一個原因，但似乎這卻是最有說服力的理由。

### （三）與已婚男性（L1）的婚外情

2004 年初，作者與雯茜聊天時，她透露自己在 2002 年離婚後不久，與 L1 有一段曖昧關係，他們的關係持續到 2006 年末。她形容他們是「伙伴關係」，L1 對她的照顧無微不至。她離婚後，L1 不但經濟上資助她，還安撫她的情緒，這是她當時最渴求的東西。L1 甚至向她求婚。但她總是形容他們的性關係「缺乏激情」和「沒有帶給她性滿足」。她允許 EX2 在她的公寓過夜，卻不讓 L1 留宿。有趣的是，她告訴作者，她認為自己有義務對 L1「忠誠」，有如 L1 是她的「合法」丈夫一樣。因此她對 L1 隱瞞她和 EX2 及 L2──她的第二位情人──的一切性關係。

如上所述，雯茜告訴作者她與 L1 的關係，是於她和 EX2 離婚後才開始。但事實似乎並非如此。2003 年，雯茜解釋她與 EX2 對婚姻角色的矛盾時，她指 EX2 多次抱怨她的上司給她太多工作，使她不能早點回家。我們難以理解，為何 EX2 這樣高學歷的男性，會抱怨這種事情。我們於 2005 年得到一個比較合理的解釋：雯茜透露 L1 正是她的上司。此外，一

位 1999 年到 2002 年在雯茜所屬公司工作的男同事，與作者閒談時提及，自雯茜 2000 年加入公司以來，她和她的上司關係便十分密切，他們經常一起吃午飯，甚至在週末一起登山。他補充說，雯茜在公司的健身房運動後，甚至使用她上司的辦公室的浴室洗澡。串連以上細節，我們可以重新組織她的故事。

雯茜與 L1 的關係，可能於 2000 年，她剛回到臺灣並加入這家貿易公司時便已開始。儘管她沒有任何工作經驗，她擁有碩士學位，而且操著一口流利的英語，讓她找到一份高職位的工作。

往後她的上司更提升她成為首席會計師，使她足以和公司另一位主要會計師——Gillian 匹敵。Gillian 在該公司工作 10 年，眾人皆知，她和雯茜是公司內的死敵。因上司的賞識，雯茜突然之間嚐到這「虛性權力」（pseudo-authority）的滋味，其他同事對她既羨慕亦敬畏。這是她人生中第一份工作，而且滿足了她素來的驕傲自大的心理，因此我們不應低估這份工作對雯茜的影響。2008 年，雯茜將要離開公司時表示：「我從設立這個職位開始，便接手這份工作；它很複雜而且很重要。接替我的工作的人可頭大了！」除了權力的誘惑外，雯茜發現 L1 也十分吸引。雯茜曾經告訴作者：「我的上司不但學歷高，而且非常聰明。」由此可見，雯茜再次被學歷高的男性所吸引，就如她對兩位前夫一樣。以雯茜任性的個性，相信她只是希望跟 L1 維持短暫的關係，一嚐權力的滋味，並證明她優於 Gillian。她天真地相信，EX2 永遠不會察覺；即使他發現了，也會原諒她，就像無論她做錯任何事情，她的父母都會原諒她一樣。因此，當 EX2 發現她的婚外情，並正式申請離婚時，她迅即崩潰了。那是她始料不及的事情。2003 年，EX2 辭去臺灣的工作，返回加拿大，雯茜便頓失一切。我們相信 EX2 對 L1 的指控，並非因為他給雯茜指派太多工作，而是因為 L1 和雯茜的不倫關係。

由此可見，雯茜與 L1 的婚外情，實際上是她和 EX2 離婚的「原因」，而非後果。這給我們提供了一個合理的解釋，解釋為何雯茜離婚後仍繼續和 EX2 發生性關係；為何她經常給 EX2 打長途電話；為何她從臺灣飛去加拿大探訪他；還有為何她從不說 EX2 的不是——全因為她才是導致離婚的禍手。

雯茜無法處理自己的劣行帶來的惡果，於是再次選擇逃避。與第一

次離婚無異,她無法承擔任何責任。我們並不否認兩段婚姻給她帶來的痛苦,也不是說她應該承擔兩次婚姻失敗的所有責任。更確切地說,我們希望強調,她應該為自己人生的失敗負起部分責任。她提出的兩個離婚理由——無兒女和丈夫不賞識她的事業成就,都是把矛頭指向 EX2,彷彿婚姻失敗與她並沒任何關係。她總是習慣把責任推開,但這也不盡是她一個人的錯。如上文所述,她的家人總替她收拾殘局,造成她這種性格。

往後數年,雯茜繼續與 L1 的曖昧關係,更和 L2 發展出不倫關係。那為甚麼她對 EX2 隱瞞和其他男性的曖昧關係?為甚麼她要長途跋涉到加拿大探望 EX2?筆者認為她只是把她的情人當作「備胎」,在她和 EX2 復合前陪伴她。她與 L2 的關係,實際上是始於她對 EX2 的不忿。

### (四)四角戀:與另一位有婦之夫(L2)的曖昧關係

如上文所主張,EX2 因雯茜與 L1 的婚外情,在 2002 年與她離婚,並在翌年返回加拿大居住。若這個推論是正確的,我們便可以理解為何雯茜與 EX2 離婚後,仍然與他維持性關係。EX2 卻並沒有領她的情,他回到加拿大不久,便開始和另一位臺灣女性約會,並於 2005 年再婚。對雯茜而言,EX2 和另一位女性結婚,代表她與 EX2 重修舊好的美夢破碎。筆者認為基於這原因,雯茜在 2005 年結識了另一位情人——L2。在往後的一年半內,她陷入了一段複雜的「四角戀」,周旋於兩位有婦之夫和她的前夫之間。她坦言與三人的關係是以「性」維繫,他們並沒有義務如妻子般照顧她。但她立刻補充,她非常享受與這幾位男性發生性行為,她表示:

> 那有什麼問題?我們是彼此吸引。他們(L1 和 L2)說他們跟老婆從沒有這樣的性快感。再過 10 年,我們已經 5、60 歲了。我享受與他們的性愛,但我不會要求他們跟老婆離婚然後娶我!

事實上,性是她和 L2 的關係中重要的一環。雯茜告訴作者,從一開始 L2 便渴望得到她的身體,他們的性生活非常愉快。筆者認為,她與兩位有婦之夫和前夫的複雜的肉體關係,讓她對男性有嶄新的瞭解,這新的瞭解說明了她與美國 AV 的獨特關係。

## 伍、對美國 AV 的獨特「興趣」

　　於訪問中，雯茜逾 10 次指男性是動物。她也曾經說過：「世上並沒有高尚的男人」。這是對男性非常負面的評論。EX1 精神上和肉體上虐待她；而 EX2 在離婚後依然希望跟她發生性關係，加深了她的「男人純粹是動物」的觀念，對性有一種與生俱來的慾望，並且不惜代價滿足它。後來，L1 及 L2 相繼為她的身體著迷，使她進一步確認男人就是「野獸般的動物」。但我們需注意，她將男性形容為有與生俱來的性慾望的野獸，可以把自己多姿多彩的曖昧關係合理化，將所有責任轉嫁到男性身上，而自己則再次成為「無辜」的受害者。因為這些野獸般的男性垂涎她的身體，而不是她覬覦他們。更重要的是，設定男性為野獸，而這些獸性的男人全都臣服在她的「人類」肉體下，讓她重新定位她在男女關係中的角色——她凌駕於男性之上，和她素來自大的個性吻合。

　　儘管她與 EX1 和 EX2 的不幸戀愛經驗，以及 L1 和 L2 相繼臣服於她的肉體，主觀地引證了她對男性的觀點，但她也需要一些客觀的因素支撐她的理論。我們主張支撐她的觀點的就是重視「肉體」的美國 AV。其中一個主要證據是，每當她提起男人是野獸或動物，她總會舉美國的 AV 為例，例如：

> 雯茜：我認為男人有一種獸性的慾望，我經常對他（EX2）說，就算不性交，只是擁抱或觸摸也能使我興奮。但男人是動物，他們的興奮來自肉體，而非來自心靈，而且只是肉體上的興奮。就像美國的 AV，它表達獸性的慾望，裡面的性愛十分狂野。

　　於另一場合，雯茜表示：

> 雯茜：我和他（L2）的性愛十分狂野。他總是想抱我，這是生理上的吸引啊！
> 作者：又是生理？我真懷疑你們的關係是否真的基於生理因素！
> 雯茜：這可是真的！這是一種生理上的獸性的慾望，是一種本能！你看看美國 AV，它是多麼獸性，多麼實在。男人就是動物啊！

　　對她來說，美國的 AV 直白地呈現人類，尤其是男性的野蠻獸性慾望，而這正是它比日本 AV 優勝的地方。她借重視「肉體」的美國 AV，竭力地引證「男人是動物」的觀點是正確的。背後的邏輯很簡單：第一，

這些野獸般的男子垂涎她的身體，而不是她覬覦他們；第二，即使這些男性聰明睿智，但都臣服在她的性感肉體之下。換句話說，她凌駕於這些男性之上，因為他們這些野獸在性事上需要依賴她這位人類女性。顯而易見，她的人生經歷，包括家庭背景和個人際遇，使她對美國 AV 培養出獨特的興趣。請謹記對某東西的興趣是指那件東西對個體的獨特意義。儘管 AV 非她所好，但她的獨特興趣，卻解釋了為甚麼她會認同美國 AV。

## 陸、總結

本文探討雯茜如何建立對美國 AV 的獨特「興趣」。她就像其他臺灣女性，遵從臺灣人對性別觀念的常態，偏好美國的 AV，多於日本的 AV。筆者認為她對美國 AV 的興趣源自她的人生經歷，包括她的家人對她的教導方式和個人遭遇。她的家庭是受教育的中產家庭，家裡的規則培養她成一位保守的女性，信從臺灣傳統的男女觀念。但文化不能完全規範個體的行為。她是家裡的「小公主」，養成她天真、自我中心和任性的個性，也使她不懂待人接物。更重要的是，作為么女，她在家裏的出生次序，逼使她追求個人成功，以證明自己有別於「聽話」、「聰明」的兄長和姊姊；卻同時削弱了她的競爭力。她無法勝過她的兄長和姊姊，於是選擇逃避，更表現得自大來掩飾，以取悅她的父母。在她往後的人生中，不論是婚姻還是戀愛，她的心理狀態——信從傳統男女觀念、天真任性、自私自負和不懂待人接物——繼續左右她的決定，使她重蹈覆轍以往的選擇。她各種的人生決擇，讓她建立了一種對男人的嶄新理解，她認為男人是「動物」。有趣的是，這種看法不但為她多段曖昧關係作辯護，更提升了她在男女關係中的地位。伴隨她複雜的人生軌跡，最終她選擇依賴美國 AV 引證「男人是動物」的概念。我們斷言，雯茜的個人經歷深刻地影響她對美國 AV 的獨特興趣。

人生經歷對塑造雯茜對美國 AV 的興趣的重要性，意味著我們不能單從社會角度思考。把不同個體歸納成「集體意向」（collective intentionality），將使我們忽略某些值得深究的現象。如 Linger（2001: 48）曾經敏銳地指出，每個個體都有不可化簡的第一身素質。文化決定論從來不能一概而論。

但我們卻不可只看個人層面，而忽略社會層面。雯茜的故事證實了個人主義的因素取決於人生經歷，而人生經歷則受社會影響。雯茜跟隨本地性別常態，偏好美國 AV，卻同時發展出獨特的興趣，這正是指向了人類的本體論。誠如 Linger 所言，「我們既不是自主的能動者（autonomous agents），也並非由歷史倒模鑄造而生」（Linger, 2001: 111）。在此，我們提出最重要的疑問：個人行為如何跟從文化，卻不受其規限？雯茜的故事反映，答案可能揉合了社會和人生經歷的影響。

## 參考書目

Chen, C. N. (1984). *"Fang" and "Chia-tsu:" The Chinese kinship system in rural Taiwan*. Ann Arbor, MI: University Microfilms International.

Ewing, K. P. (2006). Revealing and concealing: Interpersonal dynamics and the negotiation of identity in the interview. *Ethos, 34*, 89-122

Levy, R. I. (1973). *Tahitians: Mind and experience in the Society Islands*. Chicago, IL: University of Chicago Press.

Linger, D. T. (2001). *No one home: Brazilian selves remade in Japan*. Stanford, CA: Stanford University Press.

Papero, D. V. (1990). *Bowen family systems theory*. Boston, MA: Allyn and Bacon.

Sahlins, M. (1985). *Islands of history*. Chicago, IL: University of Chicago Press.

-- (2004). *Apologies to Thucydides: Understanding history as culture and vice versa*. Chicago, IL: University of Chicago Press.

Sartre, J. P. (1968). *Search for a method*. New York: Vintage Books.

Sulloway, F. J. (1996). *Born to rebel: Birth order, family dynamics, and creative lives*. New York: Pantheon Books.

Wong, H. W. (1995). The nature of Chinese marriages. *The Japanese Journal of Ethnology, 60*, 148-156. (in Japanese)

Wong, H. W., & Yau, H. Y. (2014). *AV in Taiwan*. Abingdon, UK: Routledge.

Yau, H. Y. (2009). *Search for individual agency: The use of AV in Taipei*. Unpublished doctoral dissertation, University College London, UK.

# 「性」的手段，「非性」的目的——
## 日本色情 A 片在臺北之使用[*]

邱愷欣

## 壹、色情就是毒害的迷思

長久以來，色情出版物（pornography）都是備受爭論的議題。」近幾年來，在輿論的推波助瀾下，更是炙手可熱，不僅備受報章媒體的青睞、女性主義者對其大做文章，一般民眾也總愛聚焦在它身上。

對於絕大多數的人而言，所謂的「色情」出版物，只能帶來負面的影響。對於為人父母的家長而言，色情出版物只會扭曲孩童的身心發展，沒有絲毫的好處，應該禁絕；民間也因為色情出版物的氾濫而成立自救團體，以捍衛所謂的道德文化或標準，並加強取締色情出版物。以 1999 年在香港成立的「反色情暴力資訊運動」為例，該「運動」是由 18 個教育、社會服務、家長教師會及宗教團體所組成，目標是監察藉由傳播媒介所渲染的色情暴力訊息，並對此作出批評、提出改善的建議和行動，以期創造一個讓青少年健康成長的社會環境。就參與運動者的觀點而言，色情出版物能夠全面性地影響每一個閱聽者（audiences），其中尤以青少年最為容易接收這些「負面」的訊息。讓人玩味的是，這種反對的聲浪不僅充斥於坊間各個角落，就連學術界也彌漫著對色情品「仇視」的氣氛。

翻閱臺灣近年來的學術研究，認為色情品對閱聽者產生負面影響的論調比比皆是。陳怡雯、胡乾鋒、陳怡如等人的研究，不約而同地朝色情

---

[*] 原文刊載於邱愷欣（2008）。〈「性」的手段，「非性」的目的：日本 A 片在臺北之使用〉，《日本情色／華人慾望》（《媒介擬想》，5：107-133）。

品對閱聽者產生負面影響的立論點發展。其中陳怡雯的《國中生接觸色情媒體與異性交往經驗之關係》之研究，以臺北市及新竹縣的國中二年級，共計 2,222 名學生為樣本，在控制背景因素的影響後，發現曾接觸過「平面和電子」色情媒體的學生，其曾經談戀愛的可能性高於「都沒有」接觸色情媒體者（陳怡雯，2005：67）。換言之，此研究確立了色情品之使用和國中生談戀愛的因果關係。胡乾鋒在《臺中縣青春期學生色情經驗、性態度與兩性教育需求之研究》一文中，更直接以道德價值觀來看待色情品。針對臺中縣境內 17 所國中學生進行問卷調查，取得有效樣本 1,751 份，並明確地指出色情品對「身心均未臻成熟」的青春期學生會產生生理異常、心理或行為偏差的負面影響。此研究強調，不論是來自同儕、大眾傳播媒體或社會上常見的色情事物，容易造成青春期學生對「性」感到噁心厭惡、幻想情節、想偷看異性身體的衝動或想法、對異性朋友作出更親密的舉動或有強制性交的衝動等等（胡乾鋒，2003：160-161）。而陳怡如的《綜藝節目色情與暴力內容效果——以臺北市國民中學學生為例》更進一步建立了接觸色情與暴力媒體越多，則產生色情與暴力慾望越高的正比例。陳的研究以無線電視臺綜藝節目之內容分析為基礎，再根據其結果研擬問卷內容，以臺北市國民中學學生為對象，進行問卷調查。調查發現每週收看綜藝節目時數越多、及最常一個人收看綜藝節目的國中生，會對暴力贊同程度最高、性態度最開放，進而對綜藝節目的模仿行為也最常見（陳怡如，2004：106-108）。

雖然以上的研究取向，樣本取樣的方式均有所不同，但都有一個共通點：外在的性刺激（色情品）會帶來相應的生理效果，例如對暴力的嚮往、與異性交往率的提高，或者性態度的逐漸開放。在這些研究中，國中生受訪者呈現的「效果行為」不但被視為色情品所引發的負面影響的「鐵證」，更間接地證實了色情品與引發「內在慾望」之關聯性。簡而言之，所有的人類行為都有其相對的本能性格特質（innate dispositions）或慾望（desires），以及動機（motivation）。這種思考模式與西方社會裡最常用來研究色情品的「效應研究」（effects research）如出一轍。對從事「效果研究」的研究者來說，由於在實驗室裡獲得的效應行為皆被視為相應的內在慾望和動機的最好證據，因此他們認為，人類的內在性格特質與社會行為（social behaviour）是相互呼應的。

本文欲透過個案的分析，提出一個與「效應研究」相反的觀點立場：人類的（性）行為與（性）動機並沒有一個直接、或可供參照的相對應關係。從被視為和性慾抒發高度相關的觀賞 A 片「行為」作為研究個案，則可發現觀賞 A 片與性動機並沒有必然的因果關係。換言之，觀賞 A 片不見得一定由性慾所引發。因此，我們也不能夠從行為（behaviour）來反推動機（motivation）。

## 貳、色情研究裡的「效應研究」

長久以來，色情品一直被貼上負面的標籤，無論在西方或東方社會均是如此。其中，1980 年代的反色情女性主義者的論述最能反映這種觀點。葛洛莉亞史坦能（Gloria Steinem）對「情色」（erotica）和「色情品」曾做出這樣的區分：「色情品」就是不公平的性，是造成社會上性別差異的根源之一；相對的，「情色」則存在於平等伴侶之間（Steinem, 1980: 37）。隆吉洛（Helen Longino）則進一步把「色情品」定義為「文字或圖片資料」，且指出「色情品」是「反映或描述一些對女性造成傷害，或者是降低身分的性行為」（Longino, 1980: 40）。有鑒於色情品本質上的不良，反色情女性主義者均認為，為了防止人們受到色情品的毒害，對色情品的取締勢在必行。從以上反色情女性主義者的思考角度出發，不難看出「色情品」等同於強而有力的「不良『性』薰陶」（undesirable sexual socialisation）；長期的使用下勢必會誘發一些不良的「性」後果。然而，將色情品所帶來的「性興奮」等同於「不良的性後果」（即對女性的蔑視和暴力等等），呈現出反色情女性主義者直接將男性的性興奮轉化為對女性的矮化。

女性主義者對於色情品的極端反對，最終促使 1983 年「明尼波利斯人權法案」（Minneapolis Law Ordinance）的誕生。此法令的重要性在於，它第一次為美國法律增添了女性主義對色情品的定義。「明尼波利斯人權法」將色情品定義為「以性為基礎的一種歧視」，並由圖片或文字構成，把女性表現為一種「非人的性『受體』」（dehumanised sexual objects）（Merck, 1992: 56）。反色情女性主義領導者德渥金（Andrea Dworkin）和麥金農（Catherine MacKinnon）更在她們的公民立法的議案裡，詳細地把色情品定義為：「透過圖片或文字，以直接、露骨的性

慾描繪，表現女性的從屬地位，包括將女人非人化、將女人當作性玩物或性商品（如妓女），或者傷害女人從而讓她們看起來更性感」（Dworkin & MacKinnon, 1988: xxxiii）。值得探究的是這些定義的著眼點主要在於色情品中的「女人」如何被貶抑、剝削、物化、矮化以及一些刻板的女性印象（如無能力、軟弱等等）。這些批評建立在一個假設基礎上：閱聽人會全盤接受呈現於色情品中的訊息，諸如對女性的暴力傾向、對女性以及「女性受害者」產生無情、藐視等等的態度。為了達成她們的政治訴求，以便將色情品完全封殺，極端女性主義者更大量地引用並藉助心理學的研究報告，尤其是「效應研究」，以說明色情品與性別歧視間的關聯。

瑪拉穆茲（Neil Malamuth）是第一位學者以心理學的角度出發，指出含有「侵略性色情」的外在刺激（aggressive-pornographic stimulus）會促進閱聽人對女性的暴力傾向。他的研究指出，那些曾接觸刊載在《樓閣》雜誌（Penthouse）裡含有侵略性的圖片，以及接受了「反抑制溝通的受訪者」（按、色：情實品的驗文者化會理論安撫受訪者，並告訴他們「可以」盡情地顯現他們的侵略性傾向〔aggression〕），相對於只接觸過非含侵略性圖片的受訪者，會對女性產生較高以及較強的侵略傾向（Malamuth, 1978: 7）。

塘內史登（Edward Donnerstein）等人也指出，傳播暴力的媒體，不管涉及性的意涵與否，都會使閱聽人造成態度上，以至行為上的偏差（Donnerstein, Linz, & Penrod, 1987）。林茲（Daniel Linz）等人的報告也揭示，持續接觸含有色情或對女性暴力的媒體資訊會使閱聽人對女性受害者失去同情心和變得麻木（Linz, Donnerstein, & Penrod, 1988: 758-768）。瑪拉穆茲和查克（J. V. P. Check）的研究則認為，長期接觸一些性暴力的圖像，而這些圖像裡的女人如果對被虐待呈現出享受甚至於沉溺的反應，則會增加閱聽人對於「強暴迷思」（rape myth）的認同（Malamuth & Check, 1981: 436-446）。吉爾曼（Dole Zillmann）和布萊揚（Jennings Bryant）也指出「降低人格的色情品」（degrading pornography）對於閱聽人的種種負面影響；包括了對於性和女人的態度和價值的改變、對於女性受害者的麻木化、以至於使一些不尋常的性習慣慢慢地變成合理化（Zillmann & Bryant, 1982: 1-15）。而長時間的

接觸更有可能對男性造成不安；男性閱聽者開始懷疑自己是否「已經」被背叛，因為色情品的使用會慢慢地使他們誤以為，他們的女朋友儼如色情品中的女演員般，會毫無差別的對任何男人提出性需求（同上引：19）。

貝可維茲（Leonard Berkowitz）甚至就侵略傾向建立了一套「刺激－反應」關聯模型。此模型假設了閱聽人對於外來的侵略性刺激會「不自主地」（impulsively）作出行為反應（Berkowitz, 1970: 712, 1974: 165-176）。面對著侵略性刺激，個體會因為憤怒而失去自控能力，又或因為他已領悟到侵略行為所能帶來的愉悅，誘使內在的侵略行為表現出來。這麼一來，所有隱含對女性有暴力傾向的色情雜誌、非色情雜誌，以至於任何媒體就直接與「內在的暴力反應」結合起來。

歸納以上的研究結論，效應研究多著眼於個人生理上、行為上、態度上的反應。因此，色情品的使用往往讓人聯想到畫面外的勃起、自慰，以及對女性的暴力傾向或蔑視。此外，效應研究更將「性」的行為（sexual behaviour）或反應直接歸因到「性」慾／動機之下（按：這裡的「性的行為」不單是包括了性交，還包括了一切與性有關的行為，例如看 A 片、自慰等等）。在效應研究的邏輯裡，A 片是一種「性的刺激」（sexual stimulus），用以刺激人們的「性慾」（sexual desire），進而產生「性」的反應。換言之，「性」的行為／反應是直接由「性」慾所引發的：畫面外的自慰，又或是對女性種種行為、態度上的反應，是內在慾望被引發的直接後果。因此，性刺激、反應、慾望／動機 4 者的關係可以簡單歸納成圖 1。

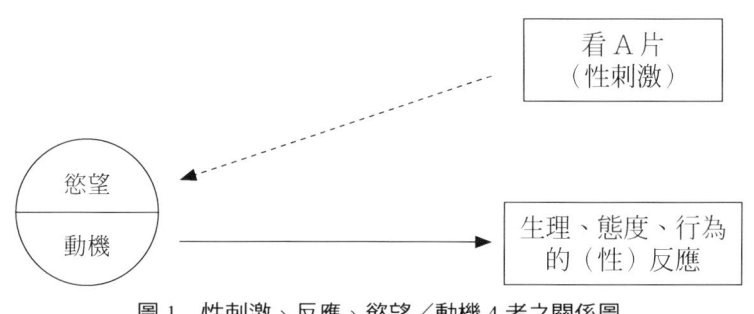

圖 1　性刺激、反應、慾望／動機 4 者之關係圖

簡而言之，效應研究背後最重要的邏輯在於，人類的「性的行為」與「性動機」有著可相互呼應的對應關係。所以在實驗室裡，男性受測者在接受暴力、色情的刺激後所產生的生理或態度改變，可以簡化、等同於他們內在的慾望與動機。此處有兩點假設值得我們作詳細的探討。第一，慾望是一個純生物的（biological）或者是物質的（physical）需要；而肚子餓這一現象常被拿去解釋這種純生理的需要。的確，在肚子餓的時候，我們吃東西。但是，我們吃什麼（譬如說日本人吃的是生魚片還有生的高麗菜，在中國社會充其量是生的魚和生的「草」，而不是食物；相對的，中國人喜歡吃的狗、田雞、鳳爪、穿山甲，對很多外國人來說，根本稱不上是食物），以至於如何進食以滿足這個慾望（譬如說用刀叉，還是筷子，又或是用手等等）並不是生物需要所能夠解釋的——他們都需要根據文化賦予這些東西的意義，才決定什麼能夠吃，還有如何吃。同樣地，性慾固然是生物的需要，但是他如何表現？如何才算是滿足？還得依靠文化來詮釋。第二，在「刺激—反應」的對應關係裡，內在慾望與動機是可以互換而完全不改變其意義。雖然，在一般的常識裡，我們也理解慾望（性慾）能否直接轉化為行動，須建構在人、時、地，以至於道德規範下各種外在因素的配合。換言之，動機往往是慾望和許多考量的總和。但是，從事效應研究的研究者卻很篤定的認為，人類的生理需求能夠主導，甚至操控人類的行為。也就是說，慾望完全等同於動機。因此，對於反色情女性主義者來說，色情品是一種徹徹底底的「性別歧視」（sexual discrimination），因為在實驗室裡各種暴力、侵略傾向數據就等於男性內在「真實」的動機。

## 參、生物學的被利用和濫用

從以上的分析可見，對於反色情女性主義者及效應研究員來說，人類天生的生理構成與其社會行為有著一對一的相應關係。一旦人類的本能被激發起來，便會自動產生相對的行為。當男性閱聽人接收到外來的刺激（如侵略和性慾），他們便會如同機械般「自動地」作出帶有「性」和「侵略性」的反應。這麼一來，色情品的使用則被簡化成人類生理上固有的行為趨向而已。

我在臺灣持續做了3年的色情品研究，研究結果告訴我：雖然日本

Ａ片在臺灣流行不是一件稀奇的事情，但是Ａ片的使用與所謂的「性動機」（sexual motive）卻不見得是一對一的相應關係。相反地，研究顯示出在臺灣社會，日本Ａ片常常被用來滿足一些與性慾無關的需要。如此一來，引發這個行為的動機往往可以超越性慾；即是「非性」的需求。譬如說，Ａ片可以是一個教材，尤其是作為男性的「性劇本」（sexual script）（Kimmel, 1990: 12），又可以送給朋友以維持或鞏固「男性結盟」（male bonding）（Segal, 1994: 363）。事實上，在許多全男性的環境下，Ａ片的討論和使用更可以促進溝通並消弭彼此間的隔閡。研究更發現，日本Ａ片裡常常呈現的溫柔女性形象可以用來安撫或穩定男性意識。更讓人玩味的是，雖然大部分臺灣女性不太會主動看Ａ片，而且很多時候是因為父／男權的情況下被動地接觸Ａ片，但是在這被動的同時，她們卻主動地利用Ａ片來建立對男性某一種的建構，或對Ａ片使用從新定義，從而達成一種對父權社會的抗爭。[1]

　　顯然易見，觀賞Ａ片的行為，不見得與內在的性慾有互為對照的關係。諸多民族誌資料所指向的是性慾與性的行為之間的脫離；除非是在「生物決定論」的前提下（biological determinism），否則後者（即性的行為）並不一定跟隨著前者（性慾）的發生而發生。這個發現意味著人類的行為並非由我們與生俱來的生物條件決定，而是我們的「文化」賦予了具體的意涵。因為，人類行為背後的動機不單包含內在的慾望，還包括了文化賦予這個行為的社會價值和觀念。更重要的是，所謂的「內在」慾望其實也是由文化塑造而成的；如果慾望是先天的，甚至是普同的話，那麼人類對於食物、口味、審美、顏色等等的分類（按：薩琳斯〔Marshall Sahlins〕曾就不同的文化對於顏色的分類有著不同的方法作出深入的探討。）都應該有一致的想法。但事實上，大家的想法卻是南轅北轍。要排除其他的可能性而達成某一種的選擇或理解，人類更是需要倚賴文化。

　　薩林斯的《生物學的使用與濫用》（*The Use and Abuse of Biology*）最能夠釐清這觀點。面對著1970年代初「社會生物學」（sociobiology）

---

[1] 由於篇幅的限制，我無法在此交代臺灣婦女如何透過Ａ片對父權作出抗爭；但是，正如下文薩林斯對戰爭與侵略性作出的分析，觀賞Ａ片的文化模式可以滿足不同的非性需要，因為滿足並不取決於觀賞Ａ片的「性」特質，而是取決於賦予這個行為的文化涵義。

的強勢影響力，薩林斯提出了一個簡單卻很有力的反駁例子：那就是戰爭與人類的侵略性本能（human aggression）之間的關係。人們參加戰爭有許多不同的原因或動機，而這些原因也不見得只限於本能的侵略性傾向；人們之所以參與戰爭，可能是因為對國家的「愛」、或因為「仁慈」（相對於敵人的兇殘），也可以是為了個人的「名譽」、「自尊」又或「內疚感」，甚至有所謂的拯救世界的「聖戰」（Sahlins, 1977: 8）。同樣地，戰爭並不因為個人的動機而引起。戰爭是一種「國家與國家」的關係，而「在戰爭中個體並不是意外地成為敵人，他們之所以成為敵人，不是因為他們是男人，也不是因為他們是公民，是因為他們是軍人」（同上引：9）。

一言以蔽之，人類的侵略性本能不見得非要通過戰爭來實踐不可，也不一定需要由戰爭來滿足。薩林斯指出，一個士兵在叢林裡對著看不到的目標開火不見得是由侵略性本能所導致的（Sahlins, 1977: 9）。相反地，這一開火並不一定能滿足這個士兵的侵略本能。戰爭行為是由一連串的事件所引發；引發戰爭的動機可以包括許多侵略性本能以外的需求。同樣地，性慾不一定要通過性行為來宣洩，更不見得一定要透過性行為來滿足，因為去實踐並滿足這個需要並不是藉由人類行為的生物性，而是根據文化所賦予這個行為的意義。相反地，性的行為也可以牽涉並滿足許多不同的「非」性需要。也就是說，「性慾」與「性的行為」之間並沒有直接的因果關係，所以我們也無法從「性的行為」來推知所謂的「性動機」。再者，如果把所有和「性」相關的行為（包括看 A 片、自慰、做愛等等）都歸因到生理上的性慾，等同於我們要跟自己的認知做一個妥協，也就是說要放棄我們的日常認知——我們都清楚知道引發自慰、看 A 片、做愛的動機可以包含許多不同的「非性」需求，例如睡不著、工作壓力、發洩情緒、無聊等等。基於這一層的理解，我認為色情研究中的效應研究充其量也只是另外一種「生物學的濫用」。

在這裡我必須指出，效應研究的學者都犯了一個很嚴重的認知錯誤。他們忽略了性慾與人類性的行為之間存在著一個斷層（gap）。而形成這個斷層正是因為「文化」的存在。根據吉爾茲（Clifford Geertz）所說，文化是一套以表達意義為目的的符號系統或概念——吉爾茲稱之為「管理裝置」（control mechanism）；它乃是一套完備的規則及操作指

南，其目的在於管理並支配人類的行為（Geertz, 1973: 44）。吉爾茲更點出，人類正是生物中最需要倚賴「外在的、象徵的」管理裝置來管理自身的行為（同上引）。因為，人類與生俱來的「本能」非常的簡單，而且這些本能的數量又非常的稀少（同上引：45-46）。這意味著人類的本能無法直接或者是以一對一的形式來啟動我們變化萬千的社會行為。顯然，人類的慾望與社會行為之間並非是一一呼應的關係。換句話說，人類的慾望與社會行為之間存在著一個「關鍵的不確定性」（critical indeterminacy），而這個不確定性是由於「文化之介入」（intervention of culture）。所謂「文化之介入」是指人類的慾望，以至於滿足慾望的方法均由文化意義所構成。亦即是說，慾望與滿足慾望的方法彼此間的關係並不是生物性或物質性，而是象徵性，因而也是任意的。所以滿足性慾望的方法可以是多種多樣的。因此，本文將大膽地主張色情品之使用不一定是由性慾所驅使；色情品絕對可以被用作滿足非性的需要。正如寇蒂斯（Debra Curtis）明智地說：「性實踐（sexual practice）並不是常常由性慾所引起，而性慾也往往可以超越個人的性實踐」（Curtis, 2004: 95-121）。

　　以下將藉由一個以追溯個人歷史為主的「傳記式」個案來說明性動機、性慾與 A 片消費的關係；而這種處理手法的採用正好讓我們窺探到受訪者在人生不同時點上觀賞 A 片的原因及邏輯。顯然，這些原因及邏輯，在單一時點式的效應研究或問卷裡，只能夠籠統地被歸納到「性慾」之下。

## 肆、個案探討

　　2002 年的秋天，我到了臺北，開始我的博士田野調查。從原本不太會講國語，到後來已對臺語略知一二，其中經歷了許多有趣的事情，這些點滴不僅突顯出臺灣與香港在文化上的差別，也迫使我思考人類行為的邏輯及其與文化背景的相關性。直到 2005 年 8 月為止，我總共深度訪談了 44 人。由於篇幅的限制，我無法把所有個案一一交代。在這裡，我將會透過一個詳細的民族誌個案來解釋性慾與觀賞 A 片這個行為之間的分離。誠然，我並不認為單單的一個臺灣人就能夠代表「所有」的臺灣人。然而，我想強調的是，A 片的使用與臺灣文化有著密不可分的關係。

儘管每一個個案不盡相同，但是隱含在背後的邏輯卻是一樣的。也就是說，在性慾與Ａ片使用之間的隙縫，需要依賴臺灣獨有文化的介入，才能得以彌補，從而使其行為賦有具體意義與完整性。

在眾多的受訪者裡，學奎屬於「重度」的Ａ片使用者。然而，他的獨特性還不只是這樣，學奎不僅「重度」使用Ａ片，他也是各個案中最專業、最熟練的一個。因為，他不但觀賞Ａ片，他還會收集並根據自己的喜好來修改Ａ片。

學奎平常的校園生活，回到大學宿舍所做的第一件事就是把電腦的電源打開。然後，開始每天例行性會做的事情：他會瀏覽一些網頁，到他喜歡的BBS網站（按：中文為電子布告欄，學校大部分用作為報告學校情況的一個重要媒介，同時也是學生互相溝通的管道）看看文章或回應，也會重新再看他之前下載到電腦裡的Ａ片。值得一提的是，他是唯一一位受訪者如此明白地告訴我，他幾乎每天都在看Ａ片。而且，他很正經的解釋，他之所以要每天看Ａ片是因為要更新電腦存取容量，好讓新的Ａ片和音樂檔案能有更多的空間存放。為了騰出更多的空間，他甚至會利用一個名叫 MPEG tool 的軟體來切割、修剪、再合併這些Ａ片，好讓他留下喜愛的部分。當這些片段累積到一個程度（通常CD為700MB，DVD則1GB或以上），他會把精華內容剪輯起來，燒到CD或者是DVD上。

2003年春天，我第一次跟學奎碰面，當時他告訴我他擁有150張這樣自行剪輯的CDs。但我們不能忽視的是，他看過的Ａ片總數量遠遠超過這個數目。2006年初，在我強力的要求下，他電郵一份名為「已燒錄的Ａ片目錄」資料給我。這份目錄共有8頁之多（10號字體和單行行距），共收錄了322個項目，亦即是322張CDs。這322項目都附上編號，以及詳細的紀錄。每一項目都註有原本的日本標題、檔案類型、以及詳細的中文註記，例如，胸部的描述、衣服的類型、與那位名人或藝人長相相似或是特別的性行為。這是我在臺北看過最詳細、最有系統的Ａ片目錄。他還特意的跟我說：「無論在任何的情況下，你都不可以把這份目錄交給別人。這份目錄對學奎的重要性溢於言表。

綜觀他所說的種種，很容易讓人覺得學奎是一個性慾很強，或者是很「色」的人。在整個的訪談過程，學奎也不斷的告訴我，「性慾」是

他看A片最重要的原因。但是，這其實並不盡然。雖然他每天都看A片，但不見得每次的觀賞都是為了後續的自慰。當然，宿舍裡常常有別的室友也是其中的一項主因。但問題是，他並不是每次都想要自慰。正如上述所說，他看A片常常是為了整理電腦裡的東西。顯然，這與他所說的「性慾主導」自相矛盾。我必須點出，他所「說」的與他的真實行為存在著一個隙縫──他看A片的真正原因並不是因為所謂的「性慾」。這個斷層在訪談中已略見端倪；在訪談外的交往、相處，以及3年來長期的觀察下，更是無所遁形。下文中，我們會走過他濃縮後的人生片段；我們看到的並不是他所說的──性慾如何主導他的A片興趣與使用；相反的，呈現在我們眼前的卻是「求學」的威力；求學中的順境、逆境與學奎A片生涯的開始、起伏均有著密不可分的關係。在文末，我將會大膽地指出，色情品對他的重要性也許只限於幫助他達成學業的成就而已。也就是說，色情品充其量只是一個手段（a means），而不是真正的目標（an end）。從他觀賞A片這個與性慾有高度相關性的行為裡，我們根本無法找到相應的性動機。

　　正是因為這個原因，學奎的A片使用絕對不能夠與他的求學經驗分割開來。在第一次的訪談裡，他就曾經這麼說過：「也許你找對人啦！讀書跟sex是我們生命中最重要的兩件事情」。作為一個來自香港的女生，我必須說很少香港男生會像學奎這麼直接承認自己的「性」趣。在下文，我將探討他多年來使用A片的情況，以至於他的喜好等等，然後我會把他的A片使用納入他的家庭背景和求學過程這些範疇來分析。

## 一、色情品的高低潮

　　學奎於9歲時第一次接觸實體（hard-core）色情品。有一天下課後，他跟一群男孩子跑到其中的一個同學家中，把同學爸爸從美國帶回來的帶子拿來播放。學奎很清楚的知道這是sex，只是他並沒有很大的生理反應。他告訴我，當時印象最深刻的就是那對赤裸裸的白種人身體以及他們不太合乎比例的性器官。雖然這種集體觀賞前後只發生了3次，卻是他當時接觸A片最主要的管道。

　　其實，早在看A片之前他已經光顧過所謂的「牛肉場」。牛肉場是一種1980年代頗為流行的臺灣地方表演，其中的女表演者不但會唱歌，

還會隨著音樂跳脫衣舞。雖然他自幼就接觸牛肉場及 A 片,學奎要到很晚才可以稱得上是「A 片」的使用者。在國中與高中年代,雖然大部分同齡的受訪者都會收看「第四台」提供的色情頻道(按:有別於合法的三臺無線電視,利用社會共同天線來播放錄影帶的頻道都統稱為第四台。第四台約始於 1970 年代的後期,由於其節目廣泛和收費便宜,到 1980 年代,幾乎家家戶戶都有第四台。加上當時第四台不受政府所管制,業者更是大膽的播放色情品來招攬觀眾),可是這並沒有發生在學奎的身上。我問他為什麼,他只說:「我當時的課業很重,根本沒有時間,也沒有心情去看」。

然而,學奎在國中和高中不看 A 片的原因其實是不一樣的。在他的國中年代,他的課業成績非常好,而且他並不覺得學業有任何的壓力。正如他所說:「我自己比誰(父母、老師們等等)都有興趣去唸書、學習或者是準備考試」。學業上的成就感與滿足感使他認為無論玩耍、觀賞色情品或交女朋友都是浪費時間的事情。在考進高中後,他為了滿足父親和社會大眾的期待,選擇理組。但是,到理組不久之後,他的學業成績出現明顯的退步。在這種失落、挫敗的情緒下,他選擇踏入愛情,並透過「性」來排遣他的鬱悶,也就直接的跳過了色情品。

學奎真正成為日本 A 片使用者是在考進國立臺灣大學的時候(以下簡稱為臺大)。作為一個來自南部的學生,他被安排到便宜並設有快速網路的宿舍裡(按:自 1990 年代後期開始,臺灣教育部即設立名為臺灣學術網路〔TANet〕以促進大專院校之間的學術交流)。這樣的宿舍環境的確有助於他下載 A 片及其使用。但是,學奎也指出當時他與女朋友剛分手,他常有意無意的借助 A 片來抒發他的不悅和情緒上的低落。剛開始的時候,他只有透過 FTP client(按:FTP〔file transmission protocol〕乃是一種檔案傳輸協定,當中分為用戶端〔FTP client〕和伺服器端程式〔FTP server〕,前者只能從 server 下載檔案,而後者不但可以下載,更擁有分享的功能)獲得免費的電影、A 片、軟體的分享。之後,有鑑於資源的不足,從大二開始,學奎開始架設自己的 FTP server。從此,他不再是單方面的接受人家給的 A 片,而是利用自己的收藏品去跟別人交換。到他大三的時候,他看過的日本 A 片量累積已有一千多部。

為了獲得更多的 A 片,學奎在臺大的 BBS 站上發布廣告,邀請其他

同樣有架設 FTP 站或志趣相投的學生來進行 A 片資源的交換。在最高峰的時候，他的交換夥伴有 15 位之多。大四的時候，學奎的 A 片使用達到新的巔峰。當時，面臨期末考跟研究所考試的雙重壓力，學奎已經喘不過氣來，再加上他與女朋友之間因為一些問題而產生嚴重的口角。在極度苦悶的情緒下，他告訴我，他幾乎每天都通過看 A 片來享受自慰所帶來的快感。一天之內看 A 片高達 5 次，而每次都有以自慰來結束，是他創下的最高紀錄。

從以上的敘述來看，我們很容易會把他的 A 片使用理解成「性慾」的直接延伸。這種「動機」的使用模式正是坊間、學校、宗教團體反對色情品的主因；他們認為長期接觸 A 片不但是縱慾，更會嚴重扭曲青少年的性觀念。但是，這些衛道之士卻忽略了 A 片的使用往往可以與性慾無關，更無法體會到 A 片可以與求學有著直接的關係。因此，要理解學奎使用 A 片的頻率高低，一定要把這個行為以他的求學過程為前提來考量。在這之前，我們先看看他對 A 片的使用是如何跟別人的不一樣。這一層面的探討主要說明，如果性慾與性的行為有著直接關係的話，那麼人們看 A 片的行為應該也是很相似的。可是，事實卻不是如此。

## 二、奇怪的消費模式與喜好

在探討學奎的消費模式之前，我們先理解一下在臺灣這個文化環境裡，日本 A 片與美國 A 片的意義。根據我的研究發現，大部分的臺灣男生都偏好於日本 A 片，而他們所持的理由也大致相同；他們認為日本 A 片裡的女生較為「可愛」、「嬌滴滴」、「甜美」、「柔弱」、「溫柔」、「楚楚可憐」，進而讓他們很想去照顧、呵護她們。相反地，臺灣男生認為美國 A 片裡的女主角都太過強勢、強烈、主動、經驗豐富，甚至幾乎是醜陋，以致於他們覺得美國 A 片較不具吸引力。在我的追問之下，不少的男性受訪者均表示，在主動、性經驗豐富的美國女優面前，他們覺得自己無法掌控性行為的發生或步驟，以致於他們淪為女性慾望的「獵物」。換言之，他們之所以無法對美國女優產生性幻想或認同，是因為他們無法行使他們「男性」的主導權。也就是說，強烈、主動的女性形象會嚴重地威脅他們的男性意識和身分（male consciousness and identity）。

也許，男性意識這個概念有點抽象。然而，臺灣文化裡的「擔當」

卻很能夠說明其中的涵義。在臺灣社會裡，一個男生必須要有「擔當」，而所謂的擔當是指男性對於家庭、父母、妻兒、女朋友、甚至於自己的一種責任感。廣義來說，這責任感包括了經濟上的支持、精神上的體恤，以至於生活上的實際協助。簡言之，擔當就是一種「照顧」別人，尤其是女性（包括母親、老婆、女朋友）的責任感。大部分的臺灣母親或女生，都認為他們的兒子或男朋友，在當兵之後都會變得較為成熟，而且比較有所謂的擔當。因為，當兵中的體能與紀律訓練不僅讓他們學會刻苦耐勞、克己和承擔，也使他們明白到一己的控制、表現會直接影響身邊的所有人；這也就是所謂作為男人的責任感。在這樣的環境下長大，臺灣男性往往又會以這種社會期待來評估自己。所以，在我的男性受訪者裡不難發現，自身「有用與否」常會成為他們自我評估的標準，而有擔當往往變成他們的終身理想。在性方面，這種男人的擔當就轉化成為去滿足並照顧女生性需要的能力。也因為如此，一位男性受訪者清楚的指出：「我喜歡看柔弱、溫柔的 AV 女優，因為她們讓我想要照顧、呵護她們，進而覺得自己是一個真真正正的『男人』。」

　　有別於大部分的受訪者，學奎喜歡的卻是被廣泛認為過分露骨又或是不太誘人的美國 A 片。但是，這並不代表他不欣賞日本 A 片。事實上，他在看美國 A 片看到一個程度的時候，常常會換到日本 A 片去，尤其是當他覺得他需要一種「新鮮」感的時候。換言之，他對於日本或是美國 A 片的喜好是「處境式」，與他的情緒有著密不可分的關係。當他需要享受那種「自然」，或是「女性很色」的感覺，需要馬上得到慰藉的時候，他會看美國的片子。相反的，當他想要欣賞「演技」的時候，他會選擇看日本 A 片。因為，日本 A 片往往要經過一段頗長的前戲，所以會有較多讓女優「表演」的空間。相對地，美國 A 片則比較快進入狀況，加上它通常是無碼的，所以也比較能夠提供強烈而直接的刺激。值得一提的是，這種同時喜歡美國與日本 A 片的情況，在其他的受訪者裡是非常罕見的，因為他們對於這兩種類型 A 片的好惡通常是互相排斥。也就是說，喜歡日本 A 片的人對於美國 A 片通常都是抱有相當負面的看法；而喜歡美國作品的人也會覺得日本 A 片很差勁。

　　其實，這種「奇特」的想法也反映在學奎如何挑選日本 AV 女優的層面上。他喜歡的日本 AV 女優類型大部分是所謂的「強勢型」或者是「過

分主動型」。在訪談的過程裡，他不斷的告訴我，他偏好所謂的「熟女」、「痴女」或者是「女挑逗者」。而他喜愛的女優也是貫徹這種口味，包括了及川奈央、渡瀨晶、三宮里緒、若林樹里等等。這些女優給觀眾的印象並不是可愛、甜美，而是主動的、強勢的，並且有豐富性經驗的。事實上，學奎對於廣泛受到歡迎的「美少女」並不太感興趣。雖然他也認同說，唯川純、古都光、櫻朱音、草莓牛奶或者是美竹涼子等等都有漂亮的外表和姣好的身材。可是，他認為她們充其量只是「沒有演技」的女優而已。當被問到如何才算是有演技，學奎解釋是那種能夠充分表現她們的性需求，或她們對性的強烈渴求。我想我們可以直接的把它叫做「淫蕩的」感覺。這裡我必須要說明一點，在臺灣的文化環境裡，一個太過主動、淫蕩的女生常常被視為威脅男性主體／身分的象徵。好比美國Ａ片的女主角一樣，因為她們的淫蕩會讓男人覺得她們是無法被控制的，也就是說在性愛過程裡，男人只是女人宣洩性慾的獵物而已。

故事發展到這裡，讀者或許會產生一個疑問：什麼原因讓學奎和大部分臺灣男性的喜好大相逕庭？為什麼一樣是在臺灣這個大環境裡成長，可是學奎不喜歡美少女，卻喜歡大家都不太喜歡的熟女和美國Ａ片呢？要回答這個問題，我們必須要從形塑學奎性格的家庭背景來探討。

## 三、出人頭地

學奎於1979年生於南部的務農家庭。他的祖父在南部擁有少許的田產，而家族百年來都從事農業生產。但是學奎的爸爸不願意從事農業，而選擇到市區打工去。憑著個人的毅力和勤奮，學奎的爸爸闖出一片屬於自己的新天地，在婚後不久，就成功地從勞動者轉型到經營者，這麼多年來一直從事汽車貸款事務。他的媽媽也是在南部出生，典型的賢妻良母。婚後不久，學奎的媽媽就一舉得男，對於傳統的他們來說，簡直是上天的恩賜，其喜可知。隔年，他的媽媽生下幼女，一男一女剛好為他們家湊成一個「好」字。在這種務農的家庭裡，不難發現，長幼有序、男女有別、奮發向上和勤勉等等傳統觀念的重要性。而最為明顯的是學奎的爸爸銳意脫離貧窮，以及出人頭地的一顆心。在這，「出人頭地」可以理解成為超越他人、獨露頭角的野心。也許，大家會問，為什麼學奎的爸爸會這麼想出人頭地？首先，中國人本來就非常重視出人頭

地這個概念；出人頭地不只是個人社會地位的提升，其更重要的意義在於光宗耀祖，好為寒微的列祖列宗爭一把光。再加上，他的爸爸是生於1940、50年代國民黨獨裁的臺灣社會下的「南」部人，對於他來說，擺脫貧窮和政治迫害更為重要。下一個問題我們要問的是，在臺灣的文化裡，如何才算是出人頭地呢？如何才算是獨露頭角呢？須知道，在不同的文化環境下，出人頭地的定義可以是南轅北轍。譬如說，在巴西這個文化環境裡，出人頭地的意思很可能是去當職業足球員。

與其他的華人家庭的父母一樣，學奎的父母對他有著異常高的學業期許，在下文，我們將會明白到，這與他是家中的「獨／長子」有著密切的關係。他的父母希望他努力讀書，將來能夠當醫生或是律師，又或是從政，因為這都是典型提升個人社會地位的途徑。其實，學奎父母的想法不難理解。在傳統的臺灣社會中，「士」一直被人們推崇為至高無上的一種社會地位。雖然從「商」或許是賺錢最快的手段，但在意義上永遠不及「士」能滿足中國人的面子。讀書不但能夠讓出身低微的人們脫離貧窮，更能讓他們獲得權力、尊嚴和地位。因為，一旦金榜題名，不但可以光宗耀祖，更可以一洗家族過去的卑微。在當今許多的華人社會裡，出身的卑微仍然可以藉由學業的成就來洗刷；而從商卻無法做到這一種身分的更替。正因為這樣，一些「新貴」才會以金錢來「購買」那些統稱為「榮譽」的學位，其目的也就是告訴世人，他們不但擁有財富，也同樣地享有學業光環所帶來的聲譽。學奎跟我說過這樣的話：「雖然我爸爸是靠做生意起家的，但是他看不起那些暴發戶。他認為唯有靠讀書才能真正的『出人頭地』」。

學奎與家裡的關係非常好。他是家中的長子，也是獨子；在傳統中國文化裡，這種身分的「兒子」均享有非常高的社會意義和價值。首先，兒子的地位遠遠高於女兒，因為只有兒子才能夠延續家族的香火，讓此一血脈傳承下去。再者，他是最「年長」的兒子，無論在家庭財產的行使上、家庭事務的抉擇上，長子的意見比弟妹的更有決定性，有時候連年邁的父母親都得聽從。另一方面，他也是家中唯一的兒子，那就是說他是唯一能夠延續這個家族血脈的人。簡單來說，學奎就是全家人的希望和未來。不難發現，他自小就集萬千寵愛於一身。在他剛滿17歲那年，他的爸爸買了一臺全新的摩托車給他，原因只是他不想自己的兒子常常

給別人載。當然,這可能只是安全的考量,但是他的妹妹並沒有得到同樣的待遇。同樣地,雖然他離開家到北部求學多年,他還是占著家裡最大的房間。從小,他就不需要幫忙任何家事。他的學業給了他最好的免役藉口,以致他的妹妹覺得父母親根本就是重男輕女和不公平。

從某個角度來看,學奎是我眾多的男性受訪者裡,情緒最安穩、男性形象最強的一位。這可以分為兩層意義。第一,他求學的野心以至於未來可見的成就都有效地把他卑微的出身徹底洗刷。第二,他在一個完整的家庭裡長大,父母親對他關懷備至;爸爸不但甚少責備他,反而不斷的鼓勵他、支持他;而作為家中的(獨)長子,他從小就享有一份作為男性的優越感。這解釋為什麼他,相對於別的受訪者來說,有著較為強和安穩的男性意識。而且,自幼跟妹妹一起成長,他也沒有一般的獨生子(按:有別於獨子,獨生子就是家庭裡唯一的孩子)的通病和與異性溝通上的笨拙。因此,我認為,他特有的家庭特色(傳統、父親的務實、出人頭地)和家庭裡的重男輕女不但使他有異常穩固的男性意識/身分,更造成他對光宗耀祖這個使命的認同,也間接造成他對學業的強烈追求。因為,在臺灣的文化環境下,所謂的「男人」就是要強、要成功、要光宗耀祖。如前述,所謂的成功往往就是通過讀書,從而攀上階級制度(即士農工商)的最上層。然而,更值得我們留意的是,在攀上這個制度的過程中,男性往往得依賴女性,而女性扮演的正是一種犧牲自我以輔助男性的角色。

在傳統的中國社會中,男性通常在成家後才遠赴京城去考功名。這裡,結婚的意義不單是加速他的成長,使他變成真正的男人,更重要的是要讓他的心安定下來,以準備開闢他的事業。妻子的首要作用當然是為男性延續後代,但同時也可能為這位「窮書生」賺點生活費。家境優渥一點的話,情況稍微不同,但是背後的邏輯卻是一樣。這位公子哥兒可能很年輕的時候就送去外面唸書,到某時點,就會被父母親呼喚回來迎娶老婆。周公之禮之後,這位書生就可以安然的離家,繼續去追逐他的理想,因為這位妻子已經肩負起延續後代和侍奉公婆的責任了。

也是因為上述的種種因素,學奎才喜歡看主動且略帶侵略性的日本女優和美國Ａ片;因為,一方面他有著很安穩的男性認同,另一方面,對他來說,女性只是他達到目標的工具之一;延伸下來的總合,就是他

不需要通過日本Ａ片裡溫柔的女性形象來強化他的男性自尊，也不會在觀賞強勢女優的過程中覺得自己的男性尊嚴受到威脅。也是因為這樣，他不像其他的臺灣男性般早就否定美國Ａ片，而可以隨著個人的情緒擺盪於日本Ａ片與美國Ａ片之間。在下文，我們將會看到，這樣的家庭背景和氣氛，以至於他對光宗耀祖和學業的熱切追求，讓Ａ片最後成為一種工具：排遣求學中帶來的焦慮、挫敗和寂寞。換言之，面對著看Ａ片這一種「性」的行為，學奎還是需要通過臺灣的文化來理解並詮釋，並讓其Ａ片的使用賦有意義與完整性。這裡的臺灣文化不是指向單一、普同的文化，而是指學奎作為一個臺灣男人／長子的特有文化模式：務農家庭、父親力爭上游的志向、重男輕女、長子、男性角色、女性輔助角色、讀書取士等等。

## 四、讀書取士

讀書可說是學奎人生中重要的目標。如上述，在臺灣社會裡讀書是唯一能夠脫離貧窮，並且出人頭地、光宗耀祖的手段。而事實上，他也是一個聰明好學的孩子。雖然小學的時候，他的學業成績只是普通，但升上國中之後，他的學業表現突飛猛進。六年的國高中生涯裡，他的成績都是名列前茅，最差也有第二名。根據學奎的描述，他的國中生活可算是人生中最愉快的一段日子。國中畢業之後，他以最優秀的成績考進了南部最有名的高中。背負著父母以及師長的期望，他以理組作為他的志向。相對於國中，學奎的高中生活顯然不快樂。主要原因是他的成績不如國中的時候好。雖然他沒有落於5名之外，但他卻有被理科科目牽著鼻子走的感覺。

高中畢業之後，他考進了臺灣盛名遠播的臺大。剛開始的時候，學奎唸的是自然科學。可是開學不久，學奎就覺得自己的興趣不在這裡。因此，他在那個學期的成績也沒有很好。第二學期開始不久，他就決定轉到哲學系去了，隨後他的成績也慢慢回升，而他整個人也開心活潑起來。大學畢業之後，他繼續在臺大唸研究所。事實上，學奎還打算出國唸博士學位。可是他還沒有服兵役，所以他打算在完成碩士課程之後就先履行他的義務兵役。

總的來說，學奎給我最深刻的印象就是他對於讀書有異常濃厚的興

趣。雖然他曾經告訴我，讀書和性愛是他生命中最愛的兩件事情，但是根據種種的跡象來看，我有理由相信性愛還有 A 片，只不過是用來服務求學這個人生目標的工具而已。

我們先回到他多年來使用色情品的情況。色情品的使用始於他在學業上碰到瓶頸的時候。這就解釋了為什麼當大部分同齡的人都在觀賞第四台的 A 片的時候，他卻選擇不看，因為那時候他的課業表現正處於頂峰。高中的時候，他的學業表現不如以往，可是他並沒有訴諸於 A 片，因為他把這種情緒轉移到戀愛跟性愛上。所以，說女朋友是他達到成功的工具實不為過。直到大一，他才真真正正接觸 A 片。當時，他同樣遭遇到學業的瓶頸，因為他在唸一個他不太喜歡的自然學科。其中一個後果，就是他的成績不再突出。然而，他無法把情緒轉到戀愛／性愛上，因為湊巧他與第一任女朋友在此時分手。換言之，龐大的學業壓力不但無法在性愛上找到出口，分手本身亦為他帶來不悅的情緒。在學業與感情雙重的壓力下，他最後選擇了 A 片。這麼一來，他與讀書、性愛、A 片這三者的關係可以簡化成以下的關聯圖，如圖 2：

```
讀書 ─┬─ 成績好的時候
      └─ 成績不好的時候 → 焦慮 → 女朋友 ─┬─ 可能的時候
                              性愛      └─ 不可能的時候 → A 片
```

圖 2　圖書、性愛、A 片 3 者之關係圖

因此，與其說，讀書跟性愛是他的孿生沉醉物，我想更正確的說法是，性愛和 A 片是他在求學中遇到困難時最好的「避風港」。也就是說，學奎的「性」的行為大部分是由他學業上的焦慮所造成；這種焦慮並不來自於純生理，也不是單純的挫敗感，而是源於臺灣獨有的管理裝置：作為獨（長）子／男性就要勤奮務實、有擔當、讀書取士和光宗耀祖；所以學業上的挫敗直接挑戰他作為一個臺灣男性、長／兒子的身分。誠然，要排遣這種焦慮，他可以打電動、打架、賭博，甚至吸毒，和許許多多不同的方法，而他最後會把這種焦慮訴諸於女朋友和性愛也是因為臺灣文化邏輯的介入──女性犧牲自我並輔助男性成功的角色。也就是說，如果不在臺灣獨有的文化模式裡，以上「讀書→焦慮→女朋友／性愛→ A 片」

的邏輯將無法成立。就如吉爾茲所言，文化並不是一套附加到人類身上的裝置，而是人類自身發展和理解事物的重要工具（Geertz, 1973: 47）。簡言之，觀賞A片或性愛並不是單純地由性慾所塑造的，而是一連串臺灣獨有的文化模式／價值觀與個人遭遇結合的結果。

誠如薩林斯對於社會生物學的批評，社會事實的「外貌」並不等同其內在的動機（Sahlins, 1977: 14）。我們無法光從觀賞A片而推斷其需要為「性慾」。猶如戰爭與侵略性傾向的分離，A片的觀賞不一定是因為個人的性慾而引起的；從訪談得知，人們看A片，可以是因為寂寞、煩惱、情緒低落、不安、憤怒又或睡不著覺；那麼，當然也可以是因為求學帶來的不安和挫敗。A片之所以能夠滿足這麼不同的需要，正正是因為「滿足」並不是取決於觀賞A片的特質（即性），而是取決於賦予這個行為的文化涵義（同上引：9）。相反的，性慾這一需要又能夠通過無數的社會行為而得到滿足；因為在人世間，動機與行為之間存在著一種任意性（arbitrariness）。媽媽因為兒子不用心讀書，怒而要對其毒打；這是侵略性傾向嗎？又或是媽媽的惡意相向嗎？不，我們都知道，「打在兒身」，卻可以「痛在娘心」——媽媽都是出於一番好意。這種任意性讓薩林斯打趣的說：「性慾可以通過畫畫來表達，侵略性也可以通過書寫報告來表達」（同上引：10）。

回到學奎的個案裡，在上述特定的時點下，A片其實是性愛的替代品；如果性愛的作用是排遣求學帶來的焦慮與壓力的話，那麼A片的功能也是排遣壓力或發洩情緒。可是，長時間來說，A片與性愛不見得是互相排斥的，反而是互補不足。在面對學業焦慮時，他之所以訴諸於A片，不單只因為他女朋友不在，更重要的是他需要「馬上」而且是「強烈」的慰藉。正如前述，當他情緒不穩的時候，他往往會捨「日」而取「美」。在這或許我們能夠進一步體會到讀書對他的重要性，就是說，只有美國A片中那種激烈、露骨的性愛才能消弭他的壓力。顯然而見，效應研究所強調的「性慾」不但窮於解釋學奎的使用模式，亦無法預測他何時選擇日本，何時轉向美國A片；只有通過本文所採用的「傳記式」分析，我們才能逐步解構，並明白其使用日、美A片背後的文化邏輯。在剩下的章節裡，我將把讀書放到他的戀／性愛的範疇來討論，並把讀書、性愛、A片的關係交代清楚。

## 五、戀愛與性愛

如前述,學奎一生中第一次的戀愛發生於高中的時候。雖然他們的關係維持了一年多,但是這並沒有讓我覺得他有「全心全意」地喜歡她。根據他的描述,不難發現,她只不過是他求學困難的「情緒出口」而已。以下的對話也許幫助我們理解這一點:

受訪者:你高中時候的生活如何?
學奎:我高中的生活並不是很快樂,因為我那時候功課沒有非常好。我國中的時候功課非常好,第一名考進去(高中),我家裡對我期望很高,希望我當醫生律師啊,為什麼要當醫生?I don't like it! 會有這種期望壓力。我高中的時候功課沒有很好,也沒有很爛啦!唸物理數學化學也不是沒興趣,只是覺得被拖著走,唸自然科學成績不是很好,所以心情常常很不好。學校家裡都有壓力,現在不覺得什麼啦,(但是)那時候會很煩惱,到二下(二年級下學期)交女朋友有兩方面,第一是可以跟她出去玩,暫時把壓力拋開,問題就是唸書時間變少了,所以功課變得更不好,這是兩個效應。所以說跟她在一起快樂不快樂很難講啊!我高中本來就是不快樂,跟她在一起出去玩的時候暫時把煩惱拋開是快樂,回來的時候又覺得好像不應該這樣!也就是不快樂!

如果國中學業帶來的成就感能夠防止他接觸 A 片的話,那麼不愉快的高中就直接把他推到戀愛和性愛之中。我之所以說他不是很愛他的第一任女朋友,是因為他一直告訴我,對於她,他有兩種矛盾的情緒。

一方面,通過跟她出去玩耍、郊遊,學奎暫時可以把功課的壓力拋開。但是,另一方面,當他回到真實世界的時候,他又覺得很後悔、不開心,懊惱自己為什麼沒有把時間放在書本上。換句話說,要是他高中的成績表現也一如以往的出色,我有理由相信他當初根本不會踏入戀愛和性愛。這一點亦解釋了為什麼他們在交往後的第 3 天就發生性行為。當時的他們倆同是 17 歲,由於他的女朋友之前就有性經驗,所以對於學奎來說,他們的性行為都非常的順利和滿足。在他們交往的兩年裡,他們有著相當頻密的性行為,大概一週 2 到 4 次。有時候,他們會在同一天內有數次的性行為。但是,有趣的是,雖然他不斷強調說他喜歡性愛,可是他卻認為這些肉體上的快樂只是短暫的。當回到現實,回到現實中的「聯考」的時候,一切的快樂就在瞬間變得黯然失色。讀書對於學奎

的重要性就不言而喻了，這同時也引證了我的想法：性愛只是服務求學的工具而已。

在學奎這個個案裡，他求學中所遇到的挫敗其實來自於理科跟文科的對立；也就是說來自於父親的期許跟自己的理想的對立。他最後選擇了滿足父親的期許，選擇理科。可是這又讓他產生異常的焦慮和壓力，因為他的學業成績沒有辦法像以前那樣的好。為了排遣這種苦悶的情緒，他選擇了戀愛和性愛。或許，他之所以選擇戀愛和性愛，而不選擇Ａ片，是因為前者對一個17歲的高中生而言更刺激、更能夠讓他忘記煩憂。不過無論是選擇Ａ片還是戀愛，背後都有一個共同的邏輯；對他來說，求學比任何事情都來得重要。

高中畢業之後，學奎和他的女朋友都考進臺大。原本應該是皆大歡喜的一件事情，可是就在第一個學期結束後，他們的關係也隨著結束。其實，在他們相處的一年多裡，兩人有好幾次也差一點分手，只是每次他的女朋友都會挽留他，而最後他也會覺得還是一起比較好，因為「最少還有 sex」。可是，不久之後，他的女朋友卻毅然提出分手。學奎覺得事情還沒有到這麼嚴重的地步。所以他也努力挽留，只是最後他才發現他的女朋友認識了新的男朋友。

有趣的是，這次失戀適逢他學業上的第二度瓶頸，以及他第一波的Ａ片潮。當然，我們不能夠忽視環境上的改變，比如說網路的發達，以至於學校所提供的有利客觀環境，這些因素都有助於Ａ片使用率的增加。但是，我更相信的是，如果他一開始就唸哲學，那麼依賴性愛來排遣情緒的情況會降低，結果就是他比較能夠接受女朋友的離開，所以也不太可能會有Ａ片潮的出現。又或者，如果他並沒有跟女朋友分手，也就是說學業上的煩惱還是可以在女朋友身上得到宣洩，那麼他也沒有必要去看這麼多Ａ片。

不久之後，學奎就認識他的第二任女朋友。他們是同班同學。朝夕相對讓他們很快就變成戀人。他喜歡她的溫柔和善解人意。在訪談中，他不斷的告訴我，他最喜歡的就是跟她聊天。但是，他們之間卻存在著一個蠻嚴重的問題：他女朋友並不喜歡性愛。

有別於第一任女朋友，這女孩子是處女。更重要的是，她非常的保守。所以，光是「插入」，學奎就要花上9個月的時間。他抱怨說，跟

她的 sex 非常的困難和有挫敗感。一方面，他的女朋友害怕身體上的痛楚。另外一方面，由於她生長於單親家庭裡，自小母親的管教非常的嚴厲。所以她有著高於常人的道德觀，對於女性貞操也非常的堅持。所以，那 9 個月形同障礙超越賽，很多時候他們的性交行為都會中斷。就算是過了插入這一關，學奎說跟她的 sex 還是沒有這麼順利。

2000 年的 4 月，在唸大四的學奎一方面要面對期末考，另一方面，也要準備他的研究所考試。在這蠟燭兩頭燒的時候，這對小情人卻為了性生活上的一些不協調而產生嚴重的口角。簡單來說，他女朋友覺得性行為本身發生的太快了。而且，在他們的關係裡，性好像占據了大部分。這使得她認為，學奎對她根本沒有感情，只想跟她發生性關係而已。最後，她甚至提出分手。有趣的是，面對著這樣的局面，學奎沒有盡力的去挽留她。相反的，他希望女朋友無論如何都能陪他去考試，好讓他有平靜的心來應考。至於分手不分手，倒是可以留在考試完結之後再來討論。更有趣的是，他的女朋友也真的答應。而且，在他期末考前一天的晚上，她更主動提出要跟學奎做愛；好讓他減少壓力，安心的睡覺以面對明天的考試。這種舉動讓學奎這麼形容：「她的確是很好，很貼心的一個女生！」

學奎要求她留下來陪他考試這個行為，正好引證了求學對他所造成的龐大壓力，而學奎的要求以及女方的欣然答應都說明了，在當今的臺灣社會裡，女性輔助男性成功的角色仍然是非常的普遍。但是，這件事情之所以這麼讓人玩味，是因為他們倆的行為的「外貌」都非常的「性」，但是他們的動機或者是後果卻與性沒有直接的關係。他的女朋友答應陪他，並在考試前跟他做愛，並不是因為她有這個生理需要，而是因為她明白到考試為學奎帶來了異常強烈的焦慮。而在這次做愛後，學奎讚賞的並不是性愛本身，而是他的女朋友提出此行為的動機所反映出的體諒和貼心。這事件不但說明了非性的需要可以通過性行為來實踐（對女方而言），更指出性行為亦可以滿足非性的需要（對男方而言）。也就是說，此性行為所宣洩的不是性慾，所滿足的也不是性慾。

期末考過後，學奎開始反省女朋友對他的指控。為了挽留這個女朋友，他作出很大的讓步。比如說，就算他覺得時間、地點各方面都很適合，他也不再單方面提出性的要求。簡單來說，他們只會在他的女朋友

願意的情況下才發生性行為。他告訴我，那個改變其實還頗辛苦的，因為他一向都有著相當頻繁的性生活。為了配合女朋友的想法，學奎甚至通過練習太極來調適自己的性慾，好讓自己的情緒能夠平靜一點。

大家或許會產生一個疑問，為什麼學奎願意做出這麼大的調整？最直接的做法，當然就是去找一個喜歡性愛的女朋友。但是，他卻選擇跟這個女生在一起，因為當他遇到學業上的瓶頸或者是壓力的時候，她給了他「真正」需要的東西。對於學奎來說，一個女孩子把她的身體奉獻給他可能不是很重要。但是，如果這種奉獻是建立在減輕他的學業壓力的話，那麼這個奉獻就來得意義深長。這就是他願意做出這麼大的改變的原因。

如果性愛純粹是生理的需求，那麼什麼時候做愛、怎麼樣做愛都應該是一樣的好。可是，在這個例子證明了性愛還是有高低、好壞的差別。他的女朋友在他考試前提出做愛的要求之所以這麼好且意義深遠，是因為她在他最需要幫忙的「時候」，扶了他一把，而且是最重要的一把。

從期末考前開始有爭拗，直到他們真正的和好，中間其實有兩、三個月的時間。在 6 月的時候，學奎正要準備另外一次的研究所考試，可是，這次他並沒有要求女朋友陪他，而他的女朋友也沒有這樣的配合他，但是他明白只要他不再隨時隨地的要求跟她做愛，女朋友便不會離開他。由於無法隨時做愛，學奎再一次依賴色情 A 片來解決他所謂的「性慾」。如上述，他第二波的 A 片潮正發生在這時候。面對著學業的壓力，但又無法發洩到性愛上，他開始沉醉於 A 片的世界裡。有的時候，他會在一天裡看 4 到 5 次的 A 片，為的就是自慰帶來的快感。我問他為什麼那時候的性慾會這麼高漲，他解釋說他也不太瞭解為什麼會有這麼強烈的身體需要；強烈到必須要通過看 A 片和之後的自慰來排遣。但是，他或許忽略了一點：就是所謂的性慾其實是由他學業上的焦慮和壓力所造成的；他更無法體驗到他看 A 片並不是為了滿足性慾，而是為了消解他求學中的壓力，挫敗以至是不安。

## 伍、總結

綜觀以上的分析，不難看出，學奎的 A 片使用情況基於兩大條件：

當他在學業上遇到困難的時候，而且當性愛本身是不可獲得的時候。這麼一來，他國中的時候不看 A 片就變得理所當然，因為他根本沒有壓力需要去排遣。他高中的時候不看 A 片也是可以理解的，因為面對著聯考的壓力，一方面要蓋過本身的問題，他最少要找一個比原本那個更強更有力的衝擊。他選擇戀愛和性愛，而跳過了 A 片，是完全符合這個需求。因為談戀愛本身就造成他的父母極度的不滿，再加上性愛帶來的擔憂（比如懷孕、道德壓力等等），這種種「新的問題」都能夠蓋過他原本的憂慮。另一方面，家庭對兒子的重視和他非常強烈的男性身分也是其中一個原因使他視女朋友為抒解求學壓力的工具。只有當戀愛跟性愛是不可能的時候，他才會轉到 A 片去。正因如此，大一的時候，在面對課業和感情兩落空的時候，他才轉投到 A 片的懷抱裡。同樣地，大四的時候，他沉溺於 A 片的世界裡也變成理所當然。面對期末考跟研究所考試的雙重壓力下，他已經忙得不可開交，加上與女朋友的關係僵化，他只能藉由 A 片讓苦悶的情緒得到抒發。對學奎來說，A 片的作用在於排遣求學過程中遇到的壓力和挫敗，尤其是當性愛本身是不可獲得的時候。亦即是說，觀賞 A 片這一種性的行為其實是一個手段，服務於求學這個「非性」的目的下。

　　在這個個案裡，我們看到的是性的行為（即觀賞 A 片）與性慾之間的脫離。不允置疑，他觀賞 A 片的行為並不是單純地由性慾所造成的。如果是純粹的性慾，那麼我們該如何解釋為何他的 A 片生涯要等到大一的時候才開始？為何他每一波的 A 片潮剛好都發生在學業上不如意的時候？雖然這裡還有一個條件：就是當性愛是不可獲得的時候。也就是說，他的 A 片使用情況無法直接歸因到「性慾」上；他的動機顯然不光是性慾這麼簡單，他觀賞 A 片的原因其實包含他求學挫敗的焦慮與壓力、從求學挫敗衍生來的對自己作為臺灣男性／獨長子的質疑和憂慮，以至於無法面對父母對他的期待。我並不否定性慾的存在，觀賞 A 片確實夾雜了性慾的成分，但是我所要強調的是性慾並不是全部。如果要堅持使用「性慾」這個概念的話，那麼我會說他的性慾大部分是來自於上述的焦慮、壓力和挫敗。由於他每每只在學業遇到瓶頸的時候才觀賞 A 片，那麼，所謂的性慾就是由焦慮、壓力所造成。簡言之，他的 A 片使用並不是一個純生理現象，而是一個複雜的文化現象。

如果把學奎放到效應研究裡，我們只能夠得到一個答案，就是他會再一次證明Ａ片的毒害。因為他在實驗室裡的生理反應都會被認為是其「性慾／性動機」的直接後果，而他讀書跟Ａ片之間微妙的關係則會被完全忽略不計。顯然，效應研究者所追崇的生物決定論（即性慾）不但窮於解釋學奎的消費模式，更無法說明他為何同時鍾愛日、美Ａ片——廣泛被認為是互相排斥的色情品；只有綿密的傳記式闡述，才能夠讓我們透視其同時鍾愛美國與日本Ａ片的原因。

　　此研究還有另一個優勝之處。在方法論上來說，效應研究者往往只根據一兩次的實驗結果和受測者所說的答案來研判結果。然而，正如學奎這個例子所顯示，他「所說的一套」往往與真實情況存在著一個落差。他告訴我「性慾」是他看Ａ片的主要原因；他也告訴我讀書與性愛是他人生最重要的兩件事情。但是，長久下來的相處讓我透視到「言語論述」（discourse）背後另一套的行為模式。他觀賞Ａ片不是因為純粹的性慾，無論是他Ａ片生涯的開始還是往後的Ａ片潮都不約而同地發生在學業不如意的時候；而讀書與性愛並不是他所說的學生沉醉物，性愛其實是幫助他讀書的工具而已。顯然，所謂的科學實驗以至於單一的問卷式調查均無法揭露這些微妙且意義深長的差別，而這些重要的差別往往只能夠被壓在籠統的內在「性慾」之下。只有通過深度的訪談、長期的交往和觀察，我們才能夠突破表面的「言語論述」，並窺視到Ａ片觀賞在學奎的人生中所含的文化意義，和日美Ａ片之間的選擇如何牽涉到更深層次的男性性別結構。

　　某種程度上，學奎之所以會同時喜愛日本和歐美的Ａ片是環境的造就。作為一個有信心的男性，他不需要通過「溫柔」、「柔弱」的女優來強化他的男性尊嚴和身分。同樣地，美國Ａ片裡的強勢的女性形象，以至於日本Ａ片的熟女、痴女等等也不會威脅到他的男性地位和自尊。對他來說關鍵點在於，她們是否精湛地把性慾表現出來。而且，他對於自慰和存在於色情品裡的男性主義並不覺得羞愧或歉疚。他甚至直截了當的表示，他之所以持續跟第一任女朋友在一起是因為「最少有sex」。面對這樣的回答，當下我真的無言以對，因為他給我的感覺是，女生充其量只是幫助他解消壓力的工具。總的來說，他是一個非常有自信的人，以致我覺得色情和性愛只不過是他處理學業上的壓力和挫敗的工具而

已。以我的估計，當他完成他的博士學位之後，他大概就不再需要看 A 片了。

## 參考書目

胡乾鋒（2003）。《臺中縣青春期學生色情經驗、性態度與兩性教育需求之研究》。國立中正大學犯罪防治研究所碩士論文。

陳怡如（2004）。《綜藝節目色情與暴力內容效果——以臺北市國民中學學生為例》。中國文化大學新聞研究所碩士論文。

陳怡雯（2005）。《國中生接觸色情媒體與異性交往經驗之關係》。國立臺灣大學衛生政策與管理研究所碩士論文。

Berkowitz, L. (1970). Aggression humor as a stimulus to aggressive responses. *Journal of Personality and Social Psychology, 16*, 710-717.

-- (1974). Some determinants of impulsive aggression: Role of mediated associations with reinforcements for aggression. *Psychological Review, 81*, 165-176.

Curtis, D. (2004). Commodities and sexual subjectivities: A look at capitalism and its desire. *Current Anthropology, 19*, 95-121.

Donnerstein, E. I., Linz, D., & Penrod, S. (1987). *The question of pornography: Research findings and policy implications*. New York: Free.

Dworkin, A., & MacKinnon, C. A. (1988). *Pornography and civil rights: A new day for women's equality*. Minneapolis, MN: Organizing against Pornography.

Geertz, C. (1973). *The interpretation of cultures: Selected essays*. New York: Basic Books.

Kapferer, B. (2000). Star wars: About anthropology, culture and globalisation. *Australian Journal of Anthropology, 11*, 174-198.

Kimmel, M. S. (1990). *Men confront pornography*. New York: Crown.

Linz, D. G., Donnerstein, E., & Penrod, S. (1988). Effects of long-term exposure to violent and sexually degrading depictions of women. *Journal of Personality and Social Psychology, 55*, 758-768.

Longino, H. E. (1980). Pornography, oppression, and freedom: A closer look. In L. Lederer (Ed.), *Take back the night: Women on pornography* (pp. 40-54). New York: William Morrow.

Malamuth, N. M. (1978, September). *Erotica, aggression and perceived appropriateness*. Paper presented at the 86th annual convention of the American Psychological Association, Toronto, Canada.

Malamuth, N. M., & Check, J. V. P. (1981). The effects of mass media exposure on acceptance of violence against women: A field experiment. *Journal of Research in Personality, 15*, 436-446.

Merck, M. (1992). From Minneapolis to Westminster. In L. Segal & M. McIntosh. (Eds.), *Sex exposed: Sexuality and the pornography debate* (pp. 50-62). London: Virago.

Sahlins, M. D. (1976). *Culture and practical reason*. Chicago, IL: University of Chicago Press.

-- (1977). *The use and abuse of biology: An anthropological critique of sociobiology*. London: Tavistock.

Segal, L. (1994). False promise -- Anti-pornography feminism. In Mary E. (Ed.), *The woman question* (pp. 353-365). London: Sage.

Steinem, G. (1980). Erotica, and pornography: A clear and present difference. In L. Lederer (Ed.). *Take back the night: Women on porngraphy* (pp. 35-39). New York: William Morrow.

Zillmann, D., & Bryant, J. (1982). Pornography and sexual callousness, and the trivialisation of rape. *Journal of Communication, 32*(4), 10-21.

# 新性感女神典範之興起——
## 夕樹舞子色情光碟在香港之個案分析[*]

邱愷欣、王向華
韋瑋譯

## 壹、前言

在 1997 年 4 月 12 日，8,000 名香港中國男性擠在旺角的一個小地方裡，為了一睹將會在附近的商場裡舉行簽名活動的女神夕樹舞子——一位出名的日本 AV 女優（羅維明，1997：42；蘋果日報，1997 年 4 月 13 日）。與前一代人相反，這些年輕男子多數是穿著套裝，有的則穿著學校制服，他們不再擔心被公開定義為鹹蟲（字面意思為鹹的蟲子；性慾旺盛的人）（羅維明，1997：42）。由於她在旺角公開出現造成了混亂，引起了香港警方的注意，所以他們甚至派了一隊警官到場維持秩序。夕樹舞子的極大名氣及其所帶來的騷動，實際上標誌著香港興起的中產階級心目中新當地女神典範的出現和具體表現。

夕樹舞子當然並非首位且唯一一位在香港贏得男性青睞的 AV 女優。然而她與以往的本地 AV 女優有著很多顯著不同。由於香港對於公共媒體中生殖器官部分有著嚴格的審查，因此 1960、70 年代的本地色情女優常常表現得風騷、輕浮、主動，意在彌補電影中真實性交的缺失（葉俊傑，1997：194）。AV 女優風騷的形象從 1980 年代末起就一直主導著許多早期的三級電影。比如說葉子楣，1980 年代末 1990 年代初香港電影出名的

---

[*] 原文刊載於 Yau, H. Y., & Wong, H. W. (2009). The emergence of a new sexual ideal: A case study of Yuki Maiko's pornographic VCDs in Hong Kong. *Journal of Archaeology and Anthropology*, *70*, 1-46.

性感代表，就是以風騷、俏皮和庸俗見稱。李華月甚至表現得更露骨，宣稱在電影中是有「真實」性交的，以及和鱔魚做愛。換而言之，那個時候的 AV 的女演員多是採用風騷的女性形象出現在螢幕裡。然而，前亞洲小姐選美參賽者葉玉卿和翁虹，和以飾演可愛天真的年輕女孩角色而出名的前女演員李麗珍，則不再具有風騷主動的形象。實際上，她們在香港 1990 年代早中期所取得的顯著成功，恰恰是在於她們作為亞洲小姐競選參賽者所表現出來的優雅，或是有如鄰家女孩般的天真的女性形象與她們最後作為色情女演員進行演出之間的矛盾（王瑋，1995：224-225）。換句話說，就是從 1990 年代中期開始，另外一種把女性描繪成天真，而非具有性攻擊性的性感女神形象正在興起。本文旨在探討夕樹舞子為什麼會在 1990 年代後期的香港男性心中如此受歡迎。我們認為她所代表的形象與前面所提到的新性感女神形象十分相似。她那性感、誘人以及可愛，最終卻是性被動的形象，無疑就是香港這種新興的性感女神的典範。通過對 17 位香港男性的訪談資料進行分析，我們認為，就香港而言，何謂性感迷人而得出的新價值觀念，是與女性相關的階級結構以及文化趨勢的改變有緊密聯繫。本文將說明香港 1980 年代新中產階級的身分形成中的矛盾，解釋了許多新中產階級的年輕男性普遍會把日本，特別是日本文化作為他們新身分象徵的原因。他們因此而沉浸在日本文化之中，而反過來又使得他們青睞於自 1980 年代起就已接觸到的「可愛且溫柔」的女神典範。

## 貳、日本 AV 簡史

日本 AV 代表的是軟調色情影片（softcore pornography），成型於日本 1980 年代初期。在歷史上，日本 AV 據說是從粉紅電影（ピンク映画）和用塑料袋封裝的色情雜誌《ビニ本》發展而來的。粉紅電影約莫從 1970 年代開始，它是一種展示身體和臀部的低預算隱晦 AV（Alexander, 2003: 156-157），而《ビニ本》則是一種從 1980 年代開始興起的展示穿著透明內褲大張雙腿的女性模特的軟調雜誌（夏原武，1995：167）。

在 1970 年代中期粉紅電影的市場開始衰落的時候，粉紅電影的製作者開始把他們的電影以錄影帶的節目形式在全國不同的汽車旅館裡面播放，以彌補在下降的票房利潤（井上節子，2002：14）。毫無疑問，這

就是日本 AV 的「雛形」，儘管那時候它並未被如此稱呼（同上引）。自 1980 年代初 VCR 在日本開始普及，日本 AV 開始，正式成為日本色情影片的一種。家庭用錄影機在 1970 年代的出現及普及，正正提供了更低的價格、更好的隱私和更平和的心境，這一些不可能在公共影院獲得的條件（東良美季，1998b：28），因此推動了 AV 使用的新模式（井上節子，2002：16）。到了 1980 年代中期，AV 已經幾乎完全取代粉紅電影，而最大的粉紅電影製造商也於 1988 年倒閉了（Alexander, 2003: 159）。AV 的成功吸引了《ビニ本》製造商來開發賺錢的 AV 事業（夏原武，1995：175）。許多主要的 AV 製造商都曾經是《ビニ本》的製造商。他們把《ビニ本》的特徵帶到 AV 當中，並僱用原《ビニ本》的模特兒來飾演 AV 的女主角（水津宏，1998a：2），因此他們一些早期的日本 AV 被稱為「會動的」（動く）《ビニ本》（西野文蔵，1999a：12）。

在 1983 年初，成立於 1977 年的自我規範機構日本錄影帶倫理審查會（以下簡稱 NEVA）正式制定了成人影片租賃服務的管理條例，規定所有的日本 AV 中都需要用馬賽克對包括陰毛在內的生殖器部位進行打碼處理（西野文蔵，1999a：13）。[1] 截止至 1983 年底，AV 製造商的數量已經增加到了 50 多家，而每年 NEVA 所審核的 AV 的數量則超過了 1,000 部（西野文蔵，1999a：13），而當年的整個 AV 業界的價值估計達到了一億日元（一百萬美元）（水津宏，1998a：3）。

日本 AV 製作有單體 AV 和企劃 AV 兩大類。單體是由單一女優主演的製作類型。通常這些女優都會有漂亮的臉蛋和曼妙的身形，而整部影片都是以她作為主角的。因此，單體這個詞總是和美少女（漂亮的年輕女性）類型的 AV——日本 AV 產業中典型的一種類型聯繫在一起。原因是成為單體女優的必要前提為其得是一個漂亮的年輕女性。在早期的美少女類型 AV 裡，女優總是被塑造成天真或者是優雅得體的模樣（Yau & Wong, 2008: 35）。企劃則相反，注重的是情境和故事情節，而且會有多名女優在同一部影片裡出現的可能。在 1990 年代的時候，大概有 20 種主題的企劃影片，如強姦、性虐待、人妻、女色情狂、大齡女子、巨乳、

---

[1] 就算是在 1996 年，大多數的日本 AV 還是需要修飾處理整個陰毛部分的（東良美季，1998a：20），而 AV 產業中有關陰毛的限制直到 2006 年以前都仍是起效的（安田理央、雨宮まみ，2006：118）。

亂倫等等。在企劃AV裡所描述的女性形象種類很多（藤木，1998a：152）。然而，1990年代初期的日本AV市場經歷了嚴重的不景氣（水津宏，1998a：6）。1991年電影銷售量全面下降。近乎一半的影片出租店歇業，很多的製造商也紛紛倒閉（水津宏，1998a：7）。到那時為止都是主導市場的單體AV的銷售量驟降，幾乎所有的製造商都改去生產企劃AV。在90年代初期，單體AV僅占整個市場的30%，剩下的70%則為企劃AV（東ノボル，1998：97）。這正如許多日本評論家所認為的那樣，是由於美少女類型已經不再能夠滿足日本觀眾變化了的品味了（水津宏，1998a：8）。

儘管如此，從1990年代中期開始，由於生產了過多的影片進而使市場達到飽和，導致企劃AV在日本AV市場裡所占的比重也逐漸減少（水津宏，1998a：8）。在這個背景之下，不被NEVA監管，因此在當地以「indieAV」[2]（獨立的截頭詞）聞名的非主流的AV開始紮根於日本AV產業。獨立AV不僅因其對「個性」的強調而背離了主流AV，還因其外露陰毛，以及採用半透明的馬賽克處理方式，以致生殖器部分可見而違反了NEVA的條例。由於只有經過全部打馬賽克的方式處理的日本AV是為影片出租服務而製作的，因此獨立AV製作商只能冒險地以銷售的販賣方式加入這個AV行業。也正是由於這個原因，與租用的影片恰恰相反，這些獨立AV是以銷售用（例如販賣）影片而聞名（井上節子，2002：18）。從那時候開始，日本AV不僅可以在出租店租到，還能從日本國內的零售店內買到。

這段簡史說明了，與硬調的歐美色情影片[3]相反，日本AV從根本上來說本是一種相對軟調的色情材料。就算獨立AV使用的是比較透明的馬賽克，但那些插入的場景包括性器官的圖像也都是全部經過修飾處理的，這點和傳統租借用的AV並無兩樣。早期的美少女類型AV尤為如此。其中有些甚至連性交的場景也沒有（安田理央、雨宮まみ，2006：94）。被譽

---

[2] Indie為Independent的縮寫。這個術語說的是起源於20世紀末的一種潮流，可見於音樂、電影和亞文化之中。它在很大程度上指的是從主流中「獨立」出來。日本改用了它的名詞形式，並因此有了複數形式。

[3] 軟調（softcore）和硬調（hardcore）這兩個用詞是用來區別涉及暴力的性愛場景或是把女性描繪成如隸屬存在的，以及那些較少暴力場景或是貶低女性的。然而本文用這兩個詞來區分用馬賽克進行過處理的和沒打馬賽克的兩種AV。

為 AV 女王的傳奇女優小林ひとみ（瞳）甚至曾公然承認他們在電影裡面並沒有「真正」地做愛過（水津宏，1998b：72）。實際上，很多美少女類型 AV，包括我們即將討論到的電影都沒有在鏡頭裡展現性交場景的。

同時這段簡史也表明了日本 AV 本來就是一個國內產品，並沒有出口到國外。這裡必須強調的是日本 AV 製造商一直對把他們的產品出口到海外市場這一行動有所遲疑（安田理央、雨宮まみ，2006：187），因此日本 AV 從來沒有被外銷至香港。正如我們馬上會談到的，在香港的所有日本 AV 全都是「盜版」。

最後，這段簡史也證明了日本 AV 是一種多種多樣的文化產品。在 1990 年代，AV 有 20 個種類，而到了 2004 年，我們在一個名叫 Bump Online Shop 的日本色情網站上發現了 80 種 AV 種類。種類數量膨脹的其中一個原因是網站管理者傾向於以一種十分詳細的方式來規定類型的內容。比方說，我們發現一個關於胸部的例子會有三種不同的類型種類，分別為「美胸」、「大胸」和「巨乳」。這些常鮮類型的出現實際上就是資本主義模式下生產的結果，以創造出不同的產品來吸引新的觀眾。我們需要意識到，創造出常鮮類型則意味著要利用所有可能的由品味差異而引起的社會差別（Sahlins, 1976: 185）。結果是隨著時間的推移，越來愈多的種類被創造出來以吸引那些仍未被服務到的觀眾。然而有趣的是，當這些類型的數量在持續增長，所描繪的女性形象卻仍相對有限。

## 參、日本 AV 中所描繪的女性形象

在日本 AV 中可以找到 3 種常見的女性形象，分別為鄰家女孩、受害的女性和極為主動的女性。

### 一、鄰家女孩

鄰家女孩是日本 AV 裡面最普遍的女性形象，它指的是健康、平易近人的女性特質。這種女孩通常在男性看來無害且平凡，性情溫和，是一個可以共度時光的極佳朋友，同時她還是一個處女。這樣的形象是前面提到過的典型美少女類型中極為常見的。

在美少女類型的電影裡，女性常是表現得可愛或是高貴的。在 1980

年代初期，日本歷史最悠久的 AV 製造公司之一宇宙企劃就推出了一個名為「Cosmo 美少女」（宇宙美少女）的標籤（東良美季，1998c：119）。Cosmo 美少女 常常是以穿著一身「可愛的連衣裙，戴著草帽，且面帶酒窩」（東良美季，1998c：119），或是身穿強調「素人」感覺的水手服這樣的形象出現的（東ノボル，1998：97）。其後，AV 導演島村雪彥於 1989 年推出了另一個標籤，稱為「高級美少女」。「高級美少女」改為以華麗的形象出現。她們通常身穿白色的貼身內衣，有時候甚至戴著鑲珍珠的皇冠，來顯示她們是お嬢樣（上流社會的女性）（東ノボル，1998：95）。然而，不論這些美少女是可愛的還是高貴的，她們都有著單純坦率的性格。

另外一些把女性勾畫成鄰家女孩形象的電影種類包括「制服モノ」（扮裝遊戲）、「女子校生」（年輕女生）和「処女」（處女）。扮裝遊戲建基於人們對某種制服裝束的特殊愛好，而引起的性快感，例如鐘愛護士、空中乘務員、女服務員、百貨商店女店員和賽車女王等等職業的特色，從而對其制服產生性快感（斉藤修，1998b：164）。年輕女生類型的電影描述的是男性心目中理想的女孩形象——單純、缺乏性經驗的年輕女孩。這一類女孩中，偶爾會有相對比較隨便的女生願意為了錢或為了純粹的樂趣而參與「援助交際」（援助交際）或者是「ヤリコン」（性愛派對）（斉藤修，1998a：162）。相比之下，處女類型的電影則講述的是奪取沒有性經驗、害羞且無助的處女的貞操。她們「未經人事」的身體和吹彈可破的肌膚令她們看上去如「洋娃娃」一般（宇田川久志，1998c：186）。

這類鄰家女孩電影的精髓就是消費處女或／和缺乏性經驗的女性的主題。奪取處女的貞操當然就意味著占有了這個女性。和缺乏性經驗的女性做愛則代表了男性可以掌控整個性愛過程。透過這些類型，可以發現男生是很難擺脫蘿莉塔這類華麗卻又甜美，甚至帶點稚氣，天真無邪且幼稚的女性所散發的性吸引力的。

## 二、受害的女性

在「レイプ」（強姦）、「監禁」（禁錮）、「痴漢」（在電車上性騷擾女性的人）、「面接」（面試的場景）等類型裡，女性通常被描

繪成受害者。在レイプ類型的電影裡女性總是被強迫為男性進行口交。儘管她們一開始會哭著反抗，但很快卻會因此而被激起性慾（沢木毅彥，1998a：168）。同樣地，監禁類的電影特點是描述女性被禁錮在一個狹小封閉的公寓裡被人強暴。普遍而言，裡面總會有女性被當成狗一般被餵養，或者是被強迫在水槽裡排泄的場景。這一類電影最主要的目的就是要通過控制女性而激起性衝動（宇田川久志，1998a：170-171）。

在電車上進行猥褻女性行為的男性被稱為癡漢，在 AV 裡很常見，就如日本現實生活中那般猖獗。樣貌平平無奇的攻擊者被他人推擠著，如同他也在推擠著他人一樣。他們把臉藏在色情漫畫後面，藉著那令人窒息的擁擠來騷擾那些溫順得不會反抗的倒楣年輕 OL（辦公室女性）或是女學生（宇田川久志，1998b：180）。相類似的，面接（面試的場景）指的是性侵害那些希望能夠在 AV 中出演的女性。這些影片的場景設定在真實的工作空間，而女申請者則會被打著面試的幌子帶到這裡。接下來發生的是她會被男性面試官忽然推倒在沙發上，然後被迫與其在辦公桌上做愛；而這個辦公桌則是男性面試官平時接聽商務電話時的地方（倉田真澄，1998：188）。這兩個類型的影片都是以一些男性企圖控制和羞辱女性為特徵的。

前面所提到的類型都展示了一個共同的模式，那就是女性被描繪成男權社會的受害者，而且她們的不幸是無可避免的。這些種類的電影更是向男性觀眾傳遞了一個很重要的資訊：不管女性如何反抗，她們最終也都會屈服於自身身體的快感和男性的虐待之下。

## 三、性慾強的女性

「人妻」（妻子）、「義母」（養母）、「貴婦人」（有錢的太太們）和「熟女」（成熟的女性）這些類型的電影裡所描述的都是極度渴望性愛的成熟女性。這些類型的電影吸引人的地方就在於這些成熟的女性從矜持到被撩起性慾的這一「變化」（ハニー白熊，1998：176）。

另一個展示女性性慾強的類型則為「癡女」（女色情狂）——輕佻的女孩性引誘男性。這裡所提到的這一類女色情狂和西方的蛇蠍美人相似，由於無法抑制的慾望而在公共的地方，例如廁所、辦公室、城市的街上想方設法設套引誘男性，而在通常情況下男性總是會「落進圈套」的（沢木毅彥，1998b：178）。

和癡女類似，卻不盡相同的電影稱為「家庭內相姦」（家庭亂倫）。表面上，家庭亂論仿佛是把女性（母親，姐妹或者女兒）描繪成父系慾望的受害者。然而更深一層來看，它揭示了這些女性其實也是主動的參與者。不管出於什麼原因，她們從一開始就渴求著家庭的成員（藤木，1998b：172）。

這些類型所共有的就是慾望無法得到滿足的女性。不管分屬於怎樣的社會範疇（她們可以是年輕的女孩、已婚女性或者中年女性），她們無一例外對肉體都有著強烈的慾望。一旦她們的慾望被激起，她們就會瘋狂地追求性愛，並不惜一切代價地滿足自己的慾望。

就如我們下面將要展示的那樣，我們的男性受訪者無不認同鄰家女孩的形象，特別是單體美少女類型的。更重要的是，他們甚至把這一類型與日本 AV 整體混為一談了。怎麼可能會是這樣呢？現在我們先來看一下在 1990 年代時，日本 AV 是如何進軍香港的。

## 肆、日本 AV 傳入香港

在香港，日本 AV 是以 VCD 的形式出現的。這裡必須注意的是，「日本色情光碟」在日本是不存在的。1993 年由菲力浦和索尼創造的 VCD 是一種把動態圖片記錄在光盤的標準數碼形式（Wang & Zhu, 2003: 108）。然而菲力浦和索尼並不願意積極推銷 VCD，因為從一開始他們就已經清楚意識到高密度 DVD 即將出現，以及其將給 VCD 帶來的威脅（同上引）。VCD 從未踏足美國、歐洲和日本，但由於它便於複製，媒體成本極低，因此在東亞地區十分流行。當日本 AV 在 1990 年代末期傳入香港的時候，媒介必須由錄影帶形式變成 VCD 形式的原因有兩個。首先，從 1990 年代開始，VCD 已經取代了錄影帶成為香港主要的媒介形式，而 VCD 播放機的花費極其便宜。第二個原因是由於成本減少。由於相較於錄影帶來說 VCD 更輕更為小巧，因此在走私這類材料到香港的時候，運輸和儲存方面成本可以大大減少（Yau, 2001: 29）。

在香港分銷和販賣的日本 VCD 都是「盜版」的版本（吉田一郎，1998：136），而在東亞流通的許多盜版日本 AVVCD 都是硬調的（比如說沒有用馬賽克進行處理）。大多數這類日本 AV 的盜版版本是來自於地

下日本AV產業，而有些則是AV製造商發往檢查和剪輯的「未剪輯」（比如說生殖器部分還未被進行修飾處理）影像母帶。在日本，這些合法AV的未剪輯版本被稱為「洩露」（西野文蔵，1999b：168）。這些洩露版本通常源於AV公司的破產；公司的員工則用會這些未被剪輯的影像母帶來換取對他們的報酬或是退休補償津貼的彌補（西野文蔵，1999b：170）。或者可能是員工偷了這些未經剪輯的影像母帶，企圖賣後能夠幫補收入（西野文蔵，1999b：170）。不管是處於什麼原因，這些影片洩露到市場，並進而賣給海外的有意者（Yau, 2001: 29）。

在香港，製作和販賣盜版版本的日本成人影片是非法的，卻是非常能賺錢的。根據一家當地雜誌所記載的，1999年香港的日本AV盜版版本的日銷售量估計是港幣810,000（美金100,000），而每日的淨利潤則可高達港幣610,000（美金76,250）（李曉，1999年4月29日：16）。誘人的每日淨利潤無疑是黑社會成員願意冒險製造非法成人VCD的主要誘因。許多黑社會成員在中國內地和東南亞生產來自日本、歐洲和美國的成人影片盜版版本的VCD，然後把成品偷運到香港。黑社會成員在分銷這些盜版的VCD給批發商——儘管在很多情況下，他們自己本身同時也是批發商——再轉而分銷給零售商。在1998年的時候，在香港流通的日本AV盜版VCD的數量估計達到30億張（吉田一郎，1998：137）。

在1990年代中期零售商開始販賣日本AV VCD的時候，他們採用的是路邊攤的形式（Wong, 1999, July: 1）。慢慢地，零售商開始把他們的生意轉到小型購物中心裡面來做，而後來則轉戰到在販賣如漫畫、電視遊戲軟件、時尚雜誌等日本流行文化產品的主要購物街裡做生意。這個演變主要發生在出現於1990年代的日本流行文化產品繁榮發展的期間。所有的這些小型購物廣場都於九龍半島主要的零售地區，那裡面總是擠滿了年輕的購物者，特別是在週末的時候。

根據前面提到的那本當地雜誌所說，在1999年，九龍半島的4個主要購物廣場裡大概有90家零售商店是專門販賣日本AV VCD的（李曉，1999年4月29日：14，16）。而這些零售商店的經營主要有3種形式。第一種是批發商聘請癮君子作為「所有者」來運營商店。而這些管理者每天的收入只有港幣200元（美金25元），因此幾乎所有的利潤都歸幕後經營者。這種經營方式的好處在於如果香港員警來搜查店面，將會是

這些癮君子而非幕後經營者被逮捕。第二種形式是零售商從批發商處借資金，然後根據兩方之前商討同意的一定比例來互分利潤。最後一種則是零售商自己籌資運作，而從批發商處獲得貨源。

在一開始，集批發和生產為一身的商人（主要是黑社會成員）由於不清楚香港消費者的「品味」，同時自身的語言能力使得他們無法理解內容，因此他們並不能決定應該複製哪些影片。他們只是複製任何手頭上能得到的資源，比方說單體和企劃兩種影片他們都會進行譯製（Wong, 1999, July: 2）。然而記得曾經說過，從1990年代早期開始企劃AV就已經取替單體AV成為主要的類型，占據了整個AV產品的70%。理論上來說，香港的批發商應該要複製更多的企劃AV而非單體美少女類型的AV，因為企劃AV的資源應該更好入手。但事實上，就像我們馬上會看到的，香港觀眾仍願選擇美少女類型的AV而非企劃AV。這點說明了他們對美少女類型的喜愛幾乎不是因為日本當時最流行的是什麼，從而能夠更容易地接觸到而喜歡的。為了吸引消費者，批發商也會自己為VCD製作封面。然而由於他們並不懂日語，或者說僅僅是因為他們根本沒打算要去弄清楚封面是否符合VCD的內容，因此大多數封面與內容毫無關係。換句話說，批發商並沒有一個很清晰的策略在香港推銷日本AV VCD（同上引）。

儘管如此，在1990年代中期的時候，香港消費者慢慢開始對日本AV VCD有了自己的「品味」，因此批發商慢慢開始瞭解哪一些影片應該被複製。比如說，當香港消費者開始對日本AV女優松阪季実子[4]十分癡迷的時候，批發商不僅僅專門複製了一系列有關她的影片在香港賣，同時還為她的VCD特別設計封面（Wong, 1999, July: 3）。換而言之，消費者的「品味」在香港對日本AV VCD進行製作、分銷、打廣告和包裝的過程之中扮演了很重要的角色。但是消費者的品味是什麼呢？

## 伍、香港觀眾的消費「品味」

為了更好地瞭解香港觀眾的消費品味，筆者之一在1999年4月到

---

[4]　一個在1980年代末1990年代初有名的日本AV女演員。她是以其大胸而聞名（110.7 cm，G罩杯），並引發了1989年日本的「巨乳風潮」（ラッシャーみよし，1999：144）。

2000年6月期間對17名香港男性進行了深度採訪（見表1）。這裡必須提到的是，我們同樣也對香港女性進行了採訪，然而她們大部分都說對AV並不感興趣。或者是她們對AV並沒有什麼清晰的概念，因為她們並沒有看過。就算是那些說自己有時候會看AV的女性的情況也並不能算數，因為她們通常是和男朋友一起看，而非自己看。也因此她們大多數很難說出自己是為什麼看AV，和喜歡看哪一類型的，因為這都取決於她們的男朋友的喜惡。也就是說，她們對AV的消費深深受到男性的影響。在AV的使用方面的性別差異在同一筆者於臺灣所做的類似研究中也得到證實。那個研究發現臺灣女性使用AV僅僅是因為她們的男朋友／丈夫希望她們看。[5] 在近期關於丹麥成人AV使用的研究裡指出，男性和女性使用AV的背景以及對色情材料的偏好非常不同（Hald, 2006: 577）。基於

表1　我們的17名男性受訪者[7]

| 編號 | 姓名 | 年齡 | 教育程度[8] | 事業 | 日期 | 地點 |
| --- | --- | --- | --- | --- | --- | --- |
| 1. | Angus | 22 | 本科 | 學生 | 2000.6.15. | 英國 |
| 2. | Ah Him | 23 | 研究生 | 學生 | 2000.5.5. | 英國 |
| 3. | Ah Po | 24 | 大學畢業 | 銷售工程師 | 2000.4.10. | 香港 |
| 4. | Carl | 26 | 中5／會考畢業 | 文員（clerk） | 1999.12.27. | 香港 |
| 5. | Charles | 28 | 中7／預科畢業 | 保險銷售 | 1999.12.18. | 香港 |
| 6. | Chris | 29 | 大學畢業 | 業務經理 | 2000.4.7. | 香港 |
| 7. | Davy | 23 | 大學畢業 | 教師 | 2000.1.20. | 香港 |
| 8. | Eddie | 28 | 高中 | 銷售員 | 2000.4.18. | 香港 |
| 9. | Eric | 30 | 中5／會考畢業 | 銷售員 | 1999.4.20. | 香港 |
| 10. | Francis | 32 | 中5／會考畢業 | 清潔工人 | 1999.12.15. | 香港 |
| 11. | Jacky | 21 | 本科 | 學生 | 1999.12.19. | 香港 |
| 12. | Joe | 29 | 中7／預科畢業 | 商人 | 1999.4.28. | 香港 |
| 13. | Kelvin | 29 | 中7／預科畢業 | 髮型師 | 2000.4.19. | 香港 |
| 14. | Matthew | 26 | 大學畢業 | 保險銷售 | 2000.4.23. | 香港 |
| 15. | Samuel | 24 | 大學畢業 | 政府官員 | 2000.4.16. | 香港 |
| 16. | Simon | 24 | 研究生 | 學生 | 1999.12.29. | 香港 |
| 17. | Stanley | 25 | 大學畢業 | 銷售員 | 2000.4.16. | 香港 |

---

5　這個研究是在2002年10月到2005年8月在臺灣進行的。當時她的博士論文題目為《「尋找個人能動性／力量——日本成人影片在臺灣的使用》。

男性和女性在 AV 使用和消費模式上差異的普遍存在，分別研究男性和女性的方法似乎比較可行。現在的研究主要是關於男性的 AV 使用情況，而另一個已經在進行中的研究則是關於女性的 AV 使用情況。

受訪者主要是通過筆者自身的人際關係來徵募的。其中不少受訪者是筆者的朋友、同事以及是以前的大學同學。想就這個話題來找人進行採訪通常都比較困難，因為大家會因為害羞、或是不願意暴露自己的 AV 使用情況以及消費模式而拒絕。我們意識到通過一個人的人際關係來徵募受訪者，最終可能會因徵集到具有相對比較一致的性行為偏好的群體而使結果有所偏頗。因為筆者當時是一個大學畢業生，而在做此研究的時候正在攻讀碩士學位，因此她所徵集到的受訪者有著相對高的教育水準也並不奇怪。然而這樣的偏頗最終反而成了一個優勢，因為本文主要是針對香港新型中產階級男性的消費品位。儘管筆者故意避免徵集職業過於相似的受訪者，盡量去保證樣本中的職業能夠盡可能地多樣化，就像表 1 所示，本研究的受訪者是 1960 年代末到 1970 年代末出生的較年輕一輩。他們相對來說都有接受比較好的教育，他們之中超過一半都擁有大學文憑，很多都是在服務行業而非生產行業就職。最後，我們需要感謝這 17 名男性如此慷慨率直地跟筆者分享他們的私生活以及許多敏感的秘密。而他們之中大多數都與筆者相識多年，並把筆者視為「無惡意」的女研究者這一事實也是他們願意公開敏感資訊的主要因素之一。[6]

所有的採訪都是面對面進行的，並對採訪的內容進行了錄音，而後進行轉錄。與每一位受訪者的採訪通常持續兩個小時。除了詢問他們的個人背景以外，我們的採訪有 3 個關注點，分別為他們對日本 AV 以及歐美 AV 之間的偏好、他們所喜歡的日本 AV 的類型、還有他們理想的性感女性。

有關我們第一個主要關注點，幾乎我們所有的受訪者都聲稱比起西方 AV，他們更喜歡日本 AV。他們喜歡「黃」皮膚的女優、亞洲的面孔、

---

[6] 筆者之一在就這個話題採訪男性時的經驗讓我們相信，在研究與性相關的話題時，女研究者採訪男性好像會比較容易。其中一部分原因可能是因為相比起與男性談論性來說，跟女性談論會比較沒有壓力（這可能是個能夠讓他們以男性的身份來吹噓自己的機會）；而也會有一部分是因為他們可能在和女研究者談論性的時候會覺得能夠「激發起性慾」。而也正是由於後面一個觀點，我們認為女研究者若是打算就性相關的話題對男性進行採訪的話，需要更加注意自身的安全，比方說採訪的地點等等。

纖瘦的身材、中國女性；而西方 AV 裡面主動的女性他們並不喜歡：這是他們給出的最常見原因。另外，有的受訪者認為西方 AV 很「粗俗」。另外一些則認為歐美 AV 大膽庸俗、過於肉慾（corporeal）。還有一些覺得看著西方女演員身上常見的那動過隆胸手術的乳房，和身體上的穿孔及刺青只會讓他們沒有了性致，因為這些身體改造表明了她們性自主權或性能動性，因而使作為男性的他們顯得柔弱而感到受威脅。然而，有一名受訪者覺得看西方 AV 和西方女演員可以增強他的「亞洲男性的自我認同」。他開玩笑地說他不僅僅可以「征服」亞洲女性，還有西方女性。

關於日本 AV 類型，17 名受訪者中的 14 名都表現出對單體美少女類型的喜愛。正如所預料的一樣，只有少數幾名意識到了單體和企劃 AV 的區別。儘管如此，他們都說自己喜歡「美少女」（例如用廣東話來說美少女）、「OL」、「學生」（例如學生）或者是「制服少女」（比如扮裝遊戲）。而他們喜愛這些可愛女性的口味也可以進一步佐證於 1990 年代末香港所掀起了一陣空前熱潮——對不僅採用了日本 AV 女優，同時還使用了日本性愛元素的色情和非常規電影的追捧（Ng, 2008: 157）。著名的例子要數由當地著名導演王晶所導演的「制服誘惑系列」，而他導演的電影風格被認為是市井和低俗的。

而他們對美少女類型的口味也反映在挑選 AV 時各自的「標準」上。17 名受訪者中的 15 名都說他們選擇 AV 的基本準則是女優必須漂亮，而他們當中 14 名覺得必須得身材好的。更確切地來說，17 名受訪者中，8 名特別指出女演員必須「甜美」（可愛）、而其餘的則說女演員必須看上去很「純」（單純）、「純情」（單純、天真和簡單）或是乖（心地善良／脾氣好）。有著甜美的聲線，特別是西方人通常認為是孩子氣或幼稚的那種，則是另一個重要的準則。有趣的是，他們的這些標準恰好與美少女類型電影中所描繪的女性形象相吻合。

---

[7] 所有的受訪者都被冠以假名。表中所示的包括年齡、教育程度和職業等不同信息是根據 2000 年時候的情況來記錄的。

[8] 香港的中學教育是由 7 年組成，其中前三年是義務性的，而後四年則是非義務性的。後四年又可以再分為兩部分，也就是前兩年的學習後會有一個香港中學會考 Hong Kong Certificate of Education Examination（HKCEE），而由此畢業的會被稱為中 5／會考畢業。後兩年的學習結束后將有香港高級程度會考 HKALE（Hong Kong Advanced Level Examination），其畢業生被稱為中 7／預科畢業。

相比之下，17 名受訪者中的 13 名說他們並不喜歡涉及性虐待、性侵害或是強暴的影片，因為對女性使用暴力會讓他們覺得不舒服。另外，他們中 14 名告訴我們他們不喜歡積極尋找性愛或主動的女性，如女性騷擾者、女色情狂、人妻、熟女和老婦。就是因為她們會顯得很「賤」，[9] 而女性的性主動不僅僅威脅到他們男性的自我認同，還進而抑制了他們的慾望。

理想的性感女性，我們大部分受訪者都無法給出一個清晰的回答。有的解釋說儘管他們腦海中是有這麼一個形象的，但不知道應該如何表達清楚；而另外的則認為是無法用語言來描述一個理想的性感女性的特徵的，因為那只是一種「感覺」。儘管如此，當被問到哪一個 AV 女優或是電影明星能夠代表他們的理想類型時，17 名受訪者中的 12 名都說到夕樹舞子，並說引用她作為代表是因為她的得意（可愛），更重要的是她的純情。他們中有的解釋道，總體來說所有的日本 AV 女優身材都很好，但是有的看上去很「賤」或是「粗俗」（因為她們荒淫地渴求性愛）。然而他們都認為夕樹舞子是一個例外。就像其中一個所說的，「夕樹舞子看上去很純情甜美，特別在她早期的 AV 裡；她是如此可愛，就像學校女生一般。而她又是如此漂亮，身材十分完美」。除夕樹舞子以外，我們的男性受訪者說他們也覺得小沢圓、金沢文子、川島和津實和朝岡實嶺——所有都是美少女類型的女優——具有性誘惑。美少女類型在香港男性中的普遍甚至造成我們許多的受訪者錯把這個類型等同於所有的日本 AV 本身。就在我們其中一個受訪者被問到他總的來說是否喜歡看日本 AV 時，他回答道，「你是指那些美少女 AV，是吧？」

以上的人類學的數據說明瞭我們的受訪者中有一個選擇過程的存在。我們的受訪者並沒有千篇一律地接受所有的 AV。當說到美國 AV 和日本 AV 的時候，他們首先就別除了前者，因為他們覺得其具有攻擊性、低俗、下流，因為威脅他們的男性存在。就算是後者，我們的受訪者也並不能接受所有，而是有選擇地認同單體美少女類型 AV，而排除了企劃 AV。企劃 AV 如 SM、強暴、性侵害、熟女、性虐待和老婦類則因多方面的原因——庸俗且對性愛表現得很渴求、不能產生興致、引起令人不適的感

---

[9] 從 1990 年代初起，「賤」開始進入香港的詞彙，指的是讓人感到討厭、無情和下賤的行為。

覺——而被排斥；而這和他們不喜歡西方AV的邏輯是相似的。也就是說，比起「受害的女性」和「對性愛赤裸裸的追求的女性」，「甜美和溫柔嬌弱」的女性看上去更能吸引我們的受訪者。

我們的發現也揭示了在香港觀眾所熟知的許多單體美少女類型電影女優中，夕樹舞子是最受我們受訪者歡迎的。他們當中幾乎所有人都對她很熟悉，不少還是她的「忠實」粉絲。當他們無法描述出他們理想的性感女性的形象時，不少人都引用夕樹舞子作為最相近的例子。他們認為夕樹舞子「甜美」、「純情」、「嬌小」、「天真」且漂亮：這也是為什麼他們會繼續看她的VCD的原因。難怪一個日本AV評論者說道：「香港的AV媒體和市場總的來說都被日本美少女類型電影女優占據了」（吉田一郎，1998：137）。

夕樹舞子的名氣，就如我們將在下一節所看到的那樣，並不僅僅局限於我們的17名男性受訪者。夕樹舞子於香港1990年代末的驚人人氣甚至使她在1998年復出日本AV產業，又製作了幾部AV；而在其中她依然飾演的是可愛天真的女孩。由此看來，調查她的AVVCD以找出單體美少女類型AV意味著的是怎麼樣的形象，而這些形象是又如何解釋她在香港1990年代末的享有如此盛名這一方法應該是行得通的。

## 陸、夕樹舞子和她的色情光碟

由於夕樹舞子在香港十分受歡迎，因此在這一節我們會分析夕樹舞子主演的由不同的當地非法批發商在不同時候（重新）製造的9部不同AVVCD（見表2），以解釋何為美少女類型AV，並展示夕樹舞子在她的VCD裡所扮演的是怎麼樣的形象。這裡需要提到的是，在重新把她的AV製成VCD的過程中，當地非法的批發商不斷地對片名進行修改，有的時候甚至為她的電影起了一個全新、且通常是比較低俗的名字。另外，因為香港嚴格的媒體審查，為了避免起訴，非法批發商經常會在編輯過程中去掉她的整個下半身，以至於性交場景也被刪減。當這些露骨的場景都沒得看的時候，這些AVVCD還有些什麼吸引人的地方呢？

夕樹舞子是一個多產的AV女優。在她短短的AV生涯中，

表 2　夕樹舞子的 AV 盜版 VCD

| VCD 片名 | 年份 |
| --- | --- |
| 《夕樹舞子豬年失豬記》 | 1996 |
| 《夕樹舞子破瓜記》 | 1996 |
| 《夕樹舞子之一吹通脹》 | 1996 |
| 《夕樹舞子之活動「性」校園》 | 1997 |
| 《夕樹舞子之火上加油淫性書》 | 1997 |
| 《夕樹舞子處女生春宮》 | 1997 |
| 《夕樹舞子秘藏》 | 1998 |
| 《夕樹舞子之天姿國色》 | 1998 |
| 《夕樹舞子制服》 | 1998 |

即 1995 年到 1996 年[10] 這段期間，她主演了 9 部影片。其中 7 部是屬於「Tiffany」（蒂凡尼；島村導演的高級美少女類型 AV）公司的，剩餘兩部則屬於 Cosmo Plan（宇宙企劃）。[11] 換言之，她所有的影片都是屬於美少女類型的 AV。在她的影片裡，她不是穿著漂亮的巴斯克緊身衣，就是純白的內衣；她的頭髮總是梳得整整齊齊並做了造型的；她的臉蛋畫著精緻的妝容；她的指甲塗著指甲油，有時候她甚至會戴著飾以珠寶的皇冠，置身於精緻的華麗背景之中。儘管每一部影片的風格都有著些微的差別，但是我們的 9 部 VCD 範例裡，其中 6 部都有著相似的開場場景。

在《夕樹舞子豬年失豬記》的開場時，夕樹舞子穿著白色的巴斯克衫緊身衣、白襪吊絲和一雙紅色高跟鞋。在緩緩走向她身旁那張裝飾得很漂亮的床時，她是無辜地凝視著攝影機的。現在她躺到了床上，除了擺出了誘人的姿勢以外，她也表現出天真且充滿青春的氣息——對著攝影機露齒一笑並獻了個飛吻。這樣的開場場景和夕樹舞子那獨特可愛且幼稚的行為，在她其他的影片裡屢見不鮮。

在簡短的介紹過後，攝影機的鏡頭移向故事。通常在這個時候，夕樹舞子是以整齊地穿戴著帶著孩子氣的衣服或是游泳衣的樣子亮相的。

---

[10] 夕樹舞子於 1995 年 4 月正式初演，而於 1996 年隱退。然而她在 1998 年再度回到 AV 產業。自復出以後，她仍參演了不少 AV，但由於她不再出演美少女類型的 AV，因此本研究對這些電影不做討論。

[11] 關於這點的信息是從她的官方網站（http://www.yuukimaiko.com）獲得的。

隨著故事的展開，她會一絲不掛地站著或是以半褪內衣的姿態站上一會兒，緊接著的就是性交的場景。在她的VCD裡面至少會有兩個性愛場景。

在她所有的VCD裡有一個常見的場景，那就是描繪「無辜的」夕樹舞子害羞地躺在床上，而男演員則長時間地吸吮著她的乳頭的性愛場景。男演員常會詢問她是否感覺舒服；若她覺得不舒服的時候，男演員就會安撫她，並告訴她說這不會痛的。隔著內褲摩擦她的陰道則是她的VCD裡面另外一個常見主題。男演員會要求或鼓勵她自己這樣做，而她則會順從地在男演員的指導和幫助下羞澀地摩擦自己的陰道。舔陰和口交的做法也是有出現的，但是口交在其早期的作品中則相對少見。總的來說，在她所有的VCD裡面，男演員幫她舔陰是十分常見的場景。另外，片中前戲的持續時間相對比插入的要長。在我們的VCD範例裡，前戲的平均時長為5.26分鐘，而性交的僅為2.48分鐘。前戲通常被理解為性愛伴侶之間相互的性愛活動。然而在夕樹舞子的VCD裡的前戲中，幾乎總是男演員取悅她，而夕樹舞子則保持著被動和極度羞澀的狀態——除了等待被觸碰、被撫摸、被愛撫和被親吻之外，她不用做任何事情。

其電影中主要使用的傳教士式性體位也進一步突顯了她的被動。當我們的VCD偶爾出現了「在上面」的夕樹舞子，但依舊是由男演員從下方掌控著動作。在VCD範例的27個性愛場景中，只有一個場景是把夕樹舞子描繪成會脫掉男演員的衣服或是把男演員的陰莖放進她的陰道裡的性主動女人。

她的VCD裡的性交場景幾乎都是以體外射精——男性在她的胸部或是她身體的其他部分射精作為結束的。體外射精在所有的色情影片中是十分常見的，因為它表明了男性以及異性戀性事的終極高潮。它也讓觀眾見證了性高潮的真實性。而另外一個常見的特點則是夕樹舞子幾乎每一次都能達到高潮。她高潮的來臨甚至和男性的射精時刻不謀而合。幾乎每次在男演員射精後，她都會把玩射出的精液。

在這些VCD的最後通常都會有一個獨白，而此時夕樹舞子會穿著學校制服或是孩子氣的衣服出現，說道：「謝謝觀賞這部影片」或是「請繼續支持我」。

從這個簡要的梗概我們可以觀察到夕樹舞子往往在剛開始的時候都是一個被動無辜的接受者，但最終都會轉化成為一個渴望和享受性愛的

性生物。我們在她的 VCD 裡可以找出七個重要的要素；這些元素可以說是適用於其他典型的美少女類型 AV 裡的，並能解釋這些電影在香港受歡迎的原因。首先是她的幼稚。夕樹舞子幾乎在其每一部影片中都會穿著水手式的學校制服。孩子氣的服飾和幼稚的行為，如撐開眼睛做可笑的鬼臉以及吐舌頭等都是她 VCD 中十分常見的。在夕樹舞子破瓜記這部影片中，她是以色彩繽紛的絨毛衣服出現的。在她後期的 VCD 中，她不再是那麼的孩子氣，但依舊是以「可愛」且「甜美」的女性形象出現的。

第二個要素是處女般的羞澀。夕樹舞子在她早期的作品中總是以害羞、天真、無知、和不諳性事的形象出現的。在她很多的影片裡，如《夕樹舞子秘藏》、《夕樹舞子之活動「性」校園》和《夕樹舞子破瓜記》，她的內衣主要是白色的。有時候她甚至只穿運動內衣，而這彰顯了她對性愛毫無經驗。白色內衣和運動內衣的時常出現，在某種程度上說明了日本男性對於女性的童貞和純潔的迷戀。

夕樹舞子的影片中不斷出現的主題——可愛形象是第三個要素。典型的表現有幼稚的說話方式和孩子氣的面部表情。比如說在《夕樹舞子之活動「性」校園》和《夕樹舞子之火上加油淫性書》裡，她總是微笑著，天真地輕聲細語著。這裡值得一提的是，她那可愛的形象並不僅僅是在 VCD 的主要內容中表現，在片外亦然。例如在《夕樹舞子豬年失豬記》的片尾花絮裡，她本應該是表現真實自我的，但她依然維持著這種風格——做著淘氣的鬼臉、撐開眼睛、拉起襯衫露出胸部、開其他人的玩笑或是表現得傻乎乎的。在《夕樹舞子之一吹通脹》的花絮中，夕樹舞子則是在逗製作團隊開心。她把自己的門牙塗上黑色的墨水，以至製作團隊的每一個人都捧腹大笑。這種可愛在她早期的作品中尤為常見。值得注意的是，「可愛い」（可愛）是日本社會裡不可缺少的女性要素之一。因此我們發現很多日本的年輕女孩都試著變成「ぶりっ子」（假裝單純，諂媚地裝孩子氣），如拉高聲調，經常以一種可愛的方式尖叫道：「可愛い！！」（Kinsella, 1995; White, 1994: 186）。

第四個要素在《夕樹舞子處女生春宮》裡得到了體現；裡面的夕樹舞子飾演的是對生活感到無趣的任性年輕女孩。她想要找一個男朋友來消磨時間。有一天她邀請加藤先生到她家做她的玩伴。他們玩的是「媽媽和嬰兒」角色扮演遊戲，並讓加藤先生穿上尿布。然後她要求加藤嬰

兒要模仿嬰兒一樣吮吸她的胸部。突然加藤先生開始受夠了她所有的要求，決定起身離開。這讓夕樹舞子後悔於自己所做的，並向加藤先生道歉道：ごめんなさい、わがままでした（對不起！我剛才太任性了！）。在日本，わがまま是一個主要用來形容被寵壞的人，特別是通常被認為孩子氣和不負責任的年輕女性的詞語。相似地，在《夕樹舞子豬年失豬記》裡，在影片中間有一個夕樹舞子穿著水手制服出現在畫面裡面，承認自己わがまま的獨白。但是わがまま並不被認為是完全否定的。在某種程度上，許多日本中年男性發現一個わがまま的年輕女性更具有性吸引力，特別是這些被寵壞的青年形象通常被描繪成充滿朝氣、天真無暇。

順從則是第五個要素。比如說，在《夕樹舞子之火上加油淫性書》中，男演員要求夕樹舞子替他進行口交。儘管她很不樂意，並解釋說自己「疲れた！」（累了），但最終她仍是順從地為其進行口交。在她的VCD中，夕樹舞子總是表現得順從、乖巧。

在夕樹舞子的VCD中性愛是歡愉的。「そこ」（那裡——女優的生殖器）、「だめいちゃう」（不行……要來了）、行く行く（要來了）和気持ちいい（感覺好好！）都是她在影片裡常用的表達。在說這些語句的時候，她通常會配以大聲的呻吟。當男演員在她身上射精的時候，她則會以「行く行く気持ちいい」（字面意思為高潮要到了，感覺好好）來表達她的感受。

最後，夕樹舞子的VCD裡面，性禁忌相對寬鬆。在《夕樹舞子之一吹通脹》中，一個叫做佐藤的男性來到夕樹舞子工作的酒店，假扮自己是那個地區的酒店審查員。為了討好這個男性，夕樹舞子用自己的身體以換取好的評估。相似地，在《夕樹舞子豬年失豬記》裡，由於不能忍受寂寞，夕樹舞子讓她的男性朋友來當她的臨時男友。在這些框架中，性並不是一個需要被隱藏、抑制或是被文化道德所約束的。

從這一節裡所展示的可以看到，我們的男性受訪者傾向認同的夕樹舞子是個孩子氣、處女般羞澀、可愛、任性和順從，但本質上則是很容易接近且開放的人。接下來我們將會展示夕樹舞子在她的AVVCD總所具有的這一系列形象實際上是和1990年代中期所興起的香港男性心目中的理想性感女神相似。也正因為此，我們不應該對1990年代香港不少男性都喜愛夕樹舞子感到驚訝。

## 柒、新性感典範：性感兼天真無邪

就像前面描述的所表明的，夕樹舞子在她的 VCD 裡面扮演了各種各樣的「女性」形象，分別有孩子氣、處女般羞澀、可愛、任性和順從。然而她也表現得在性方面準備好且性開放，因為她總是毫無內疚感地享受著性。夕樹舞子顯得容易接近但根本上卻被動的這個女性形象與以往的本地色情艷星相去甚遠。1960、70 年代的本地 AV 通常被稱為「鹹片」。由於嚴格禁止性器官部分的刻畫，因此當時的艷星經常扮演得風騷、輕浮、對性愛具有興趣，為的是彌補缺失的性愛場景。比如說，1970 年代的艷星女王胡錦，她是以她的賣弄風情和誘人／性感的姿勢而出名的。在所謂的裸體場景裡，實際上是有替身代她上場的，而她只需要表現得「風騷」、「積極地」呻吟就可以了（洪永起，2007 年 4 月 18 日）。

相似的，恬妮是以其鳳眼（丹鳳眼）出名，而邵音音則是以她在螢幕上表現得嫵媚（嬌艷迷人）而聞名。由於在電影中這些艷星大部分都沒有真實的性愛場景，因此人們則希望她們能夠飾演出她們的淫慾。也恰恰是這個原因使得她們被認為在與後來的三級片艷星相比之下，是擁有更高超的演藝技巧的（葉俊傑，1997：195）。

三級片電影是香港政府與 1988 年所引入的電影分級制度的一個產物，它是一個把電影分為三個級別的系統。從那個時候開始，「三級片電影」變成了香港 AV 以及大部分非常規電影的雨傘術語。然而在考慮當地社會的畫面來說，實際上這些電影充其量只是等同於美國的「R」級或是「NC17」級，而非那些被標記為「XXX」的。葉子楣是通過主演三級電影而一舉成名的早期艷星之一。《聊齋艷譚》（1990）是葉子楣的突破之作，自此之後她接著主演類似的性感角色以繼續她的演藝道路，例如《玉蒲團之偷情寶鑒》（1991）。在這個過程中，她贏得了大批狂熱的崇拜者。而這兩部電影在香港的票房取得了驚人的成功，總收入分別有 1 千萬和 3 千萬港幣（Ng, 2008: 154）。

1980 年代末 1990 年代初，當葉子楣成為香港以及亞洲不少其他地方最受歡迎的女演員之一時，她卻在 2006 年的一個訪問中說過，她的演藝生涯中並沒有太多難忘的角色，因為除了她的嫋娜輕盈和那不相稱的巨乳以外，她終究只是以扮演低俗、調皮、下賤的形象來為電影增添點下流的幽默（新華網，2006）。

然而，在 1990 年代初更加轟動的則是葉玉卿的初演。葉玉卿曾經榮獲 1985 年亞洲小姐的季軍。儘管亞洲小姐競選通常被認為是低香港小姐選舉一個級別，榮獲亞洲小姐的得獎者在許多香港人眼裡仍是被視為健全、高貴、有教養、優雅的。而葉玉卿卻以出演 AV 來挑戰主流的價值觀。再加上她本是出身於一個相對富裕的家庭，因此她在三級電影《情不自禁》裡的初演在香港引起了極大的轟動。就在同一年裡，她還主演了另外兩部三級電影《卿本佳人》（1991）《我為卿狂》（1991）。這三部電影都取得了巨大的商業成功，也使葉玉卿成為了香港的三級電影女王（王瑋，1995：225）。儘管如此，她得以迅速地從三級電影轉型闖入主流娛樂圈這一點，使得她有別於以往的艷星（葉俊傑，1997：210）。在 1992 年到 1997 年間，她主演過 20 多部主流電影，而其中不少部在香港電影市場都備受讚賞。她甚至還曾憑藉《天臺的月光》（1993）和《紅玫瑰白玫瑰》（1994）在電影金馬獎獲得「最佳女演員」和「最佳女配角」的提名（葉俊傑，1997：210）。在 1996 年，她做出了一個驚人的舉動，那就是宣布全面從娛樂圈隱退，並嫁給了美國的富商胡兆明。

她的非凡成就引起了香港的一個新潮流——主流女演員嘗試通過在三級電影裡短暫露面而成名。就像獲得 1987 年亞洲小姐競選冠軍的邱月清，在三級電影《星期五之舞男》（1992）和《我愛狐狸精》（1993）初演（HKMDB）。陳寶蓮，參選 1990 年亞洲小姐競選落敗後，也參演了三級電影，如《夜生活女郎之霞姐傳奇》（1991）和《聊齋艷譚三之燈草和尚》（1992）。顯然，這些艷星的成功並不僅僅是因為她們的美貌，還因為她們是前亞洲小姐競選的參選者（王瑋，1995：225）。重要的一點是，艷星並不一定就是所謂的「壞」女性，或是來自低級的女性。事實上，她們中不少只是從事 AV 事業較短的時間。當她們成名或是成為明星後，她們就從 AV 產業中隱退，有的轉型到主流娛樂圈（Ng, 2008: 155），而有的則和有錢有成就的商人結婚（就像葉玉卿、李麗珍還有其他不少人）。可以發現，從 1990 年代初開始，除了性感兼具主動性的女神典範形象以外，香港還有一種新的女性形象正在逐漸形成。

這個趨勢在翁虹於三級電影中初次演出的時候，經歷了細微但又極其重要的轉變。作為 1989 年亞洲小姐競選冠軍的翁虹首次參演的三級電影《擋不住的瘋情》（1993）獲得了商業成功。然而她在《滿清十大酷

刑之楊乃武與小白菜》（1994）裡面飾演了一個「脆弱、溫柔且可憐」的女性之後，很快就因為其獨特的氣質和「天真無邪」的外表贏得了名氣。這個新的女性形象在李麗珍的例子裡更加明顯。李麗珍先是通過初次參演《開心鬼》（1984），飾演天真無邪的小女孩或是玉女而贏取了名氣。接著她在1980年代一直扮演年輕的青少年直到1990年代初期。儘管她開始在電影裡面擔任主角，如《最後勝利》（1987），出演更大膽的電影如《夏日情人》（1992）以改變其天真無邪的形象，她的名氣卻在下降。在1993年，她做出了一個大膽的決定，那就是脫掉衣服參演三級電影《愛的精靈》。而這一舉動為美少女潮流在三級電影中開闢了新路（葉俊傑，1997：213）。實際上，由於她那享有盛名的鄰家女孩的形象和乖巧的外表使得這部電影獲得了極大的成功，吸引了不僅是香港媒體，還有臺灣、中國內地以及日本媒體的廣泛報導（同上引）。在接下去的幾年裡，她繼續在《蜜桃成熟時》（1993）、《不扣紐的女孩》（1994）、《玉蒲團II之玉女心經》（1996）裡展露自己的身體。在1994年，她還推出了她的第一張也是唯一一張名叫《純真》（1994）的國語唱片。她於1996年與香港著名音樂人許願結婚，因而退出娛樂圈。

　　李麗珍在三級電影的初演是極具意義的，因為她完全顛覆了主流的禁忌，提供了另外一種女神典範形象——有著乖巧外表卻又極具性感魅力的天真無邪美少女。如前所述，集這兩種矛盾形象於一身使她在許多華人社會獲得巨大成功。由此看來，90年代末夕樹舞子在香港極負盛名，無疑正是這種新的女神典範形象的具體化。當然，我們並不是說夕樹舞子所象徵的性感兼天真的形象是香港唯一的女神典範。陳寶蓮，前面提到過的三級電影艷星，很快就以迷人誘惑的性感尤物的形象在電影中擔當主演（葉俊傑，1997：212）。同樣地，李華月在1992年到1995年間也以具赤裸裸的女色情狂的形象主演了很多部三級電影，其中甚至有她自己執導的電影《血戀》（1995）《血戀2》（1995）——她聲稱在這兩部電影裡面的是真實性交。儘管如此，極受歡迎的夕樹舞子能夠在1990年代的香港獲得名氣正是體現了香港男性心目中性感兼天真的女性形象。

　　在下面一節裡，我們將嘗試把我們的受訪者在香港社會結構中進行定位，以說明夕樹舞子所象徵的新性感典範的興起是具有階級性的。

## 捌、階級和新性感典範

正如一開始那章節所提到的簽名會插曲所述,許多夕樹舞子的粉絲是學生或是穿著套裝的年輕藍領工人。同樣的,就像我們所展示的那樣,我們的男性受訪者都是 21 歲到 32 歲之間的年輕人。他們大多是都是有大學學歷的。更重要的是他們大部分都是在服務行業工作的。根據 Lui 與 Wong（1992）所做的研究可以得知,夕樹舞子的粉絲彷彿都是香港新興中產階級的成員。

Lui 與 Wong（1992）在 1990 年代初期於香港進行了一個流動性研究。根據調查的數據,他們建構了一個複雜的七等階級圖和一個簡化了的三等階級版本（見表 3）。Lui 與 Wong（1992: 50）發現,60% 以上急速擴張的服務階級成員並非來自服務階級背景。也就是說,在過去的 20 年裡,香港有很大的一部分人通過接受教育和努力工作向上一階級流動。

表 3　香港階級結構

| 七等階級系統 | 簡述 | N | % | 三等階級系統 |
|---|---|---|---|---|
| I | 上層服務階級：高級專業行政人員、大機構之經理、較大企業之擁有人 | 81 | 8.6 | 服務階級 |
| II | 下層服務階級：較低級之專業行政人員、高級技術員、小機構之經理、非體力勞動僱員之主管 | 107 | 11.3 | |
| III | 一般非體力勞動僱員、個人服務之僱員及商店售貨員 | 90 | 9.6 | 中間階級 |
| IV | 小資產階級：小僱主、工匠、判頭（有僱員或自僱者） | 132 | 14.0 | |
| V | 較低級之技術員、體力勞動工人之主管 | 150 | 15.9 | |
| VI | 有技術的體力勞工 | 149 | 15.8 | 工人階級 |
| VII | 半技術及無技能／非技術工人、農業勞工 | 234 | 24.8 | |

資料來源：Lui 與 Wong（1992: 30）。

Lui 與 Wong（1992: 32）進一步分析出在教育和住房方面有與階級相關聯的社會－經濟差異。他們的調查中,有 80% 的服務階級回答者取

得了中等或以上學歷，其中有一半接受了高等教育；而工人階級回答者中只有 18% 是取得了中等或以上學歷。在說到住房問題的時候，他們發現有 60% 以上的服務階級回答者是住在獨立的私有住房；但只有 43% 的工人階層和一般非體力勞動階級回答者住在私有住房。另外，65% 的服務階級擁有自己的住所，而能夠有自己住處的工人階級和一般非體力勞動階級只有 24% 到 33%。

很明顯，幾乎所有的受訪者（見表 1）都被劃分為 Lui 與 Wong 的階級圖中（見表 3）的服務階級或是中等階級。除了 Francis 是清潔工人以外，其他所有的受訪者不是屬於 II 等（Chris、Davy 和 Samuel），就是 III 等（Ah Po、Carl、Charles、Eddie、Joe、Kelvin、Matthew 和 Stanley）——這裡需要注意的是，當時 Angus、Ah Him、Jacky 和 Simon 還是本科生或是研究生，而當他們從大學畢業後是很有可能在服務行業工作的。說到教育程度，17 名受訪者中有 7 名接受了高等教育，其中 2 名甚至獲得了碩士學位。其餘的受訪者不是中 7／預科畢業生（高中教育）就是中 5／會考畢業生（中學教育）。在住房方面，他們一半以上都是住在獨立私有或是租來的公寓。因此我們可以得出這樣一個結論：幾乎所有的受訪者都是屬於香港新興的中產階級。

正如我們在上面的訪問數據中所看到的，我們新型「中產階級」受訪者通常都排斥美國 AV，而喜愛日本 AV，特別是美少女類型的。前面提到過，他們不喜歡美國 AV 的邏輯是因為它粗俗、大膽庸俗、主動渴求、過於肉慾和讓男人覺得威脅。實際上，這個邏輯同樣可以應用到他們從認同性感兼具主動的形象到認同性感兼天真無邪的女性形象的轉變，並最終因此普遍喜愛日本美少女類型 AV，特別是夕樹舞子。也就是說，他們不喜歡美國 AV 的原因或多或少與他們不喜歡性感且主動的女性形象的原因是一樣的——正如上述訪問數據所展示的那樣，美國 AV 所代表的正是主動、賣弄風情的女性形象。由此看來，我們可以得出以下平行的三組（見表 4）。

現在我們可以推斷出香港社會中年輕、受過教育的中產階級傾向於認同由普遍日本 AV，尤其是夕樹舞子所象徵的性感兼天真無邪的女神典範形象。原因是他們認為美國 AV 以及三級電影都顯得低賤、低俗、主動和讓男人感到威脅。如果他們是因三級電影低賤、低俗、具有攻擊性和

表 4　香港的兩個對比鮮明的女神典範

| 日本 AV | 美國 AV |
| --- | --- |
| 性感兼天真無邪 | 性感兼具主動 |
| 夕樹舞子 | 以往的三級電影艷星 |

讓男人覺得受到威脅而排斥這種從 1980 年代末到 1990 年代中期在香港男性當中流行的 AV 形式，那麼，筆者認為他們這樣做是為了表示自己的階級流動，從而得以與自己以往的工人階級背景區分開來的說法也不是沒有道理的。

## 玖、新中產階級：介乎中間的一代

我們認為普遍日本、特別日本文化是香港人新興身分的一個重要標誌。比方說，我們在一篇合作文章中提出，一個日本超級市場八佰伴，因為它不是太東方、也不是太西方的形象符合了 1980 年代新中產階級香港人身分認同形成的文化邏輯，因此在香港得以成功。根據那篇文章所提到的，許多新中產階級出生於 1950 年代末或 1960 年代初，成長於 1970 年代。1970 年代在現代香港歷史裡是一個很重要的時期，因為在這 10 年間，香港社會發生了翻天覆地的快速變化。收入和生活水準有了大幅提高，隨之而來的是工人階級的孩子不再需要早早退學出來工作，幫忙養家。現在，他們的家裡有能力供他們去讀中學，甚至是大學。他們中大多數會是家族歷史上第一個進大學的人。同時，從製造業到金融業、貿易業和服務業的產業結構轉變，為這些得到良好教育的年輕人創造了機遇，使他們能夠脫離工人階級從而晉身服務階級。

1970 年代也見證了一系列意在完善生活標準的社會政策的實施，如由 1972 年抵港的總督麥理浩（Governor Murray MacLehose）推出的 10 年建屋計劃。他也為使社會更加公平而做出了努力。比如說，他成立了抑制香港 1950、60 年代普遍的現象——貪汙罪行的廉政公署（Independent Commission Against Corruption, ICAC）。ICAC 被證明是非常成功的，它不僅抑制了貪汙，同時也把英國（西方）／現代有關公平公正的價值觀，通過許多教育計劃，灌輸到新中產階級的腦海當中。因此新中產階級有著他們父母一輩所不存在的、英國（西方）／現代關

於公平和社會公正的意識。儘管如此,他們還是不能完全擺脫他們父母那中國／傳統觀價值體系的影響。結果新中產階級形成了一種由他們父母那中國／傳統／老套的價值體系以及他們自己西方／現代／新式的價值體系結合而成的世界觀。而這進而構成了新中產階級身分認同的文化邏輯。

## 拾、中產階級的新品味

我們認為,新中產階級的身分認同基本上等同於香港人的身分認同。對於香港社會來說,它的人民和各種社會現象總是離不開中西混合、傳統與現代的混合,還有舊與新的混合。Evans 與 Tam(1997: 5)也曾指出「香港是一個『東方與西方相遇』的地方」,但是「中國傳統」卻依舊當道」這一主題已經成為香港人通常藉以建構自己身分的方式。就像他們所觀察到的那樣,「香港的中國人在遇到內地人的時候,是可以根據自身的『西方性』來說明之間的不同的。而在他們遇到僑民的時候,則可以根據自己的『中國性』來解釋大家之間的差異」(同上引:5)。這些觀察說明了香港人的身分是介乎於西方與東方,傳統與現代以及舊與新之間的。

因此,新中產階級和他們的父母不同,無法把自己看成是打算把香港視為臨時居所的純粹的中國移民。而另一方面,因為他們在香港出生,再加上教育和生活環境的提升使他們慢慢對香港產生一種歸屬感,這使他們逐漸開始質疑對西方文化那種不容置疑的接受的做法。他們把自己和香港,他們的家聯繫在一起。

我們認為,香港人的這種新的身分認同是能夠解釋為什麼八佰伴可以在 1980 年代的香港如此受歡迎的——因為八佰伴代表的是一種十分符合新中產階級生活方式的新購物模式。首先,八佰伴為它的顧客提供了便利性,讓他們能夠在回家的路上買到他們的產品。其次,因為八佰伴是一個包含了紡織品部門、日用品／雜貨部門、超級市場、美食廣場的大型綜合超市,所以顧客可以在一個地方買到所有東西。最後也是最重要的一點,那就是八佰伴提供了一種能使它在商業模式和形象方面區別於其他日本百貨商店和本地百貨商店的新零售形式。八佰伴為顧客提供

一站式購物。無論是國貨公司（專賣中國製產品的百貨公司）還是當地百貨公司和超級市場都未能為顧客提供這樣的服務。當地的超級市場只是買新鮮食物和日常用品，而國貨公司和本地百貨公司則只提供非食用的商品。另外，八佰伴的超級市場通常又大又乾淨，不但提供很多種類的商品，而且相較於本地超級市場來說更善於管理商品。國貨公司沒有超級市場或美食廣場，而且也不像八佰伴那麼注重顧客服務。八佰伴和國貨公司、當地百貨商店和超級市場之間經營模式的不同，使得各自的形象也不一樣。國貨公司有著很強的中國性形象，八佰伴則沒有；街市和傳統有著緊密關係，而八佰伴則是與現代聯繫在一起；本地百貨公司有著保守且老舊的形象，而八佰伴則代表了一些新式且現代的東西。因此八佰伴所代表的是一些介乎於東方與西方之間、傳統與現代之間、老式與新式之間的東西：這正好和1980年代新中產階級香港人的身分構建的文化邏輯相符。

　　1980年代末八佰伴的成功不僅僅使八佰伴成為了香港家喻戶曉的名字，同時還為日本流行文化的第二波浪潮注入了新的動力。說它是第二波，那是因為日本流行文化曾經在1980年代早期的香港十分流行。比方說，日本歌手如松田聖子、中森明菜和河合奈保子在1980年代初席捲香港（Nakano, 2002: 233）。他們驚人的成功甚至使得他們所唱的日語歌被改成了翻唱版本，由當地歌手進行演唱（Wong & Yau, 2008: 24）。然而，1980年代中期，當地偶像歌手如譚詠麟、張國榮和梅艷芳的出現則意味著不再需要外國歌手來填補當地的音樂市場了。因此，香港音樂市場在1980年代後半期不再由日本歌手稱霸，而是以當地歌手為主了。由此看來，八佰伴於1980年代末1990年代初的成功實際上刷新了當地對日本事物的興趣。前面提到過，八佰伴是一個大型綜合超市，為當地顧客提供日本的食物、日用品、文具、日用品、服飾、化妝品等等。在其鼎盛時期，八佰伴在香港擁有9家分店（Wong & Yau, 2008: 22）。為香港很多人提供各式各樣的「日本」產品，無疑重燃了早期當地對來自日本的事物的興趣。

　　1990年代末期，日本流行文化如電視劇、流行音樂、娛樂節目、卡通、漫畫、時尚和化妝品等開始席捲香港（Yau & Wong, 2008: 24）。其中「偶像現象」特別重要（Aoyagi, 2005）。松隆子、常盤貴子、松島奈々

子、広末涼子等剛嶄露頭角就俘虜了許多香港青少年,不論男女。這些女優所體現的女性氣質和松田聖子等所詮釋的女性形象產生了強烈共鳴。值得注意的是這些女優或歌手實際上就是所謂的「偶像」,指的大部分都是正處於少年時代或是 20 歲出頭、被認為是「特別可愛和漂亮」的少女名人。而她們所採用的這些形象恰巧就是夕樹舞子的色性電影 VCD 裡常見的青春可愛的模樣。正如另一個研究項目裡現年 40 多歲的男性受訪者告訴我們的那樣,對於很多在 1980 年代長大的男性來說,中森明菜和松田聖子就是他們的「女神」——她們是清純和美麗的完美結合體。就像 Robertson（1989: 56）敏銳指出的那樣,這些女神能夠如此清純美麗的原因是少女,「意味著缺乏異性經驗但擁有同性經驗」,而且「少女的情感世界的本質就是自我陶醉,因為只要少女並未在具有性別的資本主義經濟下找到有豐厚收入的工作的話,一切就只是自我指涉」（Treat, 1993: 364）。

我們認為,前面提到的香港人的身分,為更好理解夕樹舞子在 1990 年代的香港會如此受歡迎的原因形成了一個重要背景。香港人的身分建構內所固有的矛盾性使得日本和日本流行文化成為了他們新興身分認同的標誌。而這也是為什麼他們會喜歡八佰伴,並使該公司在香港獲得巨大成功的原因。而八佰伴的成功反過來也重燃了早期當地對來自日本的事物的興趣,同時也為從 1990 年代中期開始就爆發的日本流行文化出了一分力。通過不斷擴大與各種日本流行文化——從電視劇,到音樂、卡通、時尚、漫畫以及動畫——的接觸面,「亞洲（和香港）的年青一代培養出了一種有關日本視覺敘事的高文化常識」（Nakano, 2002: 233）。文化常識,如 Nakano（2002: 233）所指出的,意指他們所具備的「可以推斷出符號和意思之間那具有系統性卻又在不斷變化的關係,以及可以欣賞各種風格的元素的能力。」但是這種文化常識也指他們能夠逐漸欣賞且接受可愛,漂亮且溫柔的新興少女女神典範形象的能力。

就像上面所提到的,從 1990 年代早期開始,香港有另外一種女性性感象徵在逐漸成型。葉玉卿,在和葉子楣相比時,已經不再是那麼主動和庸俗了。翁虹甚至表現地柔弱可憐。而這種新的性感典範在李麗珍的天真無邪甚至達到頂峰。她享有的個人成就不僅僅標誌了從性感兼具主動性的形象到性感兼天真無邪的轉化,還使得松田聖子等所象徵的甜美

可愛的早期女性氣質在香港再次復興。正因為此，香港社會的文化範圍在始於 1990 年代中期的日本流行第二波浪潮期間被這種甜美溫柔的女性氣質不斷轟炸。當具備了欣賞松島菜菜子、常盤貴子和松隆子、加藤小雪等的文化常識時，我們就不再會對夕樹舞子在 1990 年代末於香港獲得如此大反響而感到驚訝了；因為她只是這種甜美溫柔的女性氣質的延伸。

更重要的是，我們不應該忘記李麗珍畢竟不是一個「固有」的艷星，而是一個希望在三級電影裡短暫露面就能獲得名氣的投機女演員。因此，儘管她天真無邪，但其於電影裡的表現並不性感。不僅僅是因為真實性交場景的完全缺失，還因為她，就像我們的受訪者簡潔地指出：「她只是脫掉了衣服，但演得一點都不性感」。也就是說，儘管李麗珍是置身在性愛場景裡，但觀眾似乎並不這樣認為。更重要的是，一位臺灣影評人提到，《蜜桃成熟時》（1993）是一個草率之作，它需要那些希望看到李麗珍的身體的觀眾十分專注，不然他們很可能就會錯失了她在鏡頭前一閃而過的身體（王瑋，1995：226）。連身體都沒有展示，就更別提一些赤裸的插入場景了；李麗珍的 AV 充其量只是一部隱晦的色情作品，因為她的「性感」只是在非常有限的意義裡得以體現。然而，夕樹舞子則是一個正式的 AV 女優。她的電影不是三級電影，而是「鹹片」（AV）。因此，她的身體，包括其乳房和外陰部分都有清晰展示。同樣的，可愛、天真無邪的她在性愛場景裡表現得十分投入。儘管 VCD 裡面很多的插入場景，由於審查條例的原因經過處理抹去或是隱於鏡頭之外了，但她仍盡力去表露其內在的性快感——就像前面文本分析所展示的，通過生動的面部表情、姿勢和愉悅的呻吟以及台詞（比如說行く行く、気持ちいい等等）。由此可見，既天真無邪又能使人性興奮的夕樹舞子是香港新興性感典範的「極佳」例子；這反過來也說明了她在 1990 年代末時的香港極負盛名的原因。

## 拾壹、結論

本文分析了夕樹舞子在 1990 年代末香港男性中的人氣。通過對她 AVVCD 的分析，我們展示了我們的男性受訪者對夕樹舞子的認同是其孩子氣、可愛、處女般羞澀、任性和順從，同時又性感且令人興奮的女性形象。我們發現夕樹舞子所體現的這個形象和 1990 年代中期興起的性感

典範十分相似。當地的 AV 曾被我們定義為「性感且對性愛主動，積極渴求」的女性形象長期占據了。然而，在 1990 年代中期開始，一種新的女性典範在慢慢成型。1990 年代初，葉玉卿和其他的前亞洲小姐競選參賽者開始初演三級電影艷星，首次挑戰了主流的假定——艷星就是出身低級的女性。翁虹在三級電影中那性感卻又溫柔、瘦弱和可憐的形象，為另一種女性形象的出現鋪平了道路。但是最能飾演出新女性典範的則是李麗珍。作為以鄰家女孩的形象出名的女演員，李麗珍於 1990 年代中期首次出演三級電影為美少女趨勢在三級電影裡開闢了一條路，也催生了被我們定義為「性感兼天真無邪」的新性感女神典範。我們認為，夕樹舞子所體現的形象正是這新性感典範的延伸。

我們的研究表明，夕樹舞子所代表的性感兼天真無邪的形象受到了一群特定男性的喜愛。這些男性年紀不大、受過良好教育，在服務行業工作而非製造業。換句話說，他們這喜愛新性感典範的品味是基於階級性，且具有歷史特定性。我們認為，他們對於性感兼天真無邪的女性形象的認同是和階級結構的變化以及對女神典範的文化趨勢緊密相連的。由於一直成長於東方和西方、傳統和現代、新與舊的無盡交鋒中，新中產階級期望能有一些介乎兩者之中的東西。既不屬於西方也不屬於東方、既不傳統又不現代、既不新又不舊的日本文化就成為了他們新身分的標誌，也就是我們所看到的在 1980 年代深受香港中產階級喜愛的八佰伴。八佰伴的成功反過來重燃了早期當地對日本流行文化的興趣。沉浸於日本流行文化中的少女女性典範，不但重新燃起對松田聖子所飾演的早期女性典範的喜愛，更使年輕中產階級男性具備了一定的文化常識來欣賞和認同可愛、溫柔且柔弱的女性氣質。所有的這些無疑都為葉玉卿、李麗珍和其他人於 1990 年代早期到中期這段時間取得極大成功出了一分力。而當在性方面表現羞澀、可愛，但所演的電影卻極度性感的夕樹舞子於 1990 年代末來到香港的時候，她對新性感典範的最佳詮釋使她一躍成為香港男性中無人不曉的名字了。

# 參考書目

王瑋（1995）。《意義與空白：當代香港電影觀察》。臺北，臺灣：萬象。
李曉（1999 年 4 月 29 日）。〈旺角鹹碟雙煞〉，《東周刊》，340：12-18。

洪永起（2007 年 4 月 18 日）。〈胡錦不再躲避潘金蓮〉，《文匯報》。取自 http://paper.wenweipo.com/2007/04/18/RW0704180001.htm

新華網（2006）。〈早年風姿綽約： 葉子楣隱退 14 年身材變形〉，《新華網》。取自 http://big5.xinhuanet.com/gate/big5/news.xinhuanet.com/ent/2006-08/06/coment_4924872.htm

葉俊傑（1997）。《A 潮：情色電影大搜密》。臺北，臺灣：喜悅文化。

羅維明（1997）。〈夕樹舞子叫我胡思亂想〉，《電影雙周刊》，471：42。

蘋果日報（1997 年 4 月 13 日）。〈日三級天后夕樹舞子抵港宣傳遇毒氣〉，《蘋果日報》，C3 版。

ハニー白熊（1998）。〈人妻・熟女〉，石田陽子（編），《20 世紀のアダルトビデオ》，頁 176-177。東京，日本：アスペクト。

ラッシャーみよし（1999）。〈80 企画ものビデオを監督したエッチな日の思い出〉，吉岡哲巨（編）《80 年代 AV 大全》，頁 171-174。東京，日本：双葉。

井上節子（2002）。《AV 産業：一兆円市場のメカニズム》。東京，日本：新評論。

水津宏（1998a）。〈アダルトビデオ年表〉，石田陽子（編），《20 世紀のアダルトビデオ》，頁 2-8。東京，日本：アスペクト。

——（1998b）。〈美少女アイドル〉，石田陽子（編），《20 世紀のアダルトビデオ》，頁 156-160。東京，日本：アスペクト。

吉田一郎（1998）。〈香港の AV 事情：日本の AV は VCD で見る〉，石田陽子（編）《20 世紀のアダルトビデオ》，頁 136-137。東京，日本：アスペクト。

宇田川久志（1998a）。〈監禁〉，石田陽子（編），《20 世紀のアダルトビデオ》，頁 170-171。東京，日本：アスペクト。

——（1998b）。〈痴漢〉，石田陽子（編），《20 世紀のアダルトビデオ》，頁 180-181。東京，日本：アスペクト。

——（1998c）。〈女童貞喪失〉，石田陽子（編），《20 世紀のアダルトビデオ》，頁 186-187。東京，日本：アスペクト。

安田理央、雨宮まみ（2006）。《エロの敵：いまアダルトメディアに起こりつつあること》。東京，日本：翔泳社。

西野文蔵（1999a）。〈1980 年代 AV の 10 年史〉，吉岡哲巨（編），《80 年代 AV 大全》，頁 10-12。東京，日本：双葉。

——（1999b）。〈80 年代の大半の AV 女優が無修正で見れるワケ〉，吉岡哲巨（編），《80 年代 AV 大全》，頁 166-170。東京，日本：双葉。

沢木毅彦（1998a）。〈レイプ〉，石田陽子（編），《20 世紀のアダルトビデオ》，頁 168-169。東京，日本：アスペクト。

——（1998b）。〈痴女〉，石田陽子（編），《20 世紀のアダルトビデオ》，頁 178-179。東京，日本：アスペクト。

斉藤修（1998a）。〈女子校生〉，石田陽子（編），《20 世紀のアダルトビデオ》，頁 162-164。東京，日本：アスペクト。

——（1998b）。〈制服〉，石田陽子（編），《20 世紀のアダルトビデオ》，頁 164-165。東京，日本：アスペクト。

東ノボル（1998）。〈島村雪彦インタビュー〉，石田陽子（編），《20 世紀のアダルトビデオ》，頁 94-99。東京，日本：アスペクト。

東良美季（1998a）。〈ポルノビデオの今は豊田インタビュー〉，石田陽子（編），《20 世紀のアダルトビデオ》，頁 16-22。東京，日本：アスペクト。

——（1998b）。〈カメラ＝万年筆〉，石田陽子（編），《20 世紀のアダルトビデオ》，頁 28-31。東京，日本：アスペクト。

——（1998c）。〈宇宙美少女 80's-90's〉，石田陽子（編），《20 世紀のアダルトビデオ》，頁 119-125。東京，日本：アスペクト。

倉田真澄（1998）。〈面接〉，石田陽子（編），《20 世紀のアダルトビデオ》，頁 188-189。東京，日本：アスペクト。

夏原武（1995）。〈ビニ本と AV 的清潔エロの時代を結ぶ点と線〉，井上裕務（編），《性メディアの 50 年》，頁 166-177。東京，日本：宝島社。

藤木 TDC（1998a）。〈AV ドラマツルギー〉，石田陽子（編），《20 世紀のアダルトビデオ》，頁 152-155。東京，日本：アスペクト。

——（1998b）。〈家庭内相姦〉，石田陽子（編），《20 世紀のアダルトビデオ》，頁 172-173。東京，日本：アスペクト。

Alexander, J. R. (2003). Obscenity, pornography, and the law in Japan: Reconsidering Oshima's *In the Realm of the Senses*. *Asian-Pacific Law and Policy Journal*, *4*, 148-168.

Aoyagi, H. (2005). *Islands of eight million smiles: Idol performance and symbolic production in contemporary Japan*. Cambridge, MA: Harvard University Press.

Evans, G., & Tam, M. (1997). Introduction: The anthropology of contemporary Hong Kong identity. In G. Evans & M. S. M. Tam (Eds.), *Hong Kong: The anthropology of a Chinese metropolis* (pp. 1-24). Richmond, UK: Curzon.

Hald, G. M. (2006). Gender differences in pornography consumption among young heterosexual Danish adults. *Archives of Sexual Behaviour*, *35*, 577-585.

Kinsella, S. (1995). Cuties in Japan. In L. Skov & B. Moeran (Eds.), *Women, media and consumption in Japan* (pp. 220-254). Richmond, UK: Curzon.

Lui, T. L., & Wong, T. W. P. (1992). *Reinstating class: A structural and developmental study of Hong Kong society*. Social Sciences Research Centre Occasional Paper no. 10. Hong Kong: University of Hong Kong.

Nakano, Y. (2002). Who initiates a global flow? Japanese popular culture in Asia. *Visual Communication*, *1*, 229-253.

Ng, B. W. M. (2008). A historical study of Japanese erotic films in Hong Kong: Local consumption and cultural appropriation. *Envisage. A Journal Book of Chinese Media Studies*, *5*, 150-166.

Robertson, J. (1989). Gender-bending in paradise: Doing "female" and "male" in Japan. *Gender*, *5*, 50-69.

Sahlins, M. (1976). *Culture and practical reason*. Chicago, IL: University of Chicago Press.

Treat, J. W. (1993). Yoshimoto Banana writes homes: *Shōjo* culture and the nostalgic subject. *Journal of Japanese Studies*, *19*, 353-387.

Wang, S., & Zhu, J. J. H. (2003). Mapping film piracy in China. *Theory, Culture & Society*, *20*, 97-125.

White, M. (1994). *The material child: Coming of age in Japan and America*. Berkeley, CA: University of California Press.

Wong, H. W. (1999, July). *Japanese pornographic VCDs in Hong Kong*. Paper presented at the Study in Pornography, Institute for Research in Humanities, Kyoto University, Japan.

Wong, H. W., & Yau, H. Y. (2008). Introduction: Japanese pornography and Chinese desires. *Envisage: A Journal Book of Chinese Media Studies, 5*, 11-29.

Yau, H. Y. (2001). *The domestication of Japanese pornographic adult videos in Hong Kong*. Unpublished master thesis, the University of Birmingham, UK.

Yau, H. Y., & Wong, H. W. (2008). AV, Hong Kong Chinese reading: Indigenising Japanese pornographic culture. *Envisage: A Journal Book of Chinese Media Studies, 5*, 31-52.

# 跨越國境的日本成人 A 片與戰後臺灣有線電視的出現[*]

王向華、邱愷欣
張梅譯

## 壹、前言

　　對於跨國文化產品的當代學術研究仍然偏重於跨國方的霸權力量，就好像當地人除了對跨國文化產品和其內在邏輯做出反應之外別無它途。Iwabuchi（2001）認為，日本電視劇之所以被臺灣觀眾廣泛接受，是因為臺灣與日本共享某種意義上的「共時性」（coveality）。正如筆者隨後會介紹，這個意義上的「共時性」，根據岩淵，卻是由臺灣人民的物質條件決定的。他認為，如果臺灣達到可與日本相提並論的經濟水準，臺灣民眾就會自動地被日本電視劇中所呈現的日本現代性所吸引。在這種方式的傳播下，臺灣本土觀眾被迫只能「回應」跨國界的日本力量，而他們自身的仲介力量（agency）卻被否定。同樣的邏輯也被應用到日本成人視頻在臺灣的跨國界傳播上。日本 AV 在 1980 年初出現在臺灣的時候，是非法有線電視台的節目，而說它們非法是因為有線電視當時尚未合法化。人們往往認為，日本 AV 節目在臺灣的超高人氣是催生本土有線電視的主要力量。當本土的臺灣人被日本 AV 所吸引，他們就忍不住在有線電視上觀賞日本 AV，從而為本土有線電視的繁榮鋪平了道路。

---

[*] 原文刊載於 Wong, H. W., & Yau, H. Y. (2010). Transnational Japanese adult videos and the emergence of cable television in post-war Taiwan. *The Journal of Comparative Asian Development*, *9*, 183-217.

這種論調中暗含的意思是，跨國力量與本土文化之間有種一對一的或「機械式」的關係。Sahlins（2000b: 417）在其著名的著作《資本主義的宇宙論》中已經指出了這一對於跨文化相遇的普遍性誤解。簡單來講，他認為，通過把跨國力量理解（誤解）為對本土人口有著一種未被介導的、單向的影響，跨國力量和本土文化之間的有意義的接觸被簡化為「一邊是一種物理，而另一邊為目的論」。在這裡，全球或跨國經濟被簡單機械地看作是物質力量，而當地的歷史也同樣被呈現為跨界方霸權力量的「文化腐蝕毫無減輕的編年史」（同上引）。

這種誤解的核心問題是，它忽略了本土人如何努力將他們經驗的跨國力量轉換成邏輯上和本體論上更容易理解的東西，即「他們自己關於世界的系統」（Sahlins, 2000b: 417）。即使跨國力量對於本土來講是不可阻擋的，他們可能仍然與「當地的文化框架下呈現有意義的地方」（同上引）。在這一事件中，即使當地的社會由於跨國力量而改變，這些變化通常是與當地文化框架相連接的。因此，跨國力量從不代表一個經濟「影響」與文化「反應」之間的成比例關係的物理效果（同上引）。跨國力量的實際效果，應該被重新定義為以不同方式被介導到本土文化中的偶然性事件。

同樣地，本文關注這樣一個日本 AV 與臺灣本土文化之間跨文化相遇的例子。更具體而言，本文探討日本的成人視頻如何跨越國境進入到臺灣，而這樣的移動如何「造就」於戰後臺灣有線電視的出現。本文認為，正如引號所顯示的那樣，日本 AV 的進入和有線電視的出現兩者之間的關係不是自然的，而是需要符合一些條件的。在日本 AV 的進入和有線電視的出現之間有一個巨大的鴻溝。在戰後臺灣有線電視的出現不能直接歸結為跨國日本 AV，跨國日本 AV 也不是在戰後臺灣有線電視出現的唯一原因。相反，在戰後的臺灣有線電視的出現是一個非常複雜的過程，是跨越國境的日本 AV 與臺灣社會的社會政治因素相互介導的結果。

本文的主要貢獻是，指出日本 AV 促成了當地有線電視的出現實際上是一個複雜的歷史事件，在這一事件中，日本 AV 被很多不同因素在不同層面上介導。反過來，這種對跨國力量影響方式的概念化需要新的理論框架，以便更好地理解這一複雜的過程。正如下文即將探討，旨在闡述全球（跨國）力量與當地社會文化秩序之間相互介導的 Sahlins 的事件

理論肯定是一個可能的答案。接下來，讓我們先簡要探討以前關於跨文化相遇的文獻，以便瞭解問題所在。

## 貳、跨文化相遇

正如 Sahlins（2005: 3）指出的那樣，跨文化相遇的歷史首先被冠之以「全球化」，然後是「本土化」，現在是「混種」或其近似的變種「克理奧爾化」。看來我們已成功地陷入了黑格爾的「正、反、合」的詮釋學迴圈，也就是說在任何一種情況下都能找到兩個對立的東西和他們的最終解決辦法（同上引）。

大家可能會認為，當全世界的人民都主張他們擁有自己的文化時，同質化的觀點會消失。但是，我們錯了。現在霸權力量已經轉移到一個新的中心——日本。

在《正在成為「文化相似性」：日本偶像劇在臺灣的上升／氣味》這一文章中，Iwabuchi 認為，最近日本文化在亞洲的流行是源於亞洲國家之間的動態互動的增加。這種互動不再以西方為中心，而是以日本為中心。媒體和大眾文化在亞洲的全球化的中心現在「重新」從西方轉移到日本，因為日本和其他的地區彼此具有「文化近似性」。然而，Iwabuchi 強調，文化相似性這概念不應該不加條件地應用。他提醒說，我們應該避免簡單化的和非歷史性的理解。更具體地說，我們不能「在不考慮歷史背景或內部差異的文化形態的情況下」，認為「一些基本的文化共性的存在會自動促使觀眾被文化相似地區的媒體文本所吸引」（Iwabuchi, 2001: 57）。因此，我們需要知道「在何種歷史的緊要關頭，文化相似性與吸引力或一個文本的愉悅相關聯起來」（同上引：58）。

在這樣的理論意識前提下，Iwabuchi 著手研究為什麼日本電視劇在臺灣得以流行。Iwabuchi（2001: 72-73）認為，事實上日本和臺灣共享相同的時間或者他所謂的「共時性」，這種同時性是作為臺灣近年來經濟發展以及日本和臺灣之間商品和資訊頻繁流動的結果而出現的。而這種共時性被用來解釋日本電視劇在臺灣的巨大人氣，因為「日本電視劇為粉絲提供了一種在亞洲怎樣才算現代的具體模式，而這是美國的流行文化所不能提供的」（同上引：73）。由於一種臺灣與日本物質條件相似

的意識已經在臺灣人中樹立起來,所以臺灣的電視觀眾就會被體現在日本電視劇中的日本現代性所吸引。

我們認為Iwabuchi的主要問題在於,他對文化進行理論化時,假設人們的口味是由他們的物質環境所決定的。對Iwabuchi來講,文化不是一個自主的符號系統,而是經濟條件的表達。這就是為什麼Iwabuchi認為,臺灣電視觀眾的「口味」直接地遵循「共時性」,而「共時性」是近些年臺灣經濟發展的結果,這又進一步解釋了日本電視劇在臺灣擁有超高人氣的原因。換句話說,臺灣電視觀眾的「口味」是他們物質環境的反映,他們不能創造,也不能逃脫。有趣的是,我們被帶回到了同質化論調中去,其中臺灣人民積極的歷史作用,「也就是他們根據自己的理念塑造擺在他們面前的物質環境的方式」(Sahlins, 2000b: 416),則被否定了。臺灣土生土長的人也同樣經受不住跨國或全球性的日本的霸權力量。唯一不同的是,該中心現在是「日本」,而不是西方。

然而,正如我們曾在別處(Wong & Yau, in press)所闡述的那樣,認為接收方無力的同質化論點根本經不起實驗資料的驗證。2005年出版的 *Ethnohistory* 特別號中探討了太平洋地區的人們力求用當地的宇宙觀來本土化外國和全球性的力量;無論全球性的力量有多麼強大,太平洋的人們用自己的理解對這種文化碰撞施加影響。換句話說,他們才是自己歷史行動的代理人(Foster, 2005; Jolly, 2005; Kaplan, 2005; Kelly, 2005)。

同質化論點的問題與Sahlins所批評的把跨文化相遇歸結成一種物理現象的觀點如出一轍。Sahlins討論夏威夷人和西方人之間的文化交流史(Sahlins, 2000b: 417)時指出,儘管夏威夷酋長踐行外國奢侈品的炫耀性消費,「西方商業」的想法只有它因夏威夷與波利尼西亞進行神權競爭的環境中,才能在夏威夷起作用。夏威夷酋長們一直以來處於激烈競爭之中,因為貴族地位和「神力」(mana)早已經常規性地與神國之光的風格相聯繫在一起,這樣中國和英國的精美紡織品是主要的商品(Sahlins, 1985: 141)。換句話說,夏威夷酋長主要挪用外國或西方的商品到他們自己的占卜項目中去。與此類似,從著名的夏威夷卡美哈美哈和另外三個酋長自覺把自己或自己的兒子命名為「喬治王」,將歐洲知名人士的穿戴在夏威夷變成高級時裝(Sahlins, 1985: 140)。然而,

他們對於英語或西方偉大人物的借鑒是由本土概念「神力」、或「神性」（atuu）、夏威夷人諸神的家園 kahiki 的神國地理所引導的，而 kahiki 指的是一個在地平線以上的看不見的神的王國（Sahlins, 1985: 155, 174），外國人來「自地平線以上」很好地匹配了當地對神的理解。從這點看，本土文化可以說是全球／跨國力量在過去的組織機構（Sahlins, 1985: 155）。

在東亞地區也可以觀察到類似的現象。關於日本流行文化在香港、臺灣或中國的跨國化的大量的實證研究已經表明，當地人用各種方式「再文本化」日本文化產品（Ching, 1994; Lai & Wong, 2001; Nakano, 2002; Yau & Wong, 2008）。克理奧爾化認為，「貨物不得不被放入語境（賦予意義，並插入到特定的社會關係）和被利用，並沒有保證生產者的意圖將被來自另一種文化的消費者認可，更不用說尊重」（Howes, 1996: 5-6），而事實上在對跨國的日本力量進行再文本化的過程中，當地的仲介力量構成了克理奧爾化的核心部分。

然而，克理奧爾化研究也不是沒有問題的。一個主要的問題就是，它忽略了這樣一個事實，即跨國勢力有他們自己的力量、形態和產生的原因，這些因素會改變他們在當地的影響。正如我們即將看到的，日本 AV 作為來自「日本」的東西這一特質，與它的軟調色情的性質和它的日本國內市場定位，是與臺灣其他類型的色情片大相逕庭的。這使它後來成為一種被臺灣社會的社會政治秩序所接受的完全不同的色情片類別。在這一事件中，日本 AV 是一個雙禁止產品。很顯然，我們所討論的跨國勢力的力量、形狀和產生的原因在對於當地的影響方面會起到非常重要的作用。總之，評價跨國力量的效果時，理論框架必須考慮跨國勢力的力量、形狀和產生的原因、當地的順序以及它們之間的關係，因為跨國力量的效果是一個非常複雜的過程的結果，在這個過程中跨國力量是由許多不同的本土因素在不同層面所介導的。

為了理解跨國力量與地方社會政治秩序之間的相互介導的複雜性、多樣性和突發性，筆者提議把文化產品的跨國化理解為 Sahlins 所稱的歷史事件，因為這樣做可以使我們能夠把商品的跨國化作為社會過程來研究，並把這樣的跨國化的歷史後果理解為偶然性的。

## 參、把文化產品的跨國過程看做一個歷史事件

　　Sahlins 的事件理論的兩個重要假設，使它非常適用於我們目前對於跨國化的日本 AV 進入臺灣的考察。首先，他的理論認為，土著文化不僅在界定文化產品的跨國性質方面，而且在確定其歷史作用方面，都有著至關重要的作用。Sahlins（同上引：293）的事件理論源於他對一直橫亙在人類學和歷史學的學科之間的、對於「結構」和「事件」之間的「誇大」對立的不滿。Sahlins（2000a: 296）指出，這種誇大的對立是不必要的，因為對立本身只是意識形態的，而不是本體論的。事實上，「事件」的本體論性質是被「結構」所定義的，因為正是事件所帶來的對現有結構的改變才促使我們知道事件（同上引：301）。也就是說，現有的結構是定義一個事件的必要條件。更重要的是，一個事件的歷史後果也得依賴於結構。Sahlins（同上引：299）認為。

> 它能成為什麼樣的事件，將帶來什麼樣的歷史意義，是不能單純從事情的「客觀屬性」上來判斷的。這些特定的歷史影響引起了那些屬性被當地文化所接受方式的改變，而接受方式的可能性絕不是唯一的。

因此，同樣的事情發生在不同的文化中有不同的歷史影響，因為其「客觀屬性」被看待的方式隨著地方文化秩序的變化而變化。換句話說，本土文化不僅在事件本質的界定上，而且在確定其歷史作用方面有至關重要的作用。從這點看，克理奧爾化中所蘊涵的當地人有自己的歷史仲介力量的想法就不僅是正確的，而且是必要的。因為當地文化不僅是事情成為一個歷史事件的必要條件，也是其歷史作用的充分條件。

　　其次，Sahlins 的理論認為，如果不考察跨國力量與地方社會之間的互相作用，那麼把文化產品的跨國化歷史後果從全球／跨國力量的文化邏輯或當地社會的特點中指定出來是非常困難的——如果這不是完全不可能的話。正如我們已經從 Sahlins 對於歷史事件的定義中所看出的那樣，事情本身也是構成一個事件的必要條件，因為一個歷史事件的發生涉及三個方面：事件（event）、結構（structure）以及它們之間的互相作用（mediation）。這樣，我們可以把結構看作具有不同力量和形狀的連續的不同的事件，並且作為起因的事件應該是有不同性質，能夠產生具有不同歷史意義的結果。因此，我們在研究一個事件的歷史影響時，

必須考慮事件的性質。事件對於文化產品的跨國研究的重要性很大程度上意味著，外國文化產品的力量、形狀和原因也很重要。換句話說，一件事件的性質不能單獨決定事件的性質和歷史作用。同樣，光是結構也不能決定事件的性質和歷史作用。在事件的性質和事件的終極歷史影響之間存在著一個極為關鍵的不確定性，兩者之間缺乏一個固定的對應關係。同樣關鍵的不確定性也存在於結構與事件的歷史影響之間。結構和事件之間的互相介導介入到事件的歷史影響與結構或事情之間。

這種雙重不確定性指向一個事實，那就是結構不能被約化為事件，事件也不能約化為結構。因為儘管「事件表達不同水準或概念範圍的現象，如個人和社會，行動和機構，短期和長期，本地和全球，」（Sahlins, 2000a: 302），但仍然「在屬性和現象的決定因素方面有清晰的不連續性」（同上引：303）。

我們可以看到，Sahlins 的事件理論的分析側重點在於跨國力量的特點和地方社會的社會政治秩序之間的相互接觸，帶來這種相互接觸的結構邏輯以及牽涉其中的仲介。這種分析側重點提供了一個角度，讓我們可以把商品跨越國界的過程稱作多樣化的過程，把其社會效果視為偶然性的歷史結局。把日本 AV 進入臺灣看作一個歷史事件對於我們採用的敘事來講是有其意義的。在下文中，筆者將首先追敘日本 AV 傳到臺灣如何引發了有線電視的出現，然後考察跨國界的日本 AV 是如何被臺灣當地的秩序所介導，給有線電視的出現和合法化帶來真正的可能性的。

## 肆、跨國界的日本 AV 和有線電視的出現

電視在臺灣的歷史可以追溯到 1962 年，當時臺灣第一家地面電視台——臺灣電視公司（TTV）在 10 月 10 日，也就是中華民國的全國性假日，正式開播（劉恩良，1998：140）。此後分別在 1969 年和 1971 年，另外兩個地面電視台，中國電視公司（CTV）和中華電視公司（CTS），相繼開播（羅慧雯，1996：22）。雖然這些電視台都是商業運營，但它們都是執政的國民黨（KMT）政府所有（同上引；Thomas, 2005: 166）。

### 一、前有線電視時代

在國民黨統治臺灣的最初幾十年裡，TTV、CTV 和 CTS 一直是臺灣

人最重要的資訊管道和最主要的娛樂方式（Rawnsley & Rawnsley, 2003：149）。這三家電視台為了讓當地人收到電視信號，在臺北、臺中、臺南、宜蘭、花蓮和臺東等各地建立了各自的發射站（劉恩良，1998：156）。然而，很多住在山區或邊遠地區的臺灣人於當地仍然存在無法收看頻道的問題。在 20 世紀 1960 年代末，社區共同天線（CATV）出現在山區或邊遠地區來改善信號的接收狀況（張瑜明，2003：41）。最初，社區共同天線的安裝是由電氣設備廠商尤其是電視台來管理的（張煜麟，1998：12）。電視自 20 世紀 1960 年代以來一直在臺灣流行，到 1970 年代早期，擁有電視機的家庭的數量增加了一倍（同上引：12）。同時，這些供應商提供新的服務來吸引更多的客戶以及保持市場份額（同上引：14）。其中一個主要的新服務就是把電纜從社區天線改到各個家庭以保證信號的接收品質（張瑜明，2003：42）。由於臺灣的高濕度和強颱風，安裝的天線需要供應商的常規維護，於是當地供應商開始提供維修服務：用戶每年繳納一定費用給特定供應商，供應商便為顧客提供維修服務（張煜麟，1998：22）。

新的操作模式自 1969 年出現以來就在公眾中贏得了超高的人氣，不僅因為它年費低（新臺幣 400～500 元）；而且因為它大大改善了三家地面電視台的接收品質（張瑜明，2003：42）。1983 年，有超過 80 家共同天線運營商在臺灣對當地人發送三家合法地面電視台的信號（張憲杉，1999：83；羅美慧，2000：30）。

## 二、非法第四台時代

然而，當地的共同天線業務因為一些運營商播放被禁止的內容而開始發生重大變化。1979 年，臺灣警方稱，位於基隆的有線電視運營商利用自己的有線電視設施從自己的錄影機非法放映「錄影」給附近社區裡訂閱的用戶觀看，並以此盈利（周岳曇，2002：27）。這些節目大多來自日本特別是日本放送協會（NHK），另外還有西方電影，在臺灣引起了巨大的轟動（劉恩良，1998：156；周岳曇，2002：26）。為了改變這種混亂局面，大手的共同天線業者在 1986 年成立了一個協會，監測其他運營商的行為，以促進臺灣有線電視的發展（張憲杉，1999：83；羅美慧，2000：30）。

然而，並不是所有的共同天線業者都願意加入協會（張憲杉，

1999：83）。一些運營商希望播放三家地面電視台之外的節目，因此拒絕加入協會（同上引；劉恩良，1998：156-157）。因為這個原因，他們稱自己為「第四台」。「第四台」是一個通用術語，指在臺灣的非法有線電視業務。在現實中，在不同的地區有不同的第四台運營商。在早期，共同天線業者與第四台業者有一個不成文的協定，就是共同天線業者只轉播三大合法地面電視台的頻道，而第四台運營商就只播放錄影節目，而不轉播三大電視台的信號（劉恩良，1998：156）。

然而，第四台業者很快就不再遵守這個協定，並開始轉播出三大合法地面電視台的節目，這使得第四台的用戶急速增長，在短短幾年間更超越了共同天線業者。在整個 1980 年代，第四台在臺灣大行其道，因為他們不僅播三家合法電視台的節目，而且更播日本電視劇、日本晚會和遊戲節目、日本動畫、日本音樂節目以及華語電影、香港和好萊塢電影等（張憲杉，1999：83；劉恩良，1998：157）。1988 年，第四台更因轉播漢城奧運會而風靡臺灣，而訂戶數更首次暴增至 25 萬（Han, 2006: 20）。1990 年，第四台業者因播放股票市場投資節目而掀起另一波訂戶數的暴增潮（同上引）。

在 20 世紀 1990 年代早期，大約有 500～700 家第四台運營商，平均每家經營 15～20 個頻道。當時，第四台每月平均的收視費用非常低廉，一般在新臺幣 200～500 元之間（羅美慧，2000：33）。

不斷膨脹的第四台運營商數目和低利潤增加了業者之間的競爭。為了生存，業者們便各出奇謀，其中一些更開始在臺灣播放日本 AV。當時，地區居民只要訂閱了一個提供此類節目的第四台，就可以在自己舒適的房子裡享受日本 A 片，這在臺灣引起了巨大的轟動，更成為大家茶餘飯後熱烈談論的話題（葉俊傑，1997：39）。其他第四台運營商甚至利用「明星」和 WOWOW 等日本衛星頻道洩漏出的信號，使用蝶形衛星天線非法獲得如《桃色時間》和《花花公子夜生活》等「成人」節目，播放給他們自己的用戶（張憲杉，1999：89；羅美慧，2000：30）。事實證明，這些節目在 20 世紀 1990 年代早期在當地非法有線電視觀眾之間是非常成功的（周岳曇，2002：25）。儘管日本 A 片使得有線電視裡的日本 AV 在當地觀眾中很受歡迎，但是，在整個 1980 年代和 1990 年代初期，當地第四台仍然是非法的。

## 三、合法有線電視時代

在 20 世紀 1990 年代早期，非法有線電視已極為猖獗，國民黨政府無法控制它。過去，政府曾試圖通過剪斷電纜的方式來取締非法第四台，但是第四台運營商們很快就重新拉接電纜（張憲杉，1999：80）。1991 年，幾個成立較長的第四台運營商甚至成立了「有線電視推廣協會」，以遊說政府把臺灣有線電視的合法化（劉恩良，1998：157）。再加上，解嚴帶來的自由氛圍，這都迫使政府重新考慮有線電視的合法化和各種日本節目禁令的取消。然而，如果沒有 20 世紀 1990 年代初李登輝的親日文化政策的話，那麼這一切都無法實現。

1992 年，李登輝政府解除了對日本媒體產品進口的管制（羅慧雯，1996：69）。在 1993 年，李政府更加通過《有線廣播電視法》，使非法的第四台正式合法化（吳介弘，2006：37；羅慧雯，1996：69）。這政令對於當地的色情產品有兩個重要的影響。首先，該政令規定，成人節目都必須轉移到加密頻道，其流覽需要一個「解碼棒」（或有線解碼器）並支付附加費，也就是說日本 AV 在臺灣的使用正式合法化（張憲杉，1999：90）。根據法律規定，收看基本頻道的每月費用為新臺幣 550 元，而觀賞加密頻道的附加費大約是新臺幣 500 元（張宏銘，2004：51）。[1] 從結果上來看，這政令甚至可以說鼓勵了臺灣公眾收看日本 AV，因為每個人只要擁有一台解碼器和支付必要的費用就可以看日本 AV。例如，賴國洲（1988）的調查發現，在 20 世紀 1990 年代後期，80% 的家長和 60% 的青少年通過有線電視收看成人的節目，當然主要是日本的。

第二，在同一法律框架下，成人頻道的運營也在臺灣合法化了。於 1990 年成立的彩虹是在臺灣最早專門播放日本 AV 的成人衛星頻道，也在 1994 年合法化了（黃秀娥，2007：34）。雖然彩虹頻道的內容不像之前的第四台那樣色情和暴露（因為它是一個衛星頻道，無法輕易逃脫政府的檢查），但是它作為臺灣第一個成人頻道而獲得了巨大名氣和豐厚利潤（張宏銘，2004：67）。當時其他受歡迎的成人頻道有於 1994 年成立的星穎和 1997 年成立的新東寶。新東寶從一開始就是一個衛星頻

---

[1] 在臺灣的有線電視頻道分為四種類型：基本頻道，付費頻道，單次付費頻道和加密頻道。2009 年，基本頻道每月費用的上限是新臺幣 530 元。

道，而星穎本來是一個第四台運營商（張宏銘，2004：67）。在20世紀1990年代中期到晚期，這三個頻道訂購戶率很高，因此被稱為「臺灣三寶」（張宏銘，2004：66；張憲杉，1999：89）。此外，許多非成人有線頻道也開始在午夜後播放成人節目，這使得有線電視成為上世紀1990年代在臺灣能夠接觸色情品的最方便、最常見的渠道（張宏銘，2004：51）。我們可以認為，有線電視之合法化是促成日本AV遍布臺灣的重要原因之一。李登輝的政策允可了臺灣人民合法地消費和供應日本AV，這一切都使「日本AV」在臺灣成為家喻戶曉的名字。

不過，1999年12月，國民黨政府為了保護未成年的年輕人接觸色情物品，因而宣布從2000年7月起，傳統的加密將被「定址鎖碼」所取代，要求收看成人節目的用戶必須向經營者購買或租用持牌的解碼器（張余健，2007：28）。考慮到新的加密方法可能會引起現有加密頻道的用戶的反對，政府提供了為期6個月的寬限期，把更改日延遲至2001年1月1日（張余健，2007：29）。張余健（2007：8）把2001年1月1日描繪為本地成人頻道使用者的一個噩夢，因為從此他們不能再利用解碼棒來收看自己喜愛的成人節目。這種新的加密方式嚴重打擊了有線電視的成人節目，因為購買或租用持牌的解碼器費用相當昂貴，不是每個人都能買得起，或願意支付費用（張余健，2007：29；張宏銘，2004：69）。而且，新的加密方式的申請程式是極其繁複，於是乎成人頻道的使用戶驟減（張宏銘，2004：52），新東寶面臨關閉的厄運，最後更出售給星穎，而星穎則從2001年開始與彩虹合作，以謀取生存的空間（張宏銘，2004：69）。可以說，到2000年代早期，通過有線電視觀看日本AV的潮流在臺灣已基本上消失。然而，日本AV並沒有因為政府的新有線電視政策而絕跡於臺灣的媒體景觀。相反，日本AV在臺灣改以「盜版色情視頻光碟」（VCD）以及後來的互聯網文件檔案的模式繼續繁衍下去。

儘管日本AV已逐漸淡出了有線電視，但是自本世紀初以來，有線電視在過去的十年經歷了快速的增長。臺灣的有線電視頻道容量已經從1993的40個頻道增加到1999年的70個頻道，乃至2001年的100個頻道（林建志，2001：65；羅美慧，2000：33）。在2000年代早期，有線電視使用者數達到510萬，有線電視普及率從1990年的16.1%激增至2001年的80%（林建志，2001：62；Chiu & Chan-Olmsted, 1999: 493）。

## 伍、解釋

從以上簡要的歷史中，讀者或許很容易得出日本 AV 推動有線電視在臺灣發展的結論。因為無論是在非法第四台時代或是合法有線電視時代，日本 AV 在普及有線電視和擴大臺灣有線電視使用者基數方面都發揮著至關重要的作用。然而，仔細考察一下我們就會發現，在三個階段的每個階段，日本 AV 都是由當地臺灣社會的特定社會政治因素所介導的，從而決定了當地有線電視如今的發展軌跡。也就是說，日本 AV 的進入對當地有線電視的歷史後果不是僅由跨國界的日本 AV 的性質決定的。在這個過程中，三個階段中的三組社會政治因素特別值得我們關注。第一組因素就是臺灣有線電視的非法性及由此而來的名字第四台。這可以說是最根本的因素，因為如果臺灣的有線電視正如在其他國家一樣，打從開始便是合法的話，那麼有線電視的整個歷史，更別說是日本 AV 對有線電視的推動作用，都將被改寫。為了釐清為什麼有線電視在 1993 年前的臺灣是非法的，我們得考察臺灣 1949 年實行的戒嚴令。

### 一、戒嚴令

1945 年 8 月，日本向同盟國投降之後，臺灣被交給國民黨政府統治。1945 年 10 月 25 日，以陳儀為首的總統府在臺北成立（Fleischauer, 2007: 373-374）。但是，在交還的幾個月內，國民黨政府和臺灣本土居民之間的關係日益緊張。一方面，國民黨通過控制臺灣當地人的房地產和商品，統治了臺灣的經濟資源，掠奪當地經濟來支撐在中國大陸進行的反對共產黨的內戰（Chang, 2003: 45; Xu, 1997: 401）。另一方面，由於臺灣本土精英已經在日本統治下，在自治方面取得了一定成功，並經歷了不少的社會變動，他們預期新的中華民國政府會做相同的對待（Philips, 1999: 291）。然而，國民黨為了集中所有權力在中央政府手中，大大降低了當地居民的自主權。國民黨政府和臺灣本土居民各自不同的預期，與日本關係完全不同的體驗，文化上的差異以及國民政府管理的低效率，凡此種種都加劇了雙方之間的緊張關係。

戒嚴令的導火線發生在 1947 年 2 月 27 日的臺北。當時國民政府員警欲逮捕了一名賣走私香煙的女香煙攤販，而當其他本地民眾試圖保護該婦女，其中一名員警朝他們開槍，並擊斃一名手無寸鐵的本地人

（Philips, 1999: 293）。本已對國民黨統治不滿的人群的情緒達到了極點。第二天，憤怒的臺灣人在省長辦公室前舉行抗議，但他們只見到了向他們射擊並造成至少 10 人受傷的士兵們（同上引）。這次，憤怒的臺灣人針對臺北和幾個重要的軍事基地組織了系統性的襲擊，來作為回應（張瑜明，2003：42-43；Philips, 1999: 293）。

228 事件發生後的幾個星期內，很多本地臺灣人控制了臺北主要的政府要點。他們甚至成立了 228 事件處理委員會，向陳儀和南京中央政府提出要求阻止政府腐敗和濫用職權，並訴求自治（Philips, 1999: 294）。起初，為了平息臺灣人民的憤怒，陳儀口頭答應他們得訴求。然而，當大陸的軍事增援於 3 月 8 日到達臺灣，陳儀很快改變開始初衷，並展開報復（同上引：295；張瑜明，2003：43）。在臺灣街頭，國軍不分青紅皂白地射擊街上的反對政府的人民，來重新宣告國民黨的統治（Philips, 1999: 295）。陳儀更加譴責處理委員會為「叛逆」，並宣布臺灣的戒嚴令（Roy, 2003: 70）。戒嚴令之後在臺灣維持了 38 年。

228 事件和隨後的戒嚴令對臺灣社會產生了深遠的影響。在戒嚴令下，在基隆和高雄從凌晨 1 點到 5 點實施宵禁。戒嚴法律禁止一切形式和種類的非法集會、請願、街頭遊行示威和罷工（包括勞工、店主、學生等等）。臺灣人民也被禁止攜帶武器上街。報紙，雜誌和書籍均置於嚴格的國家管控下。戒嚴還禁止人民使用文字或標語散播謠言（邱國禎，2007：115-116）。

由於戒嚴令的實施，國民黨政府在統治臺灣的最初幾十年裡，直接控制了廣播和電視（Chen, 1998: 16）。正如上面提到的，在 1988 年以前在臺灣島只有「三」家合法的電視台。[2] 當時電視節目的內容分為 5 個方面：新聞、國家政策、教育和文化、公共服務和大眾娛樂，而且國家規定，前四部分內容不應小於播放總體時間的 50%（徐嘉宏，2002：55）。此外，日語和當地方言在電視上是被禁止的。我們可以觀察到，雖然國家宣稱作為「共同利益的守護者」來控制臺灣的媒體，（Chen, 1998: 16），事實上，電視節目的主要功能是把國民黨歌頌為中國唯一合法的統治者。

---

[2] 只有在 1994 年，臺灣政府的政府資訊辦公室放開了臺灣第四家地面電視許可證的申請（徐嘉宏，2002：67）。最後，原本屬於民進黨的臺灣電視申請成功。

在這種國家管控下，由於只有「三」家電視台是被戒嚴令允許的，那麼有線電視就是「非法的」。在臺灣，第四個國家電視頻道——民間全民電視公司（FTV），要等到 1997 年才在臺灣出現（Rawnsley & Rawnsley, 2003: 155）。國家對媒體的控制是臺灣特有的政治氣候所帶來的直接結果，把臺灣有線電視變成一種非法的地下商業。自那時起，臺灣有線電視發展的歷史軌跡就與反政府運動、色情和種族衝突等諸多因素聯繫起來。如果有線電視起初在臺灣不是非法的，那麼跨國界的日本 AV 就可能不像現在這樣在促進當地有線電視方面有如此大的影響力。總之，跨國界的日本 AV 的霸權力量要比我們一般認為的更有限。如果非法有線電視不是不合法的，不是在三家電視台之外的額外的頻道，那麼它也不會被稱為「第四台」。

然而，有線電視的非法狀態無法解釋為什麼第四台在整個 1980 年代因日本節目，包括戲劇、晚會／綜藝節目、成人 A 片等，而達到高峰期。為了解釋這一點，我們需要轉向第二組因素。

## 二、國民黨的脫日和反色情政策

第二組因素包括臺灣人對日本 AV 的慾望和對「來自日本的東西」的歷史性依戀。從以上簡短的歷史中，我們可以觀察到，在戰後臺灣出現了對日本 AV 的強烈渴望。筆者認為，這一對日本 AV 的渴望在很大程度上是由於國民黨政府去日本化和反色情的政策所引致的。

跟全世界的色情淫穢品的審查一樣，在臺灣色情品的審查也是高度政治性的。1949 年從日本手裡接管臺灣以後，國民黨統治者認為當地人被日本殖民者「奴化」，當地文化受到日本文化的「污染」，甚至是「毒害」（Gold, 1994: 60; Jacobs, 2005: 20; Philips, 1999: 289; Winckler, 1994: 30）。因此，國民黨政府的首要任務是臺灣人民的去日本化。因此，從日本殖民時代遺留下來的日語的使用和其他日本習慣在很大程度上是被禁止的。當地的電視台同樣不能自由地播放日本電影（Lee & Wang, 1995: 138）。日本電影只能定額進入臺灣，其它日本節目的播出也要經過嚴格審查。在 1972 年日本與中華民國斷交，並與中華人民共和國建交之後，國民黨政府甚至在第二年全面禁止了日本電影（持續了 10 年，直到 1984 年）（羅慧雯，1996：14）。同時，這些政策為美國流行文化大

量湧入臺灣提供了空間。第二次世界大戰結束後不久，由於冷戰的關係，美國把國民黨統治的臺灣部署為對付共產黨中國的政治手段，更把臺灣展示為「自由中國」來與共產主義中國相對抗，在軍事供應和技術方面支援中華民國，從而防止臺灣被中國大陸攻擊，最終使美國文化在臺灣成為一個強大的文化圖示（戴美慧，2003：73；Ching, 1994: 201）。

然而，當蔣介石從 20 世紀 1950 年代起逐步認識到，他領導的國民黨無法再反攻大陸，而且自 1960 年代中期美國逐漸改變了對國民黨政府的外交政策時，國民黨政府的文化政策的重心也開始從去日本化向再中國化轉移。必須強調的是，從 20 世紀 1950 年代和 1960 年代，國民黨政府的政治合法性和軍事穩定性是完全取決於美國的承認。1949 年中國內戰後，共產黨和國民黨政府都聲稱自己是唯一合法的中國政府。在冷戰時期，臺灣的國民黨政府在美國的支持下，被確認為聯合國（UN）的唯一中國代表。直到 1971 年，國民黨控制下的中華民國一直都是聯合國安全理事會的五個永久成員之一。另外，美國一直是中華民國的親密的盟友，自《臺灣關係法》（1979）直到最近的幾十年，都在向後者提供武器和軍事訓練。

不過，中華民國在 1979 年 1 月被中華人民共和國奪去了聯合國席位時，美國完全改變了在臺灣對國民黨政府的政策。在《上海公報》中，美國承認中華人民共和國政府為中國的唯一合法政府，承認中華人民共和國的立場，即只有一個中國，臺灣是中國的一部分。公報還說，「在這種情況下美國人民將保持和臺灣人民的文化，商務以及其他非官方關係」（Lord, 1994: 38）。從那時起，美國政府正式稱中華民國為「臺灣」（Rubinstein, 1999b: 438-441）。

美國在外交上從承認中華民國到承認中華人民共和國對在臺灣的國民黨政府產生了深遠的政治影響。大多數主權國家追隨美國，與中華人民共和國建交，承認中華人民共和國是中國的唯一合法政府。突然失去了聯合國席位以及美國的政治認可，臺灣的國民黨政府面臨著有史以來最大的政治危機，那就是國民黨政府是否是中國包括臺灣的合法統治者。這可以理解為，20 世紀 1950 年代以來實施的一系列再中國化文化政策的最主要的歷史背景，這些再中國化文化政策包括文化改造運動，文化清潔運動與中華文化復興運動。

雖然這些運動有不同的動機和目的，但他們都有利於證明國民黨政府作為唯一代表整個中國的政府的合法性。這些文化運動的主要後果是對臺灣人民和他們的文化的教化。例如，作為四個文化運動之一的文化改造運動在 1952 年由蔣介石發動，通過民族主義教育，學術研究，鼓勵科學，學術界和軍事的合併，體力勞動教育等來提倡「禮」和「義」（林果顯，2001：29）。包含在裡頭的理念主要是三民主義和四維八德的思想（同上引：30）。[3]

文化清潔運動可以看作是文化改造運動的一種延伸。在蔣介石眼裡，中國的文化大革命是通過操縱文化藝術進行民眾之間的階級鬥爭，因此為了捍衛中國文化的延續，他於 1953 年發起了文化清潔運動，掌控了文化藝術等範疇（林果顯，2001：35）。具體而言，它的目的是去脫文化裡面的「紅色毒藥，黃色危險和黑色的罪」，從而保持藝術創作的清潔環境（同上引：36）。「黑色的罪」指的是大眾傳媒記者發現和揭露別人的秘密，「紅色毒藥」是指灌輸共產黨消息的所有東西，「黃色危險」是指有傷風化的出版物、「黃色」委婉地指色情（同上引：36）。

最後的中華文化復興運動（1966～1990）是一個包含四步驟的過程，包括中國古典復興，倫理的積極示範，學生和市民的道德教化，以及女人的母性教育（林果顯，2001：45-48）。中華文化復興運動的核心是通過高端的儒家思想對市民、學生和女性進行統一的意識控制。

在這裡，我們不再繼續深入探究這些運動的內容，但也許它們已足以表明，在所有這些文化政策下，色情應該是被禁止的，因為色情是很明顯與「禮」和自我控制的原則相矛盾的，它鼓勵身體的放縱，因此被認為是不道德的，病態的，因此對當地的臺灣人「有害」。出於這個原因，在國民黨統治的最初的幾十年裡色情是法律禁止的。臺灣的刑法第 235 條如下：

> 散播、播放以及零售猥褻的文字、圖形、音訊、圖像或相關的東西，蓄意公開展示這些項目或提供給他人都要受到起訴（Fang, 2008: 75）。

我們必須強調的是，在去日本化和再中國化的文化政策下，日本 AV 應該

---

[3] 四維即禮、義、廉、恥。八德即忠、孝、仁、愛、信、義、和、平。

更是特別有問題的，因為日本 AV 不僅僅是色情，而且是來自「日本」的色情。日本 AV 因此總是會成為國民黨政府管制或審查的對象。然而，在去日本化和再中國化的政策框架下對日本 AV 的嚴厲監管反過來幫助提升了人們對被「禁止」的 AV 的渴望。如果日本色情，就像其他被禁事項一樣，沒有被政府禁止的話，在 20 世紀 1980 年代臺灣本土觀眾也不會如此渴望日本 AV。我們需要認識到，正是這種禁止產生了去違法獲得它的渴望，因此即使被禁止這樣做，臺灣人民也努力通過其他的渠道去獲得日本 AV。在此重申一下，如果沒有國民黨政府在 1970 年代和 1980 年代的文化政策的介導，跨國界的日本 AV 的霸權力量是非常有限的。

## 三、日本殖民主義的遺產

日本 AV 對於臺灣本土觀眾的吸引力也在於它的「日本性」，因為在過去的一個世紀裡臺灣人民已經對從日本來的東西產生了具體而複雜的依戀感。1898 年，中國在甲午中日戰爭中戰敗，於是清政府在馬關條約中永久割讓臺灣和澎湖列島給日本，臺灣從此成為日本的殖民地。對早期的日本殖民政府而言，當務之急是維持臺灣社會的穩定及確保殖民政府能順利運作。在此背景下，加上自 1900 年代早期起臺灣本地騷亂爆發頻繁，日本殖民政府因此並不希望大幅改動當地社會習俗或企圖將當地人民全盤日本化（陳大元，1999：24）。所有這一切都可以理解為「尊重舊習俗」這一日本流行語（廖褚彬，2003：52）。儘管日本殖民統治者看不慣吸鴉片，梳辮子和纏足，但他們沒有下令禁止而是容忍了它們（陳大元，1999：24-25）。

然而，在 1918 年，這種早期的容忍卻被一個新的殖民地格言所取代，那就是「同化」，不再只把臺灣視作一個殖民地，而是「家庭（日本）規則的延伸」（賴建國，1997：58）。換句話說，早期被容忍的事情將成為徹底清除的目標。顯著的政策包括 1922 年日本人和臺灣人的共同教育，以及 1922 年把日本民事、商業、公共秩序的法律規範的條款適用於臺灣（同上引）。這些措施可能看起來很寬鬆，但是其背後隱藏的邏輯卻是，為讓臺灣人接受可被稱為「偽裝的帝國主義的『新衣服』」的更密集的帝國主義過程來做準備（何義麟，1986：24）。

在 20 世紀 1930 年代末，日本對中國的軍事干預不斷增加，這迫使

殖民政府在臺灣實行一個被稱為「皇民化」的全盤日本化的過程來代替同化政策。皇民化政策是一個宏偉的設計，意在通過消除他們的非日本元素和灌輸絕對忠誠的觀念，把「殖民的物件改造為天皇的子民」，具體措施包括「國語家庭」、「當地風俗和生活方式的改變」、「更改姓名行動」、「神道普及」「帝國倫理的灌輸」和「招兵活動」等（林雅鈴，2003：9-10；Chou, 1993: 156）。皇民化政策是更激進的同化政策，其中日本文化被用來完全覆蓋當地人民的漢族民族意識。其政策之密集，對當地社會影響之深，使得臺灣記者把皇民化稱為「臺灣的文化大革命」（王曉波，1986：15）。

關於日常習慣的同化和皇民化政策都是旨在以「日本」的風格來取代當地的習俗（何義麟，1986：108）。首先，日語被提升為「國語」，臺灣的學生都必須學習日語（同上引：126）。當地的方言包括閩南話、客家話和原住民話都一律被禁止（同上引：125）。皇民化實行之後，通常稱為書坊的中國傳統私立學校首當其衝地受到衝擊，從而大量消失（同上引：122；Tsurumi, 1977: 30）。在學校之外，「國語家庭」計畫的推出使全體臺灣人都必須學習日語。除了語言的推廣，日本殖民當局的同化政策鼓勵日本風格婚禮和葬禮的舉行（何義麟，1986：108）。同樣地，當局敦促當地人採用日式的家庭生活方式和傢俱（同上引：107）。其結果是日式被褥、榻榻米和格子門都成為臺灣常見的景象。隨著皇民化的實行，當局甚至禁止使用中國式的冗長葬禮和引人注目的婚禮（江智浩，1997：25）。他們努力把當地習俗日本化，禁止繼續穿著中國服飾，下令敬拜神道的神龕（同上引：29）。同時，中國傳統的農曆新年被摒棄，從那時起直到1945年，臺灣新年都是按西曆計算（何義麟，1986：107）。

50年的日本殖民統治把成千上萬本應該是臺灣人的當地居民變成了半個日本人，他們講一口流利的日語，消費日本文化，並保持日本人的生活方式和習慣。事實上，在現代臺灣，在語言、風俗、娛樂、食品、傢俱以及建築等方方面面都能夠看到很明顯的日本的遺產。換句話說，日本元素已經被成為「臺灣」文化不可分割的一部分。正如Sahlins（1999: 411-412）提醒我們的，外國元素的吸收是「文化再生產的一個正常模式。」「（所以）文化多半起源於外國，而在模式上又是地方特色。」（同

上引）。日本元素儘管原本是外國的，但必須由當地的文化介導，從而成為臺灣本土文化的一部分。

日本元素被整合成臺灣本土文化的一部分，這意味著一般的臺灣人都比較容易接受來自日本的東西，因為日本的東西只不過是當地文化的一部分。日本殖民主義留下來的這個傳統反過來為整個 1980 年代和 1990 年代初第四台放映的日語節目的流行提供了肥沃的土壤。當然，第四台的成功可以歸因於一個事實，那就是它可以比租賃服務運營商更便宜的價格提供相同的節目，因為第四台運營商完全不在乎知識產權的概念（羅慧雯，1996）。然而，第四台全國範圍的成功也必然意味著這些被「禁止」的日本節目存在巨大需求，因為自從日本殖民時期以來，看日語節目早已經成為臺灣本土居民日常生活的一部分。也就是說，臺灣人民是真正喜歡從日本來的包括日本 AV 在內的東西。去日本化和反色情政策無法遏制臺灣人民消費日本東西包括 AV 的慾望，而只是把他們推到了黑市。如果不是由日本遺產所介導，日本的 AV 就可能不會對當地臺灣民眾如此富有吸引力。

## 四、李登輝的本土化策略

正如我們已經看到的，在 1980 年代和 1990 年代早期，有線電視上的日本 AV 獲得了巨大的利益，並深受臺灣觀眾歡迎。然而，日本 AV 的廣泛接受不能說明有線電視在臺灣實現合法化，暗示著單單跨國界的日本 AV 的霸權力量本身不能決定在臺灣有線電視的最終合法化。

但是，無論是由於國民黨的文化政策而造成的本地人對包括 AV 在內的日本東西的渴望，還是日本的遺產，都無法解釋為什麼有線電視在 1993 年被合法化和為什麼在 20 世紀 1990 年代早期日本媒體產品的禁令被解除。

更重要的是，有線電視化的合法化和對日本媒體產品禁令的解除常常被視為民主政治不斷提高的直接結果，作為臺灣民主的勝利來慶祝。然而，李登輝執政期間實施的這些各種政策，蘊含的政治含義可能比我們所認為的要複雜得多。為了更好地討論這種情況，我們應該回到當地政治，特別是與民進黨（DPP）在臺灣的崛起和發展。

在戒嚴令的規定下，政府在抑制政治和公民自由的同時，完全禁止

新政黨的產生,從而有效地保持國民黨政權一黨專政的狀態。然而,反國民黨的政治運動,俗稱「黨外」運動,早在 20 世紀 1970 年代中期出現了(Rigger, 2001: 945),當時持不同政見的知識份子與好不容易在本土政治爭取到一席位的反政府人士結盟合作(同上引)。在整個 1970 年代,他們利用自己的職位和選舉活動,爭取政治改革的同時,致力於散播他們持不同政見的出版物(同上引:946)。

自 1970 年代中期以來,黨外運動的勢頭已經在臺灣民眾中增長,1977 年 11 月的縣長和省議會選舉成為黨外一次重要的勝利。黨外成員在 20 個縣長席位中獲得 4 個,在 77 個省議會席位中獲得了 21 個(Jacobs, 2005: 20; Rubinstein, 1999b: 410)。

正如上面提到的,美國在 1978 年宣布,自 1979 年 1 月 1 日起將與中華民國斷絕外交關係。雖然中華民國已經在 1971 年失去聯合國席位,但是在國際上美國仍然是臺灣的主要盟友。美國政治認同的轉換給國民黨政府造成了一種新的政治不確定性和危機(Jacobs, 2005: 21)。在這種合法性危機發生之後,國民黨政權以國家安全為由推遲了本該在 1978 年 12 月 23 日舉行的中央層面選舉,至於何時重啟也並沒有給出明確的時間表(同上引;湯志傑,2007:101)。

對於黨外成員來說,中央一級的選舉被推遲是一個無法忍受的挫折,特別是在他們政治影響日益增長的時候。更重要的是,地方選舉何時恢復都未能明確意味著這些選舉將被「永久」地推遲。同時,國民黨政府放棄了原來的目標黃順興,而改為逮捕余登發和他的兒子。國民黨逮捕最近才當選為下一次黨外運動的領導人余登發,使得黨外相信國民黨將轉向「徹底鎮壓」(湯志傑,2007:105)。這樣的理解迫使黨外人士認為除了在絕望中反擊之外別無他法。1979 年 1 月 22 日,黨外成員冒著入獄的風險,在高雄街頭公開組織示威遊行以挑戰戒嚴令(同上引:106)。然而,國民黨政府並沒有像預期般阻止示威,也沒有逮捕任何成員(同上引:107)。這是因為當時的國民黨政府正在與美國談判《臺灣關係法》,為了保持良好的形象,所以不能對黨外的遊行採取任何行動。這次街頭示威便成為黨外運動史上的一個里程碑。

在這次街頭示威成功的鼓勵下,黨外成員開始頻繁地舉行街頭示威,

因為他們「錯誤」地認為，國民黨政府會容忍臺灣的民主主義。事實上黨外成員街頭示威的加劇最終迫使國民黨鎮壓他們，否則其政權將搖搖欲墜。1979年12月10日，由黃信介和其他黨外成員為首的《美麗島雜誌》舉行集會，紀念「人權日」，努力宣傳和訴求臺灣民主（Jacobs, 2005: 21）。然而，這次集會的舉行沒有得到國民黨政權的許可。是次，政府鎮壓了集會，參與者和員警之間產生暴力衝突，造成了臭名昭彰的「高雄事件」（湯志傑，2007：114）。高雄事變是臺灣政治和民主發展史上的一個分水嶺。自那時以來，黨外成員便開始更激進地團結起來，舉辦基層會議和論壇，宣導民主，和舉行示威遊行和集會（Rubinstein, 1999b: 443）。

在面臨外交孤立和內部混亂，蔣經國採取的措施可以稱之為「臺灣化」。1979年，蔣經國宣布新內閣，其中成員的1/3是「本省人」（本土臺灣人），這代表著臺灣政治史上的一個史無前例的結構性變化（蘇顯星，2002：38）。1986年，蔣經國成功推動通過一項決議，將解除戒嚴令和放鬆對成立反對黨的禁令（Myers, 1996: 1079）。於是，民進黨於1986年成立，是戰後臺灣歷史中第一個反對黨。1987年，戒嚴令也終於解除了（Chang, 1992: 32）。出版報紙和建立商業銀行的限制也分別在1988年和1989年取消（同上引）。

很少人會質疑蔣經國在實現臺灣自由民主化方面所起的重要作用。他的影響也體現在1984年任命李登輝為副總統上，李登輝是一個深諳日本和美國文化的資深官僚（Myers, 1996: 1076）。蔣這一舉動是一系列既下放更多的權力給臺灣本土，也動搖現狀的改革的預兆，而這些恰恰與蔣的初衷相反。

正當臺灣慢慢步入民主化的時候，蔣經國在1988年突然辭世，都沒有來得及決定他的繼任者。根據中華民國憲法，時任副總統的李登輝在蔣經國突然死亡後繼任了總統。儘管不是沒有其他成員反對李登輝，李最後成功成為了中華民國的第三任總統。像蔣經國一樣，李登輝大力支持權力從外省人向臺灣本土人轉移，這就是他後來所謂的「本土化」，也是他執政期間極為關鍵的政治修辭（王致堯，2002：67）。然而，李的本土化比蔣原來的「臺灣化」要複雜的多。

我們曾在別處（Wong & Yau, 2010）指出過，李登輝所謂民主的勝利是由他的本土化運動所指導的。通過本土化，李登輝意味著以中國為中心的歷史觀應該讓位給那些以臺灣為中心的歷史觀。李想把臺灣變成中心而不是中國的附庸，而這一轉變在臺灣贏得廣泛的支持。然而，李也說，這種本土化運動也建立在一種想法上，那就是中國人的身分認同和臺灣人的身分認同終究是矛盾的，因為他們的文化基礎是截然不同的，然而這個概念並沒有獲得島上的普遍支持（Chu, 2000: 304; Chu, 2004: 484）。顯然，他的本土化的言論與文化分裂主義沒有什麼不同（楊聰榮，1992：70）。但是李的本土化不僅僅是一種文化分裂。筆者必須強調的是，要把「文化中國」想像成為一個民族國家，文化與制度是分不開的，在某種意義上政治制度必須有其特定的文化來做支撐（王致堯，2002：66；Tu, 1996）。李的文化分裂主義這樣無異於政治分裂。李登輝通過強調兩個地方之間的文化差異，把臺灣從中國獨立出去。

然而，什麼是臺灣文化？它又如何不同於過去的幾十年裡國民黨統治所宣導的中國文化呢？對於出生於1923年的李登輝來說，「臺灣」的文化似乎是國民黨於1949年到臺灣之前的本土文化。然而，1949年之前的臺灣，正如上面提到的，由於日本的殖民地的關係，所以非常強調日本風俗和文化元素。這就是為什麼李一直借用日本文化來把臺灣文化與中國文化區分出來的原因。因此，「日本文化」是李挪用來區分本地文化與中國文化的一個隱含的指涉物件。遺留在現代臺灣的日本遺產使日本成為當地文化更合適的來源。已經滲透當地社會文化的日本元素成為李登輝建立自己版本的本土化的文化基礎。儘管並沒有很多臺灣本土人同意本土化與「再日本化」之間的直接聯繫，但這是李登輝用來實施文化和政治分裂主義的戰略。當然，筆者並不是說本土化是一個純粹的再日本化運動。事實上，本土化包括許多其他的本土文化如客家、福佬、原住民等文化的推廣。換句話說，只要不是中國的，就可以理解為本土或臺灣的文化。過去無法割捨的日本元素顯然也是它們中的一分子。

自1988年起，李統治了臺灣12年。李政權所制定的許多措施都均與日本直接相關。這些措施使日本的存在和日本流行文化在臺灣更加明顯，更容易接觸到（黃邦如，2004：74）。例如，在20世紀1990年代西門町的城市規劃專案裡，李的政權為西門町大量注入日本的流行文化，

使它終於重生為當代臺灣的哈日城（遲恒昌，2001：52-53）。更重要的是，李執政期間，所有針對日本娛樂包括電影和電視劇的進口的限制都在 1992 年放開了（羅慧雯，1996：132）。三家地面電視台被禁止使用日本語言、日本節目連同日本音樂的禁令也在 1993 年取消了（同上引：123）。解除對日本東西使用的禁令反過來促進了第四台的合法化，因為打從一開始第四台便是播放日本媒體產品的主要媒體。臺灣的衛星和有線電視分別在 1988 年和 1993 年，也是在李執政期間得以合法化（吳介弘，2006：37）。與此同時，日本娛樂節目和電視劇系列在三家無線電視台和有線電視頻道均有播出。

Chakravartty 與 Zhao（2008: 150）認為，自上世紀 1990 年代初以來，臺灣有線電視的合法性一直有利於擴大日本流行文化在臺灣的影響。這種對日本節目和電視劇的全面接受反過來催生了日本媒體產品在臺灣的大量盜版，對於這一點，臺灣當局心照不宣地視而不見（羅慧雯，1996：141）。

隨著有線電視的合法化，日本 AV 的播放和使用也在臺灣合法化，因為日本色情節目現在被移到加密頻道。如上所述，1990 年代中晚期，星穎、彩虹和新東寶的衛星和有線成人頻道獲得了巨大利益和當地觀眾的熱烈歡迎。那時，臺灣有線電視已經超過了地面電視，樹立了自身作為臺灣當代最主要媒介的地位（林果顯，2001：63）。

筆者不否認，有線電視的合法化和解禁日本媒體產品是民主的標誌。但是，很明顯，它們也都是李登輝的本土化政策的結果，而李的本土化政策在許多方面乃是一個「再日本化」運動的結果。李打算在文化和政治上把臺灣從中國分裂出去，那麼他依靠「日本」文化來構建自己版本的「獨立」的臺灣。李的本土化政策在上世紀 1990 年代的重要性是雙重的。首先，因為在臺灣日本的東西不再是「非法的」，也就是說這法令讓臺灣人民長期以來對日本東西的渴望得以檯面化而這種渴望由於國民黨的去日本化政策而一直被壓抑在地下。第二，對日本媒體產品解除管制反過來促使長期播放日本 AV 的有線電視合法化，為有線電視成為臺灣最主要的媒介鋪平了道路。如果跨國的日本 AV 不被李登輝的文化政策所介導，當地的有線電視肯定不會上升到目前的突出地位。

# 陸、結論

在本文中，筆者論述了跨越國界的日本 AV 在臺灣的歷史後果必須由它與當地的社會政治因素的動態互動所決定的。筆者發現，在臺灣有線電視發展的三個階段中的每一個階段，日本 AV 都是由不同的社會政治因素介導的。首先，在國民黨統治早期，臺灣特定的政治氣候和由此產生的戒嚴令使得有線電視在臺灣是非法的。有線電視的非法地位反過來為日本 AV 和其他因素之間的動態相互作用提供了重要的背景。

第二，日本 AV 的特殊的地位：一種從「日本」來的「色情品」推動了臺灣的有線媒體技術。我們論證了日本 AV 獲得這樣一個獨特的雙重身分，是因為國民黨 1945 年從日本手裡接管臺灣時，認為臺灣是受到了日本文化帝國主義的毒害。在臺灣廣泛的日本文化遺留使國民黨政府訴諸去日本化的政策，這意味著日本的語言和媒體產品包括色情品是被禁止的。另一方面，美國承認的逐漸喪失和越來越認識到已經不可能反攻大陸這兩個原因迫使國民黨轉向再中國化的政策。再中國化政策其核心內容就是通過宣揚中國道德高地來統合臺灣本土文化。在這樣一個文化框架下，色情作品包括日本 AV 在臺灣被禁止。其結果是，日本 AV 在臺灣出於這兩方面原因被禁止。

第三，事實上，日本的文化產品，包括日本的 AV，能夠在臺灣人民中贏得巨大人氣和帶來豐厚利益都與日本殖民主義的遺產有關。我們發現，由於 50 年的日本殖民統治，許多臺灣本土人已經養成了一種在許多方面都類似於日本人的生活方式。換句話說，日本元素已經融入為當地文化的一部分。這解釋了為什麼臺灣本土人如此鍾情來自日本的東西，其中包括日本 AV。

最後，有線電視的合法化和對日本媒體產品的解禁是李登輝自 20 世紀 1980 年代後期以來所採取的本土化運動的一部分。筆者認為，李的本土化的邏輯是把臺灣文化從中國文化中區分出來，對李來說，任何不是中國的元素就可以是臺灣的。為此，李求助於從殖民時期已經融入臺灣文化的日本元素作為建立他的「臺灣」文化的基礎。換句話說，他的本土化在很大程度上是一個「再日本化」運動。正是因為這個原因，李執政期間才在臺灣積極推廣了日本流行文化。他在 1992 年取消對日本媒體

產品的禁令，反過來又促進了20年來作為日本媒體產品的主要傳播管道的第四台的合法化。由於有線電視法的出現，日本AV的利用和播放都在臺灣合法化了。當20世紀1990年代後期日本AV在當地的成人頻道達到巔峰時，有線電視已經超過無線電視，成為臺灣最主要的媒介。

日本AV在臺灣的跨國流動已經表明，同質化和克理奧爾化範式未能理解日本文化產品跨越國境的複雜性。日本AV在臺灣的跨國流動的歷史後果是由一些歷史緊要關頭決定的，在這些歷史緊要關頭裡，跨國界的日本AV與臺灣社會的社會政治因素朝著一種獨特關係而彼此相互介導。這種關係本身是帶有歷史偶然性的，而不是預先決定的，這一點我們已經從日本AV在臺灣的跨國流動在過去的幾十年裡對臺灣當地有線電視的影響中看到了。這種歷史偶然性存在於Sahlins所說的「具有文化意義的作品中，而這一作品同樣可以描述為對當地現象的挪用，這種挪用在現有的文化歷史框架中有自己的原因，並成為現有的文化歷史框架」（Sahlins, 2000a: 301）。這樣的文化意義的結果是「一個給定事件的歷史意義——它作為『事件』的決定因素和影響——取決於文化背景」（同上引：300）。跨國界的日本AV對有線電視的實際影響取決於社會文化背景。從上述日本AV推動當地有線電視發展的歷史過程中可以看出，跨國日本AV對當地媒體實踐的歷史影響的形式和程度不能單純從跨國日本AV的客觀性質來衡量，而是取決於日本AV的特性——比如，它的起源和它作為色情品的地位——臺灣有線電視的不合法性、日本殖民主義的遺產以及李登輝的再日本化所介導的方式。換句話說，沒有辦法用同質化來解釋，也不能用克理奧爾化來解釋跨國和臺灣本土文化之間的跨文化相遇，因為就像日本的AV跨國傳播到臺灣已經說明的那樣，這些AV來自哪裡對於臺灣的消費者來說非常重要。也就是說，全球化的力量也不容忽視。我們得出這樣的結論：日本文化產品的跨國化最好是重新概念化為一個事件，這個事件的影響不能被預先決定，而是跨國力量與本地力量彼此介導的一個複雜過程的結果。

## 參考書目

王致堯（2002）。《中國意識在台灣社會政治發展過程中之角色分析（1988-2000）》。中國文化大學中國大陸研究所碩士論文。

王曉波（1986）。《走出臺灣歷史的陰影》。臺北，臺灣：帕米爾。

江智浩（1997）。《日治末期（1937～1945）臺灣的戰時動員組織──從國民精神總動員組織到皇民奉公會》。國立中央大學歷史學系碩士論文。

何義麟（1986）。《皇民化政策之研究──日據時代末期日本對台灣的教育政策與教化運動》。中國文化大學日本研究所碩士論文。

吳介弘（2006）。《民進黨執政後之台日關係──延續與變遷之探究（2000～2005）》。國立臺灣大學國家發展研究所碩士論文。

周岳曇（2002）。《台灣有線電視頻道外國節目之經營策略與現況分析》。淡江大學大眾傳播學系碩士論文。

林果顯（2001）。《「中華文化復興運動推行委員會」之研究（1966～1975）》。國立政治大學歷史學系碩士論文。

林建志（2001）。《有線電視系統業者因應頻道分級之決策探討》。大葉大學工業關係研究所碩士論文。

林雅鈴（2003）。《日本皇民化政策與台灣文學的反動精神》。國立東華大學教育研究所碩士論文。

邱國禎（2007）。《近代臺灣慘史檔案》。臺北，臺灣：前衛。

徐嘉宏（2002）。《台灣民主化下國家與媒體關係的變遷之研究》。國立中山大學政治學研究所碩士論文。

張余健（2007）。《成人影片中馬賽克及音效對觀眾的影響》。世新大學廣播電視電影學研究所碩士論文。

張宏銘（2004）。《有線電視成人頻道經營探討，以彩虹頻道為例》。國立中山大學企業管理學系研究所碩士論文。

張煜麟（1998）。《台灣有線電視系統先驅者之研究（1962～1993）》。國立交通大學傳播研究所碩士論文。

張瑜明（2003）。《我國有線電視費率制度之分析：一個歷史制度主義的觀點》。國立成功大學政治經濟學研究所碩士論文。

張憲杉（1999）。《從中美兩有線電視制度之制定──探討對成人節目之規範與管理》。中國文化大學美國研究所碩士論文。

陳大元（1999）。《日治時期臺灣教化輔助團體之研究》。東海大學歷史學系碩士論文。

湯志傑（2007）。〈勢不可免的衝突：從結構／過程的辯證看美麗島事件之發生〉，《台灣社會學》，13：71-128。

黃邦如（2004）。《元総統李登輝の対日についての研究》。長榮大學日本研究所碩士論文。

黃秀娥（2007）。《成人影片的來源及公眾態度研究》。樹德科技大學人類性學研究所碩士論文。

楊聰榮（1992）。《文化建構與國民認同：戰後台灣的中國化》。國立清華大學社會人類學研究所碩士論文。

葉俊傑（1997）。《A潮：情色電影大搜密》。臺北，臺灣：喜悅文化。

廖褚彬（2003）。《多階層殖民下台灣文化實體之考察》。國立臺灣大學法教分處政治學研究所碩士論文。

劉恩良(1998)。〈電視的源起〉,蔡念中(編),《大眾傳播概論》,頁134-185。臺北,臺灣:五南。

賴建國(1997)。《台灣主體意識發展與對兩岸關係之影響》。國立政治大學東亞研究所碩士論文。

賴國洲(1988)。《我國傳播政策之研究》。國立政治大學新聞研究所博士論文。

遲恒昌(2001)。《從殖民城市到「哈日之城」:台北西門町的消費地景》。國立臺灣大學建築與城鄉研究所碩士論文。

戴美慧(2003)。《戰後台灣文化政策與文化發展關係之研究——以文化多元主義為觀點》。國立臺灣師範大學三民主義研究所碩士論文。

羅美慧(2000)。《我國有線電視發展寬頻網路之研究》。世新大學傳播研究所碩士論文。

羅慧雯(1996)。《臺灣進口日本影視產品之歷史分析(1945~1996)》。國立政治大學新聞學系碩士論文。

蘇顯星(2002)。《戰後台灣文化政策變遷歷程研究——歷史結構分析》。臺南師範學院鄉土文化研究所碩士論文。

Chakravartty, P., & Zhao, Y. (2008). *Global communications: Towards a transcultural political economy*. Plymouth, UK: Rowman & Littlefield.

Chang, M. K. (2003). On the origins and transformation of the Taiwanese national identity. In P. R. Katz & M. Rubinstein (Eds.), *Religion and formation of Taiwanese identities* (pp. 23-58). New York: Palgrave.

-- (1992). The changing nature of Taiwan's politics. In D. F. Simon & M. Y. M. Kau (Eds.), *Taiwan: Beyond the economic miracle* (pp. 25-42). London: M. E. Sharpe.

Chen, S. Y. (1998). State, media and democracy in Taiwan. *Media, Culture and Society, 20*, 11-29.

Ching, L. (1994). Imaginings in the Empire of the Sun: Japanese mass culture in Asia. *Boundary 2, 21*, 198-219.

Chiu, P., & Chan-Olmsted, S. M. (1999). The impact of cable television on political campaigns in Taiwan. *International Communication Gazette, 61*, 491-509.

Chou, W. Y. (1993). *Remaining oneself a true Japanese: One aspect of the Kominka Movement, 1940-1945*. Paper presented at the International Conference on Japanese Colonial Period, Department of History, National Taiwan University, Taipei, Taiwan.

Chu, J. J. (2000). Nationalism and self-determination: The identity politics in Taiwan. *Journal of Asian and African Studies, 35*, 303-321.

Chu, Y. H. (2004). Taiwan national identity politics and the prospect of Cross-Strait relations. *Asian Survey, 44*, 484-512.

Fang, T. K. (2008). *The reinterpretation of obscene speech -- with emphasis on the disputable definition of obscenity under Article 235 of the Criminal Code*. Unpublished master's thesis, Graduate School of Law, Shih-Hsin University.

Fleischauer, S. (2007). The 228 Incident and the Taiwan independence movement's construction of a Taiwanese identity. *China Information, 21*, 373-401.

Foster, R. J. (2005). Negotiating globalization: Contemporary pacific perspective. *Ethnohistory, 52*, 167-177.

Gold, B. T. (1994). Civil society and Taiwan's quest for identity. In S. Harrell & C. C. Huang (Eds.), *Cultural change in postwar Taiwan* (pp. 47-68). Boulder, CO: Westview.

Han, S. Y. (2006). Youxian dianshi luyou shiyong chongtu de yiti fenxi [Legal analysis of cable TV routing conflicts]. Unpublished PhD thesis, Graduate School of Journalism, National Sun Yat-sen University, Taiwan. (In Chinese)

Howes, D. (1996). Introduction: Commodities and cultural borders. In D. Howes (Ed.), *Cross-cultural consumption: Global markets, local realities* (pp. 1-16). New York: Routledge.

Iwabuchi, K. (2001). Becoming culturally proximate: The a/scent of Japanese idol dramas in Taiwan. In B. Moeran (Ed.), *Asian media productions* (pp. 54-74). Richmond, UK: Curzo.

Jacobs, J. B. (2005). "Taiwanization" in Taiwan's politics. In J. Makeham & A. C. Hsiau (Eds.), *Cultural, ethnic, and political nationalism in contemporary Taiwan* (pp. 17-54). New York: Palgrave Macmillan.

Jolly, M. (2005). Beyond the horizon? Nationalism, feminisms, and globalization in the Pacific. *Ethnohistory, 52,* 137-166.

Kaplan, M. (2005). The hau of other people's gifts: Land owning and taking in turn-of-the-millennium Fiji. *Ethnohistory, 52,* 29-46.

Kelly, J. D. (2005). Boycotts and coups, Shanti and Mana in Fiji. *Ethnohistory, 52,* 13-27.

Lai, C. S. L., & Wong, D. H. W. (2001). Japanese comics coming to Hong Kong. In H. Befu & S. Guichard-Auguis (Eds.), *Globalizing Japan: ethnography of the Japanese presence in Asia, Europe, and America* (pp. 111-120). London: Routledge.

Lee, P. S. N., & Wang, G. (1995). Satellite TV in Asia: Forming a new ecology. *Telecommunications Policy, 19,* 135-149.

Lord, W. (1994). Taiwan policy review. *The DISAM Journal.* Retrieved from http://www.disam.dsca.mil/pubs/Vol%2017_2/Lord.pdf

Myers, R. H. (1996). A new Chinese civilization: The evolution of the Republic of China on Taiwan. *The China Quarterly, 148,* 1072-1090.

Nakano, Y. (2002). Who initiates a global flow? Japanese popular culture in Asia. *Visual Communication, 1,* 229-253.

Philips, S. (1999). Between assimilation and independence: Taiwanese political aspirations under Nationalist Chinese rule, 1945-1948. In M. A. Rubinstein (Ed.), *Taiwan: A new history* (pp. 275-318). Armonk, NY: M. E. Sharpe.

Rawnsley, G. D., & Rawnsley, M. Y. T. (2003). *Political communication in Greater China: The construction and reflection of identity.* London: Routledge.

Rigger, S. (2001). The democratic progressive party in 2000: Obstacles and opportunities. *The China Quarterly, 168,* 944-959.

Roy, D. (2003). *Taiwan: A political history.* Ithaca, NY: Cornell University Press.

Rubinstein, M. A. (1999a). Taiwan's socioeconomic modernization, 1971-1996. In M. A. Rubinstein (Ed.), *Taiwan: A new history* (pp. 366-402). Armonk, NY: M. E. Sharpe.

-- (1999b). Political Taiwanization and pragmatic diplomacy: The eras of Chiang Ching-kuo and Lee Teng-hui, 1971-1994. In M. A. Rubinstein (Ed.), *Taiwan: A new history* (pp. 436-480). Armonk, NY: M. E. Sharpe.

Sahlins, M. (1985). *Islands of history.* Chicago, IL: The University of Chicago Press.

-- (1999). Two or three things that I know about culture. *Journal of the Royal Anthropological Institute, 5,* 399-421.

-- (2000a). Cosmologies of capitalism. In M. Sahlins (Ed.), *Culture in practice: Selected essays* (pp. 415-469). New York: Zone Books.

-- (2000b). The return of the event, again: With reflections on the beginnings of the Great Fijian War of 1843-1855 between the Kingdoms of Bau and Rewa. In M. Sahlins (Ed.), *Culture in practice: Selected essays* (pp. 293-352). New York: Zone Books.

-- (2005). Preface. *Ethnohistory*, *52*(1), 3-6.

Thomas, A. O. (2005). *Imagi-nations and borderless television: Media, politics and culture across Asia*. New Dehli, CA: Sage.

Tsurumi, E. P. (1977). *Japanese colonial education in Taiwan, 1895-1945*. London: Harvard University Press.

Tu, W. (1996). Cultural identity and the politics of recognition in contemporary Taiwan. *China Quarterly*, *148*, 1115-1140.

Winckler, E. A. (1994). Cultural policy on postwar Taiwan. In S. Harrell & C. C. Huang (Eds.), *Cultural change in postwar Taiwan* (pp. 22-46). Boulder, CO: Westview.

Wong, H. W., & Yau, H. Y. (2010). The politics of cultures is the culture of national identity politics in Taiwan: "Japan" in the nation building of Lee Teng-Hui's regime. In G. Gong & V. Teo (Eds.), *Reconceptualising the divide: Identity, memory, and nationalism in Sino-Japanese relations* (pp. 95-118). Newcastle Upon Tyne, UK: Cambridge Scholars.

(in press). Taking the structure of the conjuncture seriously: Reflections on Yaohan's success in Hong Kong in the second half of the 1980s. In D. P. Martinez (Ed.), *Global Japan*. London: Routledge.

Xu, D. (1997). The KMT's enterprises in Taiwan. *Modern Asian Studies*, *31*, 399-413.

Yau, H. Y., & Wong, H. W. (2008). AV, Hong Kong Chinese reading: Indigenising Japanese pornographic culture. *Envisage: A Journal Book of Chinese Media Studies*, *5*, 31-52.

```
國家圖書館出版品預行編目（CIP）資料

當日本 A 片遇上華人慾望：性別、性相、色情品的文
化理論 / 王向華、邱愷欣著 .-- 初版 .-- 新北市：華藝
學術出版：華藝數位發行, 2015.01
    面：公分
ISBN 978-986-5663-60-5( 平裝 )
1. 文化研究  2. 情色文學  3. 日本
731.307                               104000330
```

# 當日本 A 片遇上華人慾望：
# 性別、性相、色情品的文化理論

作　　者／王向華、邱愷欣
責任編輯／林宛璇
美術編輯／林玫秀

發 行 人／鄭學淵
總 編 輯／范雅竹
發　　行／陳水福
出　　版／華藝學術出版社（Airiti Press Inc.）
　　　　　地　　址：234 新北市永和區成功路一段 80 號 18 樓
　　　　　電　　話：(02)2926-6006　傳真：(02)2923-5151
　　　　　服務信箱：press@airiti.com
發　　行／華藝數位股份有限公司
　　　　　戶名（郵局／銀行）：華藝數位股份有限公司
　　　　　郵政劃撥帳號：50027465
　　　　　銀行匯款帳號：045039022102（國泰世華銀行　中和分行）
法律顧問／立暘法律事務所　歐宇倫律師
ISBN ／ 978-986-5663-60-5
DOI ／ 10.6140/AP.9789865663605
出版日期／ 2015 年 1 月初版
定　　價／新台幣 400 元

版權所有・翻印必究　　Printed in Taiwan
（如有缺頁或破損，請寄回本社更換，謝謝）